SISTEMA PRESIDIAL: REINSERÇÃO SOCIAL?

Dados Internacionais de Catalogação na Publicação (CIP)
(Câmara Brasileira do Livro, SP, Brasil)

Falconi, Romeu.
  Sistema presidial: reinserção social? / Romeu Falconi; prefácio Dirceu de Mello – São Paulo: Ícone, 1998.

  Bibliografia
  ISBN 85-274-0510-5

  1. Criminosos – Reabilitação 2. Integração social 3. Penas (Direito penal) 4. Prisioneiros – Brasil 5. Prisões – Brasil 6. Reinserção social I. Mello, Dirceu de, 1919 – II. Título.

98-0893   CDU-343.294

Índices para catálogo sistemático:

1. Condenados: Reinserção social: Direito Penal   343.294
2. Prisioneiros: Reintegração social: Direito Penal   343.294
3. Reinserção social: Prisioneiros: Direito Penal   343.294

ROMEU FALCONI

Mestre e Doutor em Direito das Relações Sociais pela PUC/SP.
Professor Titular de Direito Penal nas Faculdades de Direito
FMU e Universidade São Judas Tadeu.
Ex-Conselheiro e Presidente da Comissão de Direitos
e Prerrogativas da OAB, Secção de São Paulo.

SISTEMA PRESIDIAL: REINSERÇÃO SOCIAL?

Ícone
editora

© Copyright 1998.
Ícone Editora Ltda

Coleção Elementos de Direito

Diagramação
Julia A. C. F. Cruz

Revisão
Jonas Medeiros Negalha
Rosa Maria Cury Cardoso

Proibida a reprodução total ou parcial desta obra,
de qualquer forma ou meio eletrônico, mecânico,
inclusive através de processos xerográficos,
sem permissão expressa do editor
(Lei nº 5.988, 14/12/1973).

Todos os direitos reservados pela
ÍCONE EDITORA LTDA.
Rua das Palmeiras, 213 — Sta. Cecília
CEP 01226-010 — São Paulo — SP
Tels. (011)826-7074/826-9510

SUMÁRIO

1. A SOCIEDADE BRASILEIRA CONTEMPORÂNEA 19
   1.1. A Vertente Tradicional 21
   1.2. A Vertente Tecnológica 23
   1.3. Síntese dessas Vertentes 25
   1.4. Breves Considerações sobre o Caráter Jurídico-Normativo em Face do Dualismo Social 28
   1.5. Marginalidade Social 31
       1.5.1. A Teoria da Personalidade Marginal 32
       1.5.2. A Teoria da Situação Social Marginal 33
   1.6. O Marginal 35
   1.7. A Delinqüência e seus Enfoques 37
       1.7.1. O Enfoque Positivista 38
       1.7.2. O Enfoque Reformista 39
       1.7.3. O Enfoque Tradicionalista 40
       1.7.4. A Teoria Radical 40
   1.8. O Delinqüente 41
   1.9. Concluindo 44

2. O SISTEMA PRESIDIAL 47
   2.1. Justificação Necessária 47
   2.2. As Penas 49
   2.3. Historicidade 51
       2.3.1. Breve Introdução 51
       2.3.2. Roma e Grécia 52
       2.3.3. A Prisão como Sanção 55
       2.3.4. A Pena de Prisão no Brasil: Breve Introdução Histórica 63
       2.3.5. Aspectos da Dinâmica Presidial 66
       2.3.6. O Trabalho do Preso 68
       2.3.7. A Alimentação nos Presídios 71
       2.3.8. A Questão Sexual 74
       2.3.9. A Acomodação dos Presos: Análise Crítica 78
       2.3.10. Educação, Lazer e Religião no Sistema Presidial 82
       2.3.11. Corrupções, Rebeliões e Fugas de Presos 85
   2.4. Para Concluir 89

2.4.1. Unidades do Sistema Coespe: Quadros Estatísticos 90
    2.4.1.1. Número de Unidades Prisionais 90
    2.4.1.2. Por Regime de Cumprimento 90
    2.4.1.3. Área Física em M2 90
    2.4.1.4. Total de Funcionários 90
    2.4.1.5. Grau de Escolaridade dos Funcionários 90
    2.4.1.6. Número de Fugas 90
    2.4.1.7. Relação Preso/Labor 90
    2.4.1.8. Atividades Produtivas que Desenvolviam 91
    2.4.1.9. Delitos que Praticaram 91
    2.4.1.10. Em Relação à Duração das Penas 91
2.4.2. Mandados de Prisão 91
    2.4.2.1. Cumpridos no Período 91
    2.4.2.2. Não Cumpridos 91
    2.4.2.3. Total dos Mandados em Aberto 92
2.4.3. Grau de Escolaridade 92
2.4.4. Por Procedência 92
2.4.5. Pela Situação Processual 92
    2.4.5.1. Primários sem antecedentes 92
    2.4.5.2. Primários com antecedentes 92
    2.4.5.3. Reincidentes 92
    2.4.5.4. Indultados coletivamente 92
    2.4.5.5. Indultados individualmente 92
    2.4.5.6. Os que retornaram por novo delito 92
    2.4.5.7. Presos que possuem história (drogas) 92
2.4.6. Outras Particularidades 93
    2.4.6.1. Pelo Sexo 93
    2.4.6.2. Pela Faixa Etária 93
    2.4.6.3. Pela Cor 93
    2.4.6.4. Pelo Estado Civil 93
2.4.7. Sinopse do Sistema Presidial 94
    2.4.7.1. Presos Tutelados pelo Sistema Penitenciário.. 94
    2.4.7.2. Condenados Presos nos Dps e Cadeias Públicas 94
    2.4.7.3. Presos Provisórios 94
    2.4.7.4. Regime Semi-Aberto 94
    2.4.7.5. Penas restritivas 94
    2.4.7.6. Interdição de Direitos 94
    2.4.7.7. Liberdade Condicional 94
    2.4.7.8. *"Sursis"* 94
    2.4.7.9. Soma 94

2.4.8. Quadro Nacional de 1987 95
2.4.9. Informes Recentes sobre 1996 97
    2.4.9.1. Breves Considerações 97
    2.4.9.2. Dotação e Aplicações 98
    2.4.9.3. Raio X do Sistema Penitenciário Brasileiro de 1996 99

3. O CAMINHO DA REINSERÇÃO SOCIAL 102
  3.1. Particular Introdução ao Tema Central. 102
  3.2. Denominação Genérica 107
  3.3. Reeducação e Ressocialização 114
  3.4. Reinserção Social 121
    3.4.1. Etimologia 121
    3.4.2. Conceito 124
    3.4.3. Enfoque Ideológico da Reinserção Social 127
    3.4.4. Enfoque Estatal da Reinserção Social 129
    3.4.5. Finalizando 133

4. DE LEGE FERENDA 135
  4.1. Dados Introdutórios 135
  4.2. O Voto para Preso 140
  4.3. Projetos em Tramitação 143
    4.3.1. Projeto nº1.952/96 143
    4.3.2. Projeto nº1.680/96 144
    4.3.3. A Problemática dos Antecedentes Criminais 153
  4.4. Os Patronatos 156
    4.4.1. Normatização possível e desejável 161
  4.5. A FUNAP 166
  4.6. O Conselho Penitenciário 169
    4.6.1. Gênese 169
    4.6.2. A atualidade 171
  4.7. Prisão Junto à Família 177
  4.8. APAC. Associação de Proteção e Assistência ao Condenado (São José dos Campos) 181
    4.8.1. Uma Idéia, Um Ideal, Um Sucesso 181
    4.8.2. Os Números 185
    4.8.3. "APAC" de Bragança Paulista 189
        4.8.3.1. Apresentação e Considerações 189
        4.8.3.2. Convênio 191
        4.8.3.3. Estatuto de APAC 200

4.9. Das Leis a Fazer 213
    4.9.1. Breve Introdução 213
    4.9.2. Enxugamento de Órgãos 214

5. LEGISLAÇÃO ALIENÍGENA 219
    5.1. Explicação Necessária 219
    5.2. Nicarágua 219
    5.3. Peru 224
        5.3.1. Diferenças Terminológicas 224
    5.4. Portugal 229
    5.5. Itália 233
    5.6. Espanha 235
    5.7. França 242
    5.8. *Per Concludere* 243

6. CONCLUSÃO 245

BIBLIOGRAFIA 249

DEDICATÓRIA

"Pouco dás, quando dás de tuas posses. Quando deres de ti mesmo é que estarás verdadeiramente dando". **'O Profeta'**, *Gibran Kalil Gibran.*

Este trabalho é dedicado aos meus filhos e netos, a quem quero demonstrar que tudo é possível ao ser humano, dependendo tão-só dele querer.

Frederico, para mim apenas "ICO", e esta maravilha que introduziste em nosso meio: "MARI". Juntos acrescentaram o Gustavo, o dos gatos, e o João Pedro, o gozador.

Marise, sempre minha "ICA", que com o "CARLÃO", me brindaram com a "Biba" (Vivian para os não íntimos como o vô), "Bibo"(Victor, cujo único defeito é não ser corintiano, mas ninguém é perfeito e, além do mais, não temos vaga, neste momento, na torcida!) e a "Nêssa Gôda" (quase nêga, também geniosa como sua bisavó "Dona Ervira", como sempre a chamávamos) completam o que denomino: "família ideal", apesar das "picuinhas internas", sem as quais a vida não teria graça.

Sandra, eterna *"NÊGA" d*o pai, trouxe para o nosso mundinho o François, gente boa. Merci pour tout la felicité qui imprégne dans la vie de ma petite fille.

André, que nunca deixará de ser o "DÉ". Vamos lá, a luta começa agora e você tem muita responsabilidade com o porvir: afinal, escolhestes ser advogado, e serás.

Eduardo, ou apenas "EDU", fico com a certeza de que, um dia você entenderá seu pai.

Diego, ou simplesmente "DICO", sabes o quanto és importante para nós e para o mundo. Não desperdice a oportunidade de bem viver, com você mesmo e com os que verdadeiramente te amam.

A vocês todos, dediquei estes anos de lutas em prol da formação de uma sociedade mais justa e sensata, desprovida de preconceitos e divorciada dos falsos valores. Se eu acertar, tanto melhor. Entretanto, se forem baldados meus esforços, lhes sobrará a possibilidade de poder dizer, com muito orgulho, para a posteridade: "nosso ancestral último tendo sido um Homem livre e de bons costumes, sinceramente tentou".

PREFÁCIO

Tive a honra de, ao lado dos eminentes juristas Paulo José da Costa Júnior, Hermínio Alberto Marques Porto, Rogério Lauria Tucci e Celso Antonio Pacheco Fiorillo, integrar a Banca que, na Pontifícia Universidade Católica de São Paulo, examinou o Advogado e Professor Romeu Falconi, por ocasião de seu Doutoramento em Direito.

"Reinserção Social" — eis o título da tese então sustentada pelo candidato e que a Ícone, editora paulista, em boa hora se dispôs a publicar e divulgar.

Mas quanto a mim, à distinção de ter examinado o novo Doutor em Direito, haveria de juntar-se a da escolha para prefaciar o livro em que é transformada sua tese.

Na verdade, mais uma publicação de Romeu Falconi, que, como Advogado, Professor e autor, tem, invariavelmente, marcado suas múltiplas atividades pelas notas da dedicação e seriedade.

E estas, sem dúvida, as características maiores de seu novo trabalho. Onde, percucientemente, analisado o problema do condenado que, tendo cumprido pena no regime carcerário atual — termos nacionais, em particular —, se propõe a reintegrar-se no meio de que foi afastado pela punição.

O destaque dos itens em que dividida a pesquisa — "A Sociedade Brasileira Contemporânea", "O Sistema Presidial", "A Reinserção Social" e "De Lege Ferenda" — dão, por si, a medida da importância da obra.

Acima de tudo, porém, impressionam a profundidade e o cuidado com que é tratado o assunto. Até porque, aí, põe o autor, ao lado dos conhecimentos hauridos em longos anos de magistério superior, no campo do Direito Penal, a vivência propiciada pelo exercício de Advocacia criminal intensa.

O binômio teoria e prática, em suma, como se recomenda em estudos do tipo, está presente no novo livro de Romeu Falconi. O que, por certo, assegurar-lhe-á, na linha do que já nos habituamos a ver, a continuidade do sucesso alcançado por suas outras publicações.

Mais do que o autor, assim, é o prefaciador que se sente distinguido num momento como este. Porque, afinal de contas, brindado com a oportunidade de ligar seu nome à obra que, por seus méritos todos, tem lugar garantido na literatura jurídica voltada à questão da condenação criminal, do preso e de seu retorno ao convívio social.

Dirceu de Mello
Professor de Direito Penal na PUC de São Paulo
Presidente do Tribunal de Justiça do Estado

INTRODUÇÃO

Este é um trabalho que vem sendo pensado, avaliado e pesquisado há muito tempo e procura colaborar no aprimoramento do Sistema Penal como um todo, reconhecendo e visualizando no Penitenciário, ou Presidial, como se prefere denominar, o *calcanhar de Aquiles*, considerando-se as peculiaridades pátrias, envolvendo um sem-número de facetas de um país gigante, assoberbado com tantos e quantos problemas sociais.

De outra parte, em momento algum nos empolga a expectativa de, ao final, termos dado solução adequada a todos os problemas, vícios e doenças que fizeram do Sistema um *paciente terminal*, termo empregado de ordinário na área de Saúde ao fazer-se referência a paciente que se encontra prestes a morrer.

Na realidade, o que se irá demonstrar no desenrolar da narrativa nada mais é do que a imprensa tem publicado. Diferenciando apenas o escopo: enquanto aquela está preocupada com o sensacionalismo, de regra barato, comumente tratado de *imprensa marrom*, vamos levantar os problemas com a mesma crueza, mas exteriorizando todo o respeito devido ao ser humano, protagonista de toda essa perversa condição sub-humana a que é guindado aquele que, por algum motivo, caiu nas malhas da criminalidade. Revolta ver como são tratadas as pessoas por essa espécie barata de meio de comunicação, que em nada dignifica quiçá uma das mais belas profissões de nível superior, que é o jornalismo. E, ao invés de expelirmos agressões e maledicências de todos os matizes, procuraremos oferecer soluções adequadas.

Pretendemos, num primeiro momento, discorrer sobre a sociedade como um todo. Mostrar como ela se desenvolve dentro do seu próprio universo, produzindo vários subprodutos. Daremos ênfase à questão da *marginalidade*, que produz o *marginal*. Sobre essas duas figuras tivemos oportunidade de ler um trabalho da professora Maria Augusta Negreiros, assistente social lotada no IRS — *Instituto de Reinserção Social* de Portugal, sobre cujo órgão iremos discorrer com muita freqüência, já que o melhor, a nosso juízo, em funcionamento. Diz a ilustre professora nesse trabalho: *"A marginalidade, só por si, não é negativa, ela é muitas vezes, uma recusa de valores sociais que já perderam o sentido, e uma criação porque é a procura de novas formas de expressão e de relação social"*. Não é diferente a maneira de pensar de Michel Foucault,

13

no seu "Vigiar e Punir", ao dizer que "a maneira de viver é o separador de águas entre o *marginal* e o *delinqüente*". O primeiro se revolta mas se deixa abater. Este último não. Reage às agressões refletidas nas diferenças sociais, que proporcionam *muito* a uns poucos, e *nada* a uma maioria absoluta, anônima, inerte e silenciosa.

Demonstraremos, ainda que precariamente, os aspectos sociais desses desajustes que, desgraçadamente, deságuam em terríveis malefícios para a sociedade. Não se deve confundir o *marginal* com o *delinqüente*. Como regra, aquele nem sempre é componente deste, tratando-se, na maioria das vezes, de seres parasitários que nada produzem, nem mesmo a criminalidade. Em contrapartida, estes vivem, como regra, no meio social mais avançado, conseguindo os bens materiais que os primeiros não possuem nem sequer mantêm interesse sobre eles. Em síntese, a sociedade produz no seu íntero-inferior um produto denominado *marginalidade*. O subproduto daí advindo denominamos *marginal*. O outro produto, de menor incidência mas de maiores malefícios, é a *criminalidade* ou *delinqüência*, cujo subproduto tratamos convencionalmente de *criminoso* ou *delinqüente*.

Demonstraremos que, a rigor, não raro o delinqüente se transforma em marginal, ou mesmo as duas coisas ao mesmo tempo. Entretanto, a recíproca é dificilmente verdadeira, posto que quem chega à marginalidade, já perdeu o *animus* de lutar, contentando-se com as migalhas de pequenos óbolos que lhes proporciona a mendicância. É o que chamamos de *indigência*, constituindo-se no mais rasteiro substrato da *marginalidade*. O *indigente* é o *passageiro terminal* do quadro psicossomático social.

Num segundo momento, pretendemos demonstrar, historiando, a face oculta da *prisão*. Sua origem, seu desenvolvimento. O momento histórico em que a instituição penitenciária se apresentou como pólo humanizador das conseqüências da pena, e no que acabou se transformando. Procuraremos discorrer sobre o panorama geral do sistema, falido no mundo todo, e em especial no Brasil, onde a situação é alarmante. Não resolve que se diga existirem lugares onde as coisas são ainda piores. Teremos que ter, mercê desse Ser Superior que a todos nos governa e somente perceptível àqueles realmente bem-intencionados, uma sincera, honesta e eficiente vontade de acertar, para tentar ao menos minimizar as agruras do cárcere, já que, conforme José Antonio Barreiros, *"o mundo artificial das instituições prisionais está condenado ao fracasso"*.

Uma coisa é certa, neste espaço, mais que em qualquer outra parte, não cabe o esmorecimento. Há que *pelear* para alcançar o máximo possível. Mas, se por acaso tudo for baldado, que a luta represente descanso daquele que guerreou sem quartéis e em condições adversas para obter o resultado perseguido, porque, como diz Nietszche, nas palavras de seu personagem *Zarathustra*: *"A vós não aconselho o trabalho, mas a luta. A vós, não aconselho a paz, mas a vitória. Que o vosso trabalho seja uma luta e a vossa paz, uma vitória"*[1]. A luta contra o perverso sistema presidial em que se constituiu o nosso não é de um só homem, senão de toda a sociedade, e em seu exclusivo benefício.

No terceiro estágio vamos dimensionar, se possível, a Reinserção Social. Procuraremos demonstrar as várias formas utilizadas em vários locais para o sucesso da empreitada. Da mesma forma faremos ver que não se pode nem se deve mascarar com palavras amenas o desinteresse da classe governante. Prova maior do que afirmamos são os números que obtivemos junto ao I.R.S., em Lisboa, sobre os Estados Unidos, onde, em 1969, havia 1 (um) psicólogo para cada 4.282 presos; 1 (um) psiquiatra para cada 2.436 presos; 1 (um) trabalhador para cada 846 presos. Haveremos de deixar claro que esses números são alarmantes em se tratando do atendimento dispensado ao recluso, da mesma forma que, entre nós, é assustadora a posição inversa, onde para cada 2,13 presos existe um funcionário penitenciário. Diz-se "penitenciário" porque existe farto contingente originário da Polícia Militar, que fiscaliza os muros e as partes exteriores dos presídios.

Enfim, iremos trabalhar em cima do que se pratica lá fora, em outros países, e o que se realiza aqui. O que se pode e deve fazer, com o espírito voltado para dar sentido e conteúdo à pena. Procurando evitar que ela seja, como vem sendo, a razão de aplicar o *mal justo* em contrapartida ao *mal injusto*: uma mera *retribuição*. Procuraremos demonstrar que a moderna doutrina de Claus Roxin sobre o utilitarismo da pena é o que há de mais correto e eficaz, desde que aplicada coerentemente. Se a pena não servir para emendar o criminoso, se tiver por escopo esse pressuposto teleológico que consiste exclusivamente na razão de punir como vem ocorrendo na atualidade, então melhor que pensemos noutra forma de solucionar o problema.

Finalmente, no quarto e último capítulo, uma série de sugestões sobre o que se poderá fazer em termos de normatização. Leis no Congresso Nacional estão tentando, de alguma forma, minorar o quadro lancinante pelo qual passa o Brasil. Entretanto, seria de todo necessário

---

[1] "Assim falou Zaratustra", ed. Círculo do Livro, pág. 63. No original: *"Also sprach Zarathustra"*.

que os governos cumprissem o que já existe normatizado, abandonando o terreno formal e partindo definitivamente para a materialização de alguns institutos, que só existem no papel.

É absolutamente essencial que o governo demonstre em termos práticos suas intenções na solução dos problemas, e, embora sendo muitos, não são, necessariamente, aporéticos. De difícil solução, claro que sim, utópicos, definitivamente não. Tanto é assim, que a Constituição espanhola diz, no número 2 do artigo 25, o seguinte: *"as penas privativas de liberdade, as medidas de segurança serão orientadas para a reeducação e reinserção social e não poderão consistir em trabalhos forçados"*. Entre nós alguns juristas pensam dessa forma, quer no que seja pertinente aos fins da pena, quer na questão do trabalho forçado. Este último execrado por Dirceu de Mello, para quem qualquer trabalho não pretendido pelo recluso deve ser encarado como *trabalho forçado* e, por via de conseqüência, inconstitucional.

Enfim, não há em nós o *animus* e tampouco nos imbui a pretensão de, com este trabalho, cuja modéstia haverá de persegui-lo sempre, colocarmos um ponto final na questão presidial. Também se sabe que o caminho da reinserção é mais que simples manifestação de intenção das partes envolvidas. Ela requer um esforço titânico não somente por parte do principal interessado — o egresso — ou de quem esteja prestes a alcançar tal *status*, mas principalmente da sociedade como um todo. Sobre este argumento estará alicerçado todo o arcabouço do a seguir exposto.

Se, por acaso, não tivermos a felicidade de obter sucesso, restar-nos-á a recompensa moral de termos tentado fazer alguma coisa. Poderemos, com a serenidade que somente mantêm os que têm a consciência tranqüila, dizer à posteridade: *EU TENTEI!*

REINSERÇÃO SOCIAL

*"Encontrei mais perigos entre os homens do que entre os animais, perigosos são os caminhos de Zarathustra.
Possam guiar-me os meus animais."*
("Assim falava Zarathustra" — Nietzche)[2]

---

[2] Versão ofertada pelo Círculo do Livro, página 41. Em outra reprodução, a da Edições de Ouro, direitos cedidos pela Edições e Publicações Brasil Editora, página 34, o título da obra é "Assim Falava Zaratustra", e o final do texto é: *"Guiem-me meus animais"*.

1. A SOCIEDADE BRASILEIRA CONTEMPORÂNEA

1.1. A Vertente Tradicional; 1.2. A Vertente Tecnológica; 1.3. Síntese dessas Vertentes; 1.4. Breves Considerações sobre o Caráter Jurídico Normativo em Face do Dualismo Social; 1.5. Marginalidade Social; 1.5.1. A Teoria da Personalidade Marginal; 1.5.2. A Teoria da Situação Social Marginal; 1.6. O Marginal; 1.7. A Delinqüência e seus Enfoques; 1.7.1. O Enfoque Positivista; 1.7.2. O Enfoque Reformista; 1.7.3. O Enfoque Tradicionalista; 1.7.4. A Teoria Radical; 1.8. O Delinqüente; 1.9. Concluindo.

Para alcançar os objetivos pretendidos neste trabalho, entendemos necessária a caracterização dos aspectos mais expressivos que conformam a situação atual das relações no Brasil. É preciso, todavia, não esquecer as várias realidades regionais. Existem, como disse o ministro Nelson Jobim[3], "várias realidades" no território nacional, o que reflete a inoperância de uma lei única para cobrir todo o país-continente.

Por isso, partiremos, à guisa de iniciar essa descrição da sociedade, da classificação estabelecida por SALVADOR GINER[4], quando faz referências aos estágios de desenvolvimento social auferidos pelos diferentes países latino-americanos. Segundo este sociólogo, a sociedade brasileira, juntamente com as mexicana, colombiana e venezuelana, estaria situada no grau intermediário do continente, que o autor denomina "sociedades latino-americanas clássicas", nas quais os arcaísmos estruturais sobreviventes do período colonial, constantes da agricultura tradicional e relações de caráter patriarcais, já estão dissipados.

Inquestionavelmente, a classificação proposta por GINER encontra eco se cotejada com alguns dados disponíveis em nossa sociedade.

---

[3] Palavras proferidas por ocasião da visita realizada à OAB/SP, em junho de 1995, quando discorria sobre a problemática de leis únicas para todo o território nacional.

[4] GINER, Salvador. "Sociologia", Nexos, Barcelona, 1993, págs. 303/306.

Com efeito, apesar da existência de regiões relativamente atrasadas em nosso mapa social, como a Amazônia e o Nordeste[5] referidos pelo autor no texto mencionado. Essa sociedade apresenta, de fato, elites socio-econômicas ligadas à indústria e às finanças e — em contrapartida — um grande contingente camponês, com um amplo setor de agricultores — proprietários —, para quem a inserção na economia capitalista avançada não ocorreu até o momento, pelo menos em ritmo e densidade suficientes para a promoção de uma sociedade realmente integrada e dotada de relações que permitam classificá-la como *moderna,* apesar do dinamismo crescente que se verificou nestas últimas décadas no concernente à superação de práticas típicas de sociedades de "casta-classe", conforme a denominação do próprio GINER, usada para descrever as sociedades menos evoluídas do continente.

Essa descrição inicial da sociedade brasileira, a despeito de mencionar apenas os fatores gerais que norteiam as formas de relações sociais também gerais, apontam, no entanto, um dado central para a continuidade deste trabalho: *estamos diante de uma sociedade dualista*[6-7].

Essa dualidade apresenta aspectos que, conforme a utilidade e o rumo de dada pesquisa, podem ser analisados em vários graus de profundidade, subdivididos em áreas de abordagem econômica, cultural ou de relações políticas. Assim como apresenta zonas de inquestionável avanço tecnológico e produtivo, com populações de mentalidade e perspectivas igualmente desenvolvidas, nossa sociedade carrega ainda parcelas territoriais e demográficas cujas características mais expressivas são a cristalização de práticas arcaicas que servem de anteparo à modernização das estruturas econômicas, de modo a dificultar gritantemente a homogeneização e integração dessas realidades sociais[8]. Culpa-se o Di-

---

[5] No espaço geográfico compreendido por Nordeste, existe já formada uma sociedade social, cultural e economicamente diferenciada: ou muito luxo ou muita miséria.

[6] ROCHA, Euzébio, de saudosa memória, advogado, professor, escritor, mas principalmente um nacionalista convicto, tendo sido o autor do Projeto 2004, que criou o monopólio do petróleo, assim se referia à sociedade brasileira: "sociedade dual, onde alguns poucos podem muito e os "muitos" não podem nada".

[7] Ele mesmo foi o primeiro a questionar a problemática dos 'meninos de rua'. Ninguém ouviu, e aí está.

[8] Vêem-se em São Paulo, por exemplo, as favelas confrontando com bairros de luxo, como o Morumbi. No Rio de Janeiro, a situação é caótica, já que a população favelada supera em número a assentada.

reito Penal, que não teria acompanhado o desenvolvimento social[9]. *"O Direito Penal brasileiro não se desenvolveu o suficiente para alcançar as categorias sociais economicamente protegidas"*.

Não se trata, aqui, de atribuir e entender essas contradições regionais como as criadoras exclusivas de uma dicotomia sócio-econômica perversa, insolúvel ou incomunicável, que estaria a dividir a sociedade em partes estanques e rivalizadas, ambas em luta permanente no afã de destruir os modelos existentes que informam cada uma dessas realidades, e destruírem-se mutuamente[10]. Ao contrário, entende-se que, a despeito das sensíveis diferenças que se verificam — no geral — comparativamente entre, por exemplo, as áreas metropolitanas do Sudeste brasileiro e a zona árida nordestina, ambas partilham de uma mesma realidade macroeconômica e social. Portanto, são partícipes, ainda que em visível desequilíbrio, de todas as formulações, planejamentos e conseqüências sócio-políticas que afetam a totalidade do espaço social.

1.1. A Vertente Tradicional

Para aclarar mais a distância que separa as porções dessa dualidade social, socorremo-nos de Guy Rocher[11] que, ao analisar as condições emergentes nas sociedades avançadas, que ele denomina "tecnológicas", traça os principais indicadores econômicos de organização familiar e a mentalidade predominante nas assim chamadas "sociedades tradicionais", que se opõem àquelas outras. O detentor do poder, ao sentir ameaçado o seu domínio, torna-se renitente e, não raro, truculento no exercício daquilo que ele entende por direitos seus adquiridos legitimamente, posto que detentor legítimo da capacidade de agir desta ou daquela forma[12].

No trabalho desenvolvido por Rocher, fica claro que as sociedades tradicionais praticam atividades econômicas simplórias, extraindo da na-

---

[9] Ministro Luiz Vicente CERNICCHIARO, em entrevista para a Gazeta Mercantil, em 28/9/95.

[10] Se considerarmos o que vem ocorrendo no Rio de Janeiro, o quadro social começa a cambiar o rumo. Não mais os menos favorecidos aceitam pacificamente as desigualdades. Aí está o perigo.

[11] ROCHER, Guy. "Introdución a la Sociologia General", Herder, Barcelona, 1990, págs. 258/295.

[12] Nesse sentido, veja-se Francesco CARNELUTTI in *"Teoria Geral do Direito"*, Armênio Amado, Editor, Coimbra, 1942, pág. 343. Na oportunidade, o autor diz da *"capacidade do sujeito de direito"*. Assim nasce o conceito de capacidade como requisito do *acto* jurídico. Tal requisito consiste em que, para produzir efeitos, isto é, para ser eficaz — conceito de KELSEN, inserção nossa — o *acto* deve ser praticado pela norma.

tureza sua subsistência através de produtos que são submetidos a um mínimo de transformação[13]. Esse quadro, acrescido das técnicas arcaicas utilizadas, cria um panorama social em que as novas tecnologias ou os métodos de acumulação e administração de recursos que, embora não sejam desconhecidos, são pelo menos desprezados, dado o teor ultrapassado desse modelo de exploração do espaço produtivo e, diga-se, da espoliação que se pratica como direito natural do explorador sobre o explorado.

A tais relações econômicas correspondem, ainda segundo Rocher, funções específicas do sistema de parentesco e ajuda mútua entre seus membros[14]. As famílias patriarcais dessas sociedades tradicionais geram o suporte elementar da organização social, estabelecendo padrões de comportamento e solidariedade que se chocam frontalmente com as condições de vida nos ambientes urbanos densamente povoados, os quais apontam para a atomização das relações sociais, constando da redução dos grupos familiares a núcleos mínimos formados por *pai, mãe e filhos* — se tanto. Estes últimos, potenciais formadores de futuros núcleos igualmente desprovidos de vínculos fortes junto aos demais membros do "clã" familiar. Aqui, pensamos, tem início a criação dos bolsões da criminalidade, que se entrelaçam criando outros tantos, em multiplicação assustadora, como ocorre presentemente entre nós.

Quanto à mentalidade dominante nas formas tradicionais de sociedade, Rocher aponta o empirismo, o conservadorismo, e o pensamento mítico e mágico[15] que norteiam a visão que seus componentes têm do mundo. O empirismo traduz a relação do homem dessas sociedades com todas as espécies de fenômenos naturais, bem como as maneiras de enfrentá-los para a consecução das tarefas ligadas à subsistência: são conhecimentos acumulados e transmitidos fragmentariamente e através de gerações, com os quais é possível a continuidade das formas primitivas de manutenção e reprodução da existência, mas torna-se muito difícil, para não dizer impossível, o avanço dessas condições, pois esses conhecimentos explicam, quando muito, os resultados esperados — obtidos — de sua aplicação, mas não suas origens e fundamentos. Ou seja, esses conhecimentos, por mais ricos, valiosos e eficientes que possam ser num determinado estágio, seguem sendo frutos da mera observação, constituindo-se em modalidade mental isenta de razões epistemológicas.

---

[13] Obra citada, pág. 258.

[14] Obra citada, pág. 262.

[15] Obra citada, págs. 270/275.

A propósito, o *conservadorismo* apontado por Rocher mantém íntima relação com o empirismo acima descrito, posto caracterizar-se por uma repulsa sistemática às idéias novas de todo gênero que possam representar riscos aos modos habituais de convivência e de fruição dos recursos naturais[16].

Finalmente, o pensamento mítico e mágico é responsável, nas sociedades tradicionais, por uma escala de valores na qual a mitologia: *"Hace las veces de ciencia teórica"*[17], com conseqüências previsíveis que uma tal visão dissemina entre seus partidários, promovendo a atenuação, ou mesmo a supressão, dos limites entre as coisas sagradas e as objetivamente úteis e materiais, fazendo das potencialidades de evolução econômicas e mentais algo desprovido de conteúdo imediato e palpável que justifique sua busca.

Destarte, guardadas as proporções cabíveis e acrescido um sem-número de detalhes que elencam o rol das relações possíveis em ambientes dessa natureza, esse é o quadro aproximado da situação vigente nas aglomerações que subsistem em vastas parcelas em nosso território, e que não fica restrito apenas ao ambiente rural, mas também presente geralmente nos recantos periféricos das concentrações urbanas, como resultado perverso de um longo e desordenado processo migratório que vivencia uma imensa massa humana de nossos compatriotas.

1.2. A Vertente Tecnológica

Continuando o aporte do trabalho de Guy Rocher, este tópico há de traçar — com certo exagero, é verdade — o esboço das condições existentes nas relações econômicas, de organização social e do espaço vivencial daquela porção mais adiantada da sociedade brasileira.

Essa porção cujo desenvolvimento entendemos como não linear[18], sujeito dessa forma a sobressaltos e disparidades internas relevantes, não ocupa extensão geográfica contínua e homogênea digna de comentários, formando, isto sim, um conjunto de recortes de excelência produtiva e cultural disseminados pelo território nacional ao sabor das ondas

---

[16] Obra citada, págs. 272/273.

[17] Idem, pág. 273.

[18] Aí reside a grande confusão provocada por economistas não muito bem intencionados, que insistem em falar em "desenvolvimento econômico", quando, na realidade, o que se tem visto nada mais é que o "crescimento econômico". O primeiro ocorre quando a riqueza circula horizontalmente; no segundo, ela aparece em vertical.

desenvolvimentistas historicamente construídas, menos em homenagem às grandes massas e mais para atender interesses de grupos bem posicionados. Nesse processo histórico, nem sequer a Nação é levada em consideração, e por ela não se nutre qualquer resquício de respeito.

Por outro lado, essa classificação de "sociedade tecnológica" é montada por Rocher tendo por parâmetro as sociedades plenamente desenvolvidas, vale dizer, Europa Ocidental, Estados Unidos e Japão. Desse modo, as suas características devem ser atenuadas mentalmente para que possam servir de modelo conceitual para as porções mais desenvolvidas de nossa realidade social. E, ainda assim, deve-se ter em mente os vários "Brasis" que existem, mesmo nos centros tidos por desenvolvidos[19].

A denominada "sociedade tecnológica" tem por base uma estrutura econômica de elevada produtividade do trabalho humano, com a utilização de todos os recursos disponíveis com alto grau de eficiência e racionalidade. Por conseguinte, produz resultados que interferem diretamente nas condições de vida de seus membros, proporcionando evoluções mentais que, paulatinamente, vão desprezando as noções ultrapassadas, beneficiando diretamente a construção de modelos de convívio social calcados nas experiências sensíveis e materiais.

Com a elevação constante das necessidades — e capacidade — de consumo, verifica-se nas sociedades tecnológicas, segundo o autor[20], uma ruptura entre produtores e consumidores, gerando a impessoalidade e distanciamento nas relações humanas que colide com as práticas comuns nas sociedades tradicionais, nas quais há profunda identidade entre o produtor e o consumidor, não raro se tratando de uma mesma pessoa ou família, dado o caráter de sua economia de subsistência.

O consumo de mercadorias de toda espécie de produtos culturais, de idéias, faz com que, ainda conforme preleciona Rocher, a sociedade tecnológica *"... se caracterice en particular por el lugar preponderante que ocupan el mundo del trabajo y, por esto mismo, la estructura y la organización económicas"*[21].

Outro desencontro com a sociedade tradicional, é que o trabalho, apesar de ocupar lugar importante e preponderante e derivar de precei-

---

[19] Como exemplo, veja-se a qualidade de vida de Curitiba em relação aos seus vizinhos ricos.

[20] ROCHER, Guy. Obra citada, pág. 279.

[21] Obra citada, pág. 282.

tos morais fortemente enraigados, não assume o caráter organizado e complexamente ligado às estruturas econômicas do padrão tecnológico. Em síntese, aqui, onde funciona a sociedade tecnológica, se dá mais valor à força de trabalho do que naquelas outras: as sociedades tradicionais.

Como decorrência dessas peculiaridades, as sociedades tecnológicas contam com um aparato científico e técnico que vai aperfeiçoando continuamente as relações profissionais, criando especialidades e direcionando uma rígida hierarquização nas atribuições e poderes que, além de propiciar a funcionalidade de suas respectivas estruturas, enfatiza sistematicamente seu distanciamento das sociedades tradicionais, onde a figura patriarcal se apresenta como único referencial de poder, quer na escala familiar, quer na escala do controle político[22].

Ainda outros sintomas são perceptíveis nas sociedades tecnológicas: elas proliferam, de regra, nas grandes concentrações urbanas, premidas pela necessária utilização de grandes contingentes de mão-de-obra e, como via de conseqüência, de consumo[23]. A racionalidade proveniente do progresso material pela aplicação de recursos científicos e a valorização dos processos de instrução criam um sentimento de superioridade em relação às sociedades tradicionais[24], que sejam pertinentes à confiança nos meios racionais e epistemológicos na lide com os problemas originados pela complexidade e sofisticação na ordem das relações.

1.3. Síntese dessas Vertentes

Como já foi dito anteriormente, essas duas realidades de nosso espectro social são intercomunicantes, não somente porque dividem um mesmo território nacional, mas principalmente por manterem laços indissolúveis que se auto-alimentam e, paradoxalmente, permitem que ambas fortaleçam suas condições, embora antagônicas entre si.

Pelos constantes movimentos migratórios anteriores, já que atualmente se encontram em refluxo, a porção tradicional da sociedade forneceu contingentes inestimáveis de força de trabalho durante o período de

---

[22] Perceba-se a adoção do "diretor" profissional nas denominadas empresas familiares, em número cada vez maior.

[23] Uma coisa atrai compulsoriamente a outra: não há consumo sem produção, como a recíproca se faz verdadeira. Além do que, somente pode consumir quem produz riqueza: a força do trabalho, principalmente. Proporcionalmente às suas posses, o menos abastado consome mais.

[24] ROCHER, obra citada, pág. 295.

construção da parcela tida por mais desenvolvida. Esta última, ao assimilar a presença dos migrantes, conformou-os a uma inédita — segundo seus conceitos — seqüência de rituais burocráticos, de locomoção e de vinculação jurídica que, ao cabo de algum tempo, acabou por inseri-los em condições e perspectivas de vida que, se não opostas, são pelo menos muito diferenciadas daquelas existentes nas suas regiões de origem.

Assim, recolhidos repentinamente num universo urbano e industrial, de regra bastante hostil aos não iniciados, viram-se os migrantes relegados aos espaços menos cobiçados mesmo nas periferias metropolitanas e nos bolsões fabris. O bucolismo e o sentimento de familiaridade da vida rural, ou mesmo das pequenas urbes, cede lugar aos trâmites absolutamente impessoais, apressados, atribulados e, até certo ponto, confusos da vida que se leva nas sociedades industriais densamente urbanizadas.

A assimilação, ou melhor, a rendição dos migrantes às novas condições de vida não ocorreu plenamente. Certos costumes da vertente tradicional são testemunhos vivos e presentes inclusive nas regiões centrais das grandes cidades, seja pela prática usual desses costumes, seja pela especialização em determinada atividade econômico-comercial. Está voltada, entre outras coisas, para a venda de adereços ou ingredientes típicos dos lugares distantes, mas origem dessa massa humana[25]. É o movimento de racionalização das atividades que molda a adaptação social, pois onde houver *consumidor*, seja qual for o produto, lá estará a empresa apta a municiá-lo. E o que é pior, nem sempre coisas de real utilidade, supérfluas portanto.

De certa maneira, a instalação dos contingentes migratórios, em si mesma, não revelou maiores problemas de adaptação, já que tanto os recém-chegados como os residentes falam um mesmo idioma — com algumas variações terminológicas que não chegam a interferir nessa adaptação, além de serem provenientes de um mesmo processo histórico, ainda que por força das condições desiguais de desenvolvimento sócio-econômico. O maior problema, entretanto, decorre exatamente das condições pelas quais esse *desenvolvimento* foi implementado, através da ampliação das disponibilidades econômicas e, por via de conseqüência, culturais vigentes no seio da sociedade, quadro esse com remotas perspectivas de reversão a curto prazo, se mantidos os mecanismos que o originaram, e que, por isso mesmo, criaram disparidades insuperáveis e inabsorvíveis.

---

[25] Não é preciso andar muito para observar esse fenômeno. Em São Paulo a praça da Sé é um exemplo típico. Ou, se quisermos, visitar a periferia e perceber os usos e costumes. O "forró" é, por excelência, uma mostra clara e inquestionável da nossa assertiva.

Os instrumentos utilizados para a captação de investimentos industriais — mas não somente para esse setor — em solo pátrio foram, em grande medida, dosados para atender específicas e planejadas regiões, que alijando deliberadamente desses benefícios justamente aquela parcela aqui denominada *sociedade tradicional*[26], ou seja, as políticas creditícias, de incentivos fiscais e de subsídios diretos e indiretos que propiciaram a evolução dos capitais disponíveis e uma ínfima e elitizada fatia da população, quando não foram desviadas para fins outros, tornaram-se responsáveis diretos pela já desequilibrada relação entre *ricos e pobres*, entre *urbanos e rurais*[27]: tecnocratas plenamente entrosados com as regras juridicamente normatizadas e ex-camponeses pouco ou nada adaptados às rígidas regras estabelecidas por critérios completamente estranhos às suas concepções e necessidades mínimas de existência[28].

Ironicamente, o ferramental político-econômico que fortaleceu essa ínfima porção desenvolvida da sociedade forjou simultaneamente, pela exclusão, um pólo de oposição constituído dos mesmos sinais de atraso e inadequação verificados desde décadas atrás na quase totalidade do nosso meio social, quadro que vem se deteriorando a olhos nus[29]. Aqui tampouco se vislumbra solução, pelo menos a médio prazo.

Abstemo-nos de apontar o detalhamento e/ou propostas de solução neste nosso trabalho, voltado exclusivamente para o sistema normativo, máxime o penal, que é o que age com maior intensidade e rigor sobre aquele substrato social menos favorecido[30].

---

[26] Vejam-se os projetos SUDAM e SUDENE, por exemplo. A fatia destinada mais especificamente para essa parte da sociedade tradicional, lamentavelmente, tomou outro rumo. Não foi diferente a "era do zebu", como tampouco o foi a "era da borracha".

[27] Como exemplo, podemos citar o extinto BNH, criador de moradias que ostentavam luxo invulgar num universo de miseráveis. E, quando vinham mais abaixo, colocavam os recursos disponíveis à disposição de empresários nem sempre de melhores credenciais morais e técnicas.

[28] Nesse sentido, Celso FURTADO in "O Mito do Desenvolvimento Econômico", Ed. Paz e Terra, 1974, Rio, pág. 95 e seguintes.

[29] Prova disso está naqueles acontecimentos, onde a violência explode a cada instante. Dois fatos chamaram a atenção: a violência nos estádios, cuja demonstração custou a vida de um rapaz de dezesseis anos, e uma execução sumária de dez pessoas num baile "funk" no Rio (setembro/95).

[30] Prova disso é a composição da população carcerária, povoada dos "Jean Varjean" já que somente estes interessam aos "Javeir" do sistema como um todo.

1.4. Breves Considerações sobre o Caráter Jurídico Normativo em Face do Dualismo Social

A despeito do processo histórico que forneceu os elementos e as relações que propiciaram a conformação vigente entre os vários extratos da população, o Direito, entre nós, não acompanhou o contínuo distanciamento econômico e suas nefastas repercussões sociais entre possuidores e despossuídos. Ou seja, as carências materiais, num primeiro momento estritamente econômicas, logo cederam espaço a ocorrências de ordem social, privando vastos contingentes de requisitos básicos para evolução, como saúde, educação, etc.[31]. Enfim, privando-os de condições que, se razoavelmente atendidas, poderiam ao menos aplainar os evidentes desníveis. Se não propiciariam, como se sabe, a imediata inserção daqueles contingentes ao *status* social desejável, acelerariam, ainda que lentamente, o desenvolvimento, agora sim, horizontal da sociedade, permitindo a absorção futura e de modo menos problemático pelo "mundo desenvolvido". Se assim tivesse sido três lustros atrás, parte expressiva dessa criminalidade que aí está não teria proliferado com tanta e eficaz virulência[32]. Euzébio Rocha, de quem já se fez referência em outra parte, vaticinou esse quadro alarmante, sem que se tivesse tomado a mínima medida para diminuir seu efeito, e, desta forma, fomentando-se seu crescimento.

Neste ponto é preciso lembrar que o empenho do Estado, ao longo de sua ação indutiva ao crescimento econômico brasileiro, esteve permanentemente amparado por sistematização normativa jurídica, que guarneceu e legitimou, à luz do Direito, suas atividades, coisa que já se mencionou em tópico anterior, e que inclui a proteção especial e constante da política de transferência de fundos através de incentivos fiscais, créditos especiais e subsídios.

Nos últimos tempos, as transferências desses recursos passaram por um período de recrudescimento, mesmo nos grandes momentos que compreenderam regimes centralizadores de poder. Houve, é verdade, certa preocupação em dar respaldo jurídico às suas ações. Nesse particu-

---

[31] Há, neste momento, grande evasão da discência das escolas em todos os níveis. A saúde está aí a desenvolver esforços para criar um "imposto" especial para tentar, quem sabe, ao menos equilibrar a situação.

[32] Não iremos incorrer no equívoco de CONCEPCIÓN ARENAL, para quem não há criminosos "incorrigíveis", senão que "incorrigidos", mas nada temos feito socialmente para que o que aí está não seja como é. E, se não cuidarmos, ficará pior.

lar, ainda que questionáveis quanto à legitimidade, revestiam-se de requisitos formais — as ações — que as tornavam hábeis e eficazes no ponto de vista normativo[33]. Estas últimas afirmações encontram exemplo a partir da Emenda Constitucional de 1969 e nos sucessivos "Atos Constitucionais", predominantes no ambiente jurídico a partir do regime implantado em 1964.

De qualquer modo, o aparato jurídico de apoio às ações de Estado, se, de um lado, potencializou os poderes deste no direcionamento macroscópico das políticas econômicas e nas eventuais incursões no terreno repressivo a movimentos de opositores, de outro lado, obscurece as atividades inerentes a tais poderes no que concerne às suas responsabilidades propriamente sociais, de suma importância para a promoção humana na formação da cidadania. Essa diminuição de responsabilidade, se exime alguns, não livrou da hecatombe os despossuídos, cujo grande percentual engrossa as estatísticas penitenciárias. Mas disso falaremos adiante.

O escopo destas considerações não é o de somar lamúrias aos já tão conhecidos discursos do gênero e, menos ainda, cassar responsabilidades pelas ações e omissões acima sinteticamente descritas. Nossa intenção é tão-somente expor um ponto de vista, reflexo de profunda análise da realidade social. Eis por que se dispensou menos atenção ao epistemológico e mais ao ontológico e pragmático, como haverá de ser a tônica deste trabalho, que procura, principalmente, demonstrar alguns pontos de contato do Direito com essa mesma realidade. Ademais, essas considerações contemplam a dedução subjacente de que todos — ou quase todos — os processos jurídico-normativos de períodos de exceção e centralização de poder foram implantados em obediência a ditames exteriores aos agentes e instituições jurídicas, de maneira que estes, como a maior parte da sociedade, encontram-se na posição de "sujeitos passivos" desse ordenamento. Nesta linha de raciocínio, portanto, a omissão do Estado perante as ações sociais, com a respectiva cobertura jurídica, conduziu-se deliberadamente de modo a concentrar seus recursos às lides econômicas, cujo planejamento e execução deu-se sob a responsabilidade restrita a círculos burocráticos e tecnocráticos elitizados do poder[34], onde muito poucos mandavam e o resto obedecia. Disso resultou

---

[33] Veja-se o destino dado ao Fundo 157. Até há pouco tempo não se sabia onde retirá-lo. Mas, nem por isso, ele foi tido por ilegal. Em síntese, como disse KELSEN, "vigente e eficaz" a norma jurídica que o respaldou. Imoral quanto ao seu destino.

[34] Não seria preciso lembrar quantas vezes foi fechado o Congresso, nem o uso indiscriminado dos "Decretos-leis", isto para não nos alongarmos no assunto.

uma "ditadura econômica" com o respaldo dos militares, na maioria das vezes bem-intencionados, mas, queira-se ou não, colhem-se agora os frutos podres daquela sessão de rapina: a criminalidade que vivemos.

Chegamos neste ponto a uma encruzilhada digna de realce quanto ao enfoque sociológico aplicado. A noção de dualidade social que tentamos demonstrar, ou apresentar, nas páginas anteriores, obedece a uma abordagem de traços funcionalistas[35], conforme explica George Ritzer, na medida em que enfatiza as dificuldades de integração entre as duas vertentes. Entretanto, nossa análise aponta fatores que, vistos de forma mais abrangente, demonstram um certo empenho que tornou possível a existência das disparidades sociais, visualizável pelo fato de o contingente tradicional, apesar de afastado de perspectivas imediatas para a superação dos seus problemas, ser por isso mesmo útil à parcela desenvolvida ou tecnológica da sociedade.

Trata-se de uma utilidade que reside ora na manipulação da mão-de-obra barata[36], desqualificada e abundante desse contingente, ora na manutenção desse mesmo segmento desprovido de qualquer "reserva técnica" ocioso, apto a regular, quando necessário, a demanda e oferta de trabalho[37]. Nesta hipótese, o enfoque funcionalista cede espaço parcial a uma análise interpretativa histórico-cultural[38], em que predominam as relações de classe. E aqui, mais uma vez, abdicamos de continuar o exame do tema sob o prisma estritamente sociológico, contendo-nos a apresentá-lo, apenas, para garantir a fidelidade ao eixo temático deste trabalho.

Ante o exposto, podemos sacar desde logo conclusões parciais e provisórias, mas que, assim mesmo, constituem um verdadeiro desafio aos cultores da Ciência Jurídica: é mister criar-se um conjunto de normas e procedimentos que, simultaneamente, impulsionem o Estado e a comunidade para a atenção aos requisitos advindos dessa dualidade social reinante. E mais. Em nível de *lege ferenda*, que se criem os mecanismos indispensáveis para a alocação dos recursos necessários para tanto, evitando-se, dessa forma, aquelas "regulamentações" meramente formais, desprovidas de conteúdo pragmático.

---

[35] Veja-se o autor referido em sua "Teoria Sociológica Contemporânea", Mc Graw - Hill/Inter Americana de España, Madri, 1993, págs. 106/139.

[36] Não raro esse custo "barato" alcança parâmetros inimagináveis, beirando o escravagismo.

[37] Tal postura acaba por gerar desemprego em massa, o que finda por aviltar o valor da força de trabalho e, como sói acontecer, aumentar a criminalidade.

[38] RITZER, obra citada, págs. 411/451.

1.5. Marginalidade Social

Por ser utilizado em múltiplas situações, o termo *marginalidade* presta-se para equívocos quanto ao seu significado sociológico[39], sendo para muitos considerado sinônimo de bandidagem e semelhantes, conforme se pode comprovar nas discussões informais entre leigos, em matérias jornalísticas, etc. A equivocidade do termo aparece inclusive entre aqueles que são do "métier", tendo por isso merecido singela mas útil pesquisa coordenada por Manoel Berlinck[40], realizada por meio de enquete dirigida a pessoas de diversos meios sociais e ocupações, diferenciadas, que corrobora as concepções distorcidas que o termo suscita entre nós.

A *marginalidade* é constituída por parte da sociedade que não dispõe de meios próprios para a sua subsistência. Pode-se incluir no rol dos componentes da marginalidade todas aquelas pessoas que vivem, por exemplo, do subemprego, de expedientes não convencionais, intermediação de negócios eventuais e sem qualquer vínculo. Se quisermos, o quadro marginal poderá ser enfocado também do ponto de vista da *indigência*. Aqui, a mais perfeita e acabada forma da marginalidade, já que nada produz esse contingente cada vez maior entre nós. Poder-se-iam incluir os loucos abandonados pelas ruas, mas seria redundância. Se abandonado ao seu próprio destino, faltando-lhe assistência social e familiar, é indiferente seja ele lesado mentalmente ou não, torna-se, apenas, um *marginal*, já que vive à *margem* da vida socialmente regulamentada e policiada pelo Estado, a quem, em última análise, compete cuidar dessa espécie social, tanto quanto administra, ou pensa que administra, a conduta dos demais segmentos.

Segundo se pode apurar, entre os sociólogos também a conceituação não é pacífica. Até onde nos foi dado saber, existem duas correntes teóricas[41] que tratam da questão, originárias de concepções diferentes nas formulações e princípios e que, no entanto, podem fornecer resultados cuja combinação criteriosa permite auferir maior abrangência analítica. A primeira corrente, é a oriunda da sociologia nor-

---

[39] Trata-se de termo equívoco. De ordinário, a polícia o emprega como sinônimo de criminalidade, de bandidagem, etc. Nem todo criminoso é marginal, e a recíproca é verdadeira. Os do *cuelo blanco*, por exemplo, não o são. Estão, pelo contrário e como regra geral, muito bem postos no contexto social.

[40] BERLINCK, Manoel Tosta, "Concepções Populares de Marginalidade: Uma Nota de Pesquisa". EAESP/FGV, São Paulo.

[41] Isso foi fruto de uma pesquisa empírica e ocasional, nada de científico. Apenas conversas informais com colegas professores da área.

te-americana, refere-se à "teoria da personalidade marginal". A segunda é a "teoria da situação social marginal", e encontra fértil espaço principalmente no estudo das sociedades subdesenvolvidas.

1.5.1. A Teoria da Personalidade Marginal

A teoria da personalidade marginal, como indica a própria denominação, recorre à análise psicológica dos indivíduos pertencentes a meios onde existam conflitos culturais. Vinculado a uma determinada cultura, o indivíduo submetido a uma sociedade culturalmente antagônica sofre de imediato os efeitos desse choque, vindo a marginalizar-se das práticas sociais em razão da sua incapacidade de auto-orientação e adaptação de sua personalidade. Stonequist[42], sociólogo norte-americano, continuou, nesse sentido, o trabalho iniciado por seu conterrâneo Robert Park[43], tomando como modelo os grupos de imigrantes originários de várias partes do mundo e que geraram conflitos com os aborígenes norte-americanos desde meados do século passado.

Evidentemente, sendo como é a sociedade norte-americana formada em boa parte por produtos de múltiplos movimentos migratórios, não é difícil deduzir que os enfoques de Park e Stonequist sugerem seria aquela sociedade um conjunto de várias frações marginalizadas e incomunicáveis entre si, com o que não se pode concordar. Com o passar do tempo ocorre invariavelmente a miscigenação[44], como conseqüência natural. Mesmo nos Estados Unidos, "brancos" e "índios" por vezes se agruparam. Raro sim, mas ocorreu.

É verdade, no entanto, que para Stonequist a marginalização dos grupos de imigrantes não haveria de perenizar, em que pese Park, citando Quijano[45], ter mantido a posição de que *"... tais indivíduos deveriam estar condenados pelo destino a viver permanentemente um estado de desorientação psicológica, frente aos reclamos de ambas as culturas"*

---

[42] STONEQUIST, Everett, in *"The Marginal Man; a Study in Personality and Culture Conflict"*. Charles Scribners Sons, New York, 1937.

[43] PARK, Robert. *"Human Migration and the Marginal Man"*. Fonte: AJS, 33, 1928, págs. 881/893, material cedido.

[44] O mesmo ocorreu entre nós, por exemplo, com os italianos e, mais recentemente, com os japoneses, apenas para citar o mínimo, pois outros tantos povos se agregaram a raças diferentes.

[45] Apud QUIJANO, Anibal Obregon, *"Notas Sobre o Conceito de Marginalidade"*. No mesmo sentido, veja-se Luiz PEREIRA em *"Populações Marginais"*, Ed. Duas Cidades, 1975, pág. 15.

(grifo nosso). Esse enfoque traz à baila ainda um outro problema prático à análise sociológica: sua ênfase psicológica dificulta aquela, na exata medida em que a Sociologia é área de cognição aparelhada para o trato de processos e movimentos macroscópicos, diversa, portanto, do estudo do *indivíduo* isoladamente e seus problemas que são, bem de ver, personalíssimos no estudo da Psicologia.

Em sentido oposto à teoria psicológica há uma excelente colaboração de Leda Scheneider[46] que alivia e aclara um pouco mais essa avaliação, ao dizer: "... não são as características psicológicas do indivíduo marginal que lhe conferem a condição de marginalidade, mas os efeitos das tensões, dos contrastes e conflitos culturais que experimenta". Sobre esses fatores expostos, "tensões" e "contrastes", temos por parâmetro os baixos dos viadutos e das pontes de São Paulo[47].

Mas, apesar desses questionamentos, acreditamos que a *teoria da personalidade marginal* está longe de ser considerada algo inútil e sem conteúdo epistemológico, pois o enfoque psicológico permite, em coligação com modelos explicativos voltados para as relações econômicas, agregar à análise sociológica importantes informações para o entendimento dos grupos marginais em suas conformações globais, especialmente para se tentar a delimitação de suas potencialidades de plena interação com os grupos dominantes. Ademais disso, não é possível, em sã consciência, descartar a constatação de que existe uma parcela, mesmo que ínfima, da marginalidade que tem a gênese do problema no desvio mental. Esse mesmo fenômeno ocorre com a criminalidade.

1.5.2. A Teoria da Situação Social Marginal

Diferentemente da versão funcionalista descrita sinteticamente no tópico anterior, esta concepção apóia-se não no enfoque individual, mas nos grupos sociais. Trata-se de uma abordagem do tipo histórico-estrutural, isto é, de inspiração marxista, em que os elementos constitutivos da estrutura social correspondem às formas e estágios alcançados pelo processo de acumulação do capital e suas respectivas formações econômicas[48]. Essa acumulação irá, desgraçadamente, criar um abismo cada

---

[46] SCHENEIDER, Leda. "*Marginalidade e Delinqüência Juvenil*", 1987, 2ª Ed., pág. 24.

[47] O jornalista Joelmir BETING, em comentário para o jornal televisivo da Globo do dia 23 de setembro de 1995, disse: "Assiste-se a alguns saírem da *pobreza relativa* para a *miséria absoluta*".

[48] Nesse particular, veja-se no vol. I das obras escolhidas de LENIN (Vladmir Ilitch), pág. 610, publicação da Ed. Alfa-Ômega, edição da Editorial Avante-Lisboa, onde se lê: "Uma parte cada vez maior do capital industrial — escreve Hilferding — não pertence aos industriais que o utilizam. Podem dispor do capital unicamente por intermédio do banco, que representa, para eles, os proprietários (sic) desse capital".

vez maior entre os "possuidores" e os "despossuídos", dos quais já se fez referência em outra parte deste trabalho e, fatalmente, serão motivo de novos questionamentos.

Esta teoria, tendo oferecido significativas contribuições ao entendimento dos processos indutores da marginalização, enfrenta, entretanto, restrições de vários autores, principalmente no que concerne aos pontos e graus de contato que os grupos marginalizados teriam em relação aos grupos dominantes nas sociedades em que ambos convivem. Mesmo o autor antes mencionado, Anibal Obregon Quijano, um dos principais formuladores dessa concepção, é questionado por suas afirmações no sentido de que a configuração institucional que corresponde à estrutura dos grupos marginais não obedece às tendências geradas pela estrutura básica da sociedade[49].

Dentre os autores questionadores de Quijano, veja-se Leda Scheneider[50], que levanta vários pontos. Nesses questionamentos, a autora cita Fernando Henrique Cardoso, Manoel Berlinck e Lúcio Kowarick e outros, todos trabalhando em torno da "questão estrutural" mencionada no parágrafo anterior. Não puderam, todavia, deixar de reconhecer méritos na contribuição do autor questionado na sua obra.

Ainda segundo o mesmo autor, a marginalidade social consistiria:

"num modo limitado e inconsistentemente estruturado de pertencimento e participação na estrutura geral da sociedade, seja a respeito de certas áreas dentro de suas estruturas dominantes e básicas, seja a respeito do conjunto destas, em todos ou em partes de seus setores institucionais".[51]

Nestes termos, a condição de marginalidade seria caracterizada por uma maneira específica de interação dos grupos marginalizados na totalidade da sociedade, incorporando mutações em graus variáveis segundo o gênero dessa interação e conforme os tipos de necessidade produzidos pelos diversos setores da sociedade. Ou seja: os grupos marginalizados participariam da sociedade (em termos econômicos) dentro de limites traçados pelos grupos dominantes, estando aqueles sujeitos a oscilações na absorção do mercado de trabalho, bem como nas demais atividades correntes na sociedade. Esse fenômeno resplandece claramente mesmo

---

[49] QUIJANO, A. Obregon. Obra citada.

[50] SCHENEIDER, Leda. Obra citada, págs. 28/41.

[51] QUIJANO, obra citada, pág. 43.

ao leigo. Nos momentos de oscilações, os primeiros alcançados têm sido sempre os "despossuídos".

Retomando a questão dos questionamentos antes mencionados, tem-se o exemplo do levantado por Manoel Berlinck, que afirma: "... as relações de trabalho no pólo marginal são *instáveis* apenas no plano individual, mas são estáveis ao nível estrutural, na medida em que o pólo subsiste e faz parte da macroestrutura"[52].

Este posicionamento de Berlinck, similar aos demais citados por Leda Scheneider, toca fundo no ponto essencial para os fins desse trabalho, posto apontar um problema de ordem teórico-estrutural à formulação de Quijano, admitindo este último algo ontológico, isto é: concorda com a existência de inserção instável dos marginalizados no mercado de trabalho. Assim, tem-se que o traço predominante desta corrente teórica circunscreve a marginalidade ao âmbito econômico, sem olvidarem-se, fique claro, as decorrências do fundamento como veremos no tópico seguinte.

1.6. O Marginal

Neste ponto, nossas reflexões se voltam para o que apontamos no tópico 1.5.1. em relação à possibilidade de conciliar as análises produzidas pelas duas principais correntes teóricas da marginalização. Neste sentido, entendemos ser o marginal um indivíduo caracterizado pela fragilidade de seus próprios meios de subsistência, tendo em vista sua limitadíssima inserção no mercado de trabalho e, como via de conseqüência, impossibilitado de satisfazer suas necessidades mínimas e essenciais[53], alijado que está de produzir sua auto-sustentação.

A precariedade econômica do marginalizado, como é evidente, limita-o quanto às perspectivas de consumo, de aprimoramento educacional, de acesso a atividades culturais e ao lazer. Enfim, cria-lhe um *gueto*, confinando-o a uma rotina descolorida de qualquer esperança e pauperizada, privado que está dos elementos básicos à promoção social. Como se não bastasse, para confundir ainda mais esse quadro deplorável de desesperança surge um outro elemento complicador: a mídia. Esta aparece com propostas de vida absolutamente falaciosas até mesmo para aquela porção assentada[54].

---

[52] Trata-se de metalinguagem feita por Leda SCHNEIDER, na obra citada, pág. 32.

[53] Incluam-se neste espaço, habitação, educação, alimentação, entre tantos outros requisitos essenciais.

[54] Veja-se, por exemplo, o apelo publicitário de certas marcas de cigarros, induzindo o telespectador que fumar tal ou qual marca representa sucesso na atividade social. Não diferente o dos veículos automotivos, para sermos sucintos.

Como resultado de suas carências econômicas, o marginalizado acumula, em ritmo crescente, sofrimentos e conflitos de natureza psicológica, redundando num quadro psicossocial agravado pelas condições hostis de existência vigente no meio em que vive. Daí surgir o desapreço a certos conceitos axiológicos essenciais, como a auto-estima. Ao perder o respeito por si mesmo, o marginalizado volta as costas para o mundo em que vegeta, não vive. Alguns, ao procurarem escapar dessa malha perversa, descambam para a criminalidade, do que se irá falar logo mais.

A amplitude dessas antinomias psicológicas nos diferentes indivíduos depende, fique claro, da capacidade e dos traços de personalidade inerentes a cada um deles em particular, tornando difícil, senão impossível, uma caracterização que defina homogeneamente a totalidade dos grupos marginalizados. Percebe-se, é verdade, com certa facilidade, a formação do "grupo de iguais"[55]. Mais ainda, acreditamos que, por esse enfoque, é possível uma explicação mais plausível para as ocorrências de comportamentos delituosos, por exemplo, praticados por indivíduos isolados oriundos de parcelas igualmente marginalizadas, cuja maioria dos membros se mantêm nos estritos limites das atividades lícitas. É, sem dúvida, da marginalidade — maioria das vezes — que sai o produto acabado da criminalidade: o criminoso, já que os que vivem nesse gueto nada, ou quase nada, têm a perder, senão a sua liberdade, que pouco ou nada vale diante de tal quadro.

Ao encerrar este tópico, cumpre realçar um fenômeno natural na trajetória marginal do indivíduo. Com efeito, empiricamente é possível afirmar a existência de uma escala de ascensão e descensão na vida do marginal. Nesta última, o marginal nada mais espera ou almeja daquela determinada sociedade, enveredando pela trilha do alcoolismo — como regra geral — já que não dispõe de recurso pecuniário para consumir outras drogas. Nossas praças, pontes e viadutos são um retrato vivo do que aqui se afirma. Ali, desgraçadamente, torna-se o seu *habitat*. Pratica, ocasionalmente, pequenos delitos visando a subsistência e a manutenção do vício. Aqueles outros, tidos como participantes da rota de ascensão, de regra são mais jovens, num primeiro momento enveredam pela senda dos "crimes de bagatela"[56], mas, progressivamente, caminham para lances de maior porte visando, agora sim, alcançar melhor *status social*. E aí vinga o dito popular; "do ato ao fato é um passo". Se

---

[55] Teoria de August COMTE, para quem os iguais se agregam naturalmente, sem necessidade de adrede direcionamento.

[56] Expressão bem ao gosto de Paulo José da COSTA JÚNIOR.

bem sucedido nas primeiras investidas, procura, a partir daí, a obtenção dos bens materiais que lhe proporcionarão sustentação para a tão almejada ascensão social. Deixa a marginalidade para ingressar na criminalidade. Eis aí o caminho sem volta, pelo menos na atual conjuntura.

Temos consciência de que os pontos de vista expostos acima constituem o resultado proveniente não apenas dos argumentos aqui apresentados, pois sua configuração sociológica dependeria de uma extensa e detalhada reunião de elementos — intrínsecos e extrínsecos — bem como de dados comprobatórios, os quais, lembramos ainda uma vez, extrapolam os fins deste trabalho. Por outro lado, estamos convencidos de que realmente poderemos, nos capítulos pertinentes, aplicar com algum sucesso nossa mencionada intenção de conjugar a "teoria da personalidade marginal" com a da "situação social marginal" no exame das relações sócio-institucionais concernentes às perspectivas de *reinserção social* dos indivíduos oriundos do regime prisional. Fique certo que não se incorrerá no equívoco de acreditar ser possível total e absoluta reinserção, até porque, alguns pertencem ao grupo definido por Lombroso e Ferri, como "habituais" ou "por tendência".

1.7. A Delinqüência e seus Enfoques

Nas páginas anteriores, quando tratamos da marginalidade, discorremos sobre a equivocidade do termo para fins de abordagem sociológica. Em relação ao termo *delinqüência*, por sua vez, o problema que se apresenta é de outro matiz, já que unívoco. A nosso juízo, é questão de ordem metodológica, posto que sua definição e enfoque podem ser dados pelo Direito, pela Sociologia, pela Antropologia, pela Psicologia, e assim por diante, entre as tantas áreas do conhecimento, sendo certo, todavia, que cada uma delas privilegia os aspectos cabíveis e pertinentes às suas respectivas especialidades.

O ideal de todo pesquisador está no interesse de agregar aos seus estudos a colaboração do máximo possível de dados e informações, de maneira a satisfazer a ânsia de demonstrar com argumentos variados e sólidos as posições adotadas em sua tese. Mas a realidade mostra que a diversificação de enfoques nem sempre obedece a objetivos comuns, chegando mesmo a, não raro, alcançar resultados contraditórios, que fragilizam uns aos outros.

Uma possível explicação para essa realidade remete à própria gênese de cada uma dessas ciências. A Sociologia, por exemplo, inicialmente se comparada com o Direito, ainda vive às apalpadelas quanto à delimitação do seu objeto e é "vítima", desde o seu aparecimento, das intrigantes escolas de pensamento que a tutelam e, às vezes, perde sua objetividade pelo envolvimento de eminentes estudiosos em questões que passam ao largo daquelas propriamente sociais, além de despiciendas e aporéticas. Em síntese, é a verve sem pragmatismo, atrapalhando mais que solucionando.

Esse quadro, no entanto, não implica um enfraquecimento comprometedor do empenho científico, ou mesmo em demérito aos eventuais resultados teórico-práticos obtidos. Trata-se, na verdade, da essência do processo de conhecimento que avança segundo uma dinâmica ditada tanto pelo arsenal teórico disponível a uma determinada área como pelos frutos colhidos pela observação empírica. No caso da Sociologia, essa dinâmica, em princípio complexa, recebe o fluxo permanente dos novos dados e problemas emanados de seu objeto, fazendo deste algo em contínua mutação e muito próximo do campo da imponderabilidade.

Mesmo sabendo das dificuldades, desse problema fundamental à Sociologia, é dela que extrairemos a conceituação que titula este tópico. E assim será por duas razões: a primeira porque, para o Direito, a delinqüência consiste na prática daquelas condutas tipificadas, sabemos todos ser a tipicidade a responsável pela seleção das condutas. Aquelas condutas que, segundo a orientação reinante, são *antijurídicas típicas e culpáveis*. A segunda razão apóia-se no fato de que uma das correntes sociológicas partilha dessa definição formulada pelo Direito, havendo por conseguinte confluência identificadora. Além do que, há outras correntes à disposição, que trazem subsídios enriquecedores à nossa análise.

Nossa intenção, como sempre ficou consignado no decorrer deste espaço, não é penetrar os fundamentos das várias correntes sociológicas, até porque não somos iniciados nessa ciência. Meros neófitos, que somente insistem em agir com boas intenções, buscamos sempre apenas os traços marcantes disponíveis nos trabalhos sociológicos, e ao alcance do nosso discernimento nesse campo e o faremos sucintamente a seguir.

1.7.1. *O Enfoque Positivista*

A obra da autora Leda Scheneider[57] apresenta de forma sintética o posicionamento das quatro correntes dominantes no trato da delinqüência: a *positivista*, a *reformista*, a *tradicionalista* e a chamada de *radical*.

---

[57] Obra citada, página 57 e seguintes.

Faremos um apanhado do pensamento de cada uma delas. Na medida do possível, em linguagem descritiva.

A corrente *positivista*, em resumo, tradicionalmente limitava-se ao estudo de comportamentos delituosos definidos legalmente. Dessa forma, a abordagem implicava na aceitação prévia dos dispositivos normativos como regras imutáveis e perfeitas independentemente das modificações e suas implicações jurídicas. Desconsiderando-se um elemento universal e comprovado: a norma jurídica somente é perfeita enquanto produto de laboratório. Enquanto à disposição da Ciência Jurídica. Quando da sua aplicação prática, aí sim, é que se poderá valorar sua eficácia[58].

Conforme Scheneider, a partir dos estudos do sociólogo norte-americano Thorstein Sellin, em 1937, foram propostas mudanças dentro da escola positivista, voltadas para a compreensão das "propriedades naturais" da conduta humana, entendida como transcendentes às determinações do Estado ou de qualquer grupo social[59].

Porém, o enfoque diferenciado por Sellin, ainda segundo Scheneider, se resumiu "na formulação de explicações científicas para a definição do delito, pois em nenhum momento Sellin advogou a causa da eliminação da definição legal"[60]. Os trabalhos positivistas, portanto, geralmente restringem-se a buscar justificativas para a ordem estabelecida, sem apontar suas imperfeições e negando, na prática, a dinâmica das relações sociais, pela perenização do *status quo*.

1.7.2. O Enfoque Reformista

Nascido da preocupação de inserir critérios éticos na definição do crime, este enfoque ganhou ênfase com os estudos desenvolvidos por outro sociólogo norte-americano, E. Sutherland, que questionava certas práticas empresariais catalogadas como violações legais civis, por ele consideradas gravemente prejudiciais à sociedade e passíveis de serem abrangidas como delitos[61].

Segundo Sutherland, as práticas empresariais mencionadas, exercidas por executivos e proprietários de empresas, eram consideradas

---

[58] Nesse passo, convém ler Hans KELSEN, para quem a norma jurídica apresenta dois requisitos: a vigência e a eficácia, somente perceptível quando da aplicação da norma ao fato concreto.

[59] SCHENEIDER, obra citada, pág. 58.

[60] Idem.

[61] Citação de Scheneider, obra referida, págs. 59/60.

como de natureza civil e não criminal para os efeitos legais, em razão da submissão a que os legisladores estavam relegados em relação aos grupos de interesses desejosos de evitar sanções de natureza penal. Sutherland visava que fossem caracterizadas como "crime" as ações que provocassem "dano social", sugerindo que sua definição partisse de critérios morais, como a conveniente modificação dos estatutos legais, bem como o aprimoramento gradual dessas normas de conduta, com vistas à maior fiscalização da conduta desse estamento social menos fiscalizado.

1.7.3. O Enfoque Tradicionalista

Esta corrente, liderada por Paul Tappan, apareceu após a Segunda Guerra e representou uma radicalização da defesa no que concerne à intocabilidade da lei. Tappan entendeu que... "definições legais eram mais precisas e objetivas do que outras"[62] e, para ele, as únicas habilitadas para legitimamente definir os delitos e respectivos delinquentes, considerando ilegítimas quaisquer outras formas de acercamento e administração do assunto.

O desenvolvimento dos mecanismos de integração e participação do cidadão contemporâneo no encaminhamento das questões de Estado fez com que esta corrente, apesar de contar com adeptos de peso, não prosperasse significativamente até os dias atuais.

1.7.4. A Teoria Radical

Oriunda do pensamento marxista, esta teoria tem sido bastante discutida nos últimos anos, justamente pela sua proposta diferenciada sobre o assunto, já que todo o enfoque socialista sobre a problemática da criminalidade passa pelo "social", entendendo-se a criminalidade como produto próprio da sociedade, onde convivem os homens em constantes contendas por melhores espaços.

Em resumo, trata-se de estudos voltados para a solução da delinquência através de recursos que visam câmbios comportamentais, e da construção legislativa penal com pendores revolucionários. Para os seguidores desta linha, dentre eles citam-se Ian Taylor, Paul Walton, e Jock Young[63], somente mesmo uma mudança radical entre as relações de poder vigente seria capaz de transformar a realidade social, de forma que os

---

[62] Scheneider, obra citada, pág. 61.

[63] Veja-se TAYLOR, YOUNG et alii, *"Criminologia Crítica"*.

cientistas sociais deveriam voltar-se para uma atuação que conjugasse os estudos sociológicos investigativos com um firme posicionamento político-ideológico perante a sociedade.

Esta corrente parte do pressuposto de que a ordem jurídica das sociedades capitalistas obedece exclusivamente aos interesses da classe dominante, rejeitando qualquer forma de indignação moralista produzida nesse contexto, considerando-a como produto deformado da ótica burguesa e que visaria em última instância conformar os atos rebeldes e delinqüentes a uma série perversa de sanções penais que haveriam de ser suprimidas num modelo de sociedade construída segundo os padrões contrários à ordem atual.

1.8. O Delinqüente

Antes de qualquer outra observação, cumpre separar, ainda que palidamente, a figura do *delinqüente* da figura do *marginal*. Causa espanto ver como se confundem os protótipos acima denominados. Nenhuma situação social é exatamente igual a outra. Nem sempre o delinqüente é marginal. A recíproca se faz verdadeira. Entretanto, não raro o primeiro vem daquela segunda camada. Com efeito, a história, principalmente a mais recente[64], vem demonstrando quantos delinqüentes jamais conheceram a vida marginal em relação à sociedade à qual pertencem. E mais, por não serem membros daquela sociedade marginal, como regra geral não são considerados delinqüentes, recebendo tratamento especial, já que não são *marginais!?* E tampouco podem ser alcançados pelo tipo penal pertinente a este último: *vadiagem*, posto que inseridos em outro contexto social.

Mas, retomando o tema cerne, o entendimento das diversas correntes sociológicas na abordagem da delinqüência, bem como a nossa experiência na área penal, mostram que a face do delinqüente é múltipla, não podendo ser traçado, *a priori*, o perfil do agente do delito. Existem vários fatores que devem ser considerados, a partir da classificação dos criminosos feita por Enrico Ferri. Isto, entretanto, fica para ser analisado em outro espaço.

O delinqüente não é necessariamente, como julga o senso comum, alguém proveniente de um escalão inferiorizado da sociedade que, es-

---

[64] Tomemos por parâmetro os "Anões do Orçamento". Um pouco antes, o caso "PC Farias", ou ainda as estranhas "quebras" de Bancos, isto para ilustrar.

porádica ou habitualmente, pratica delitos para satisfazer suas necessidades de ordem econômica, ou que, para resolver conflitos pessoais, lança mão da violência.

Em ótica inversa, não é delinqüente automático, como insistem alguns partidários de certas correntes ideológicas, todo indivíduo que atua na economia capitalista e dela obtém resultados lucrativos. Se respeitados os parâmetros da lei do mercado, esses lucros auferidos serão legais. Entretanto, não há como esconder que o sistema vigente protege os delinqüentes de *cuelo blanco*, por exemplo, e persegue tenazmente os "Jean Valgean". A realidade fática está nas ruas, só não vê quem não quer: nosso país é pródigo dessas figuras.

Não resta dúvida, como atesta a realidade dos presídios, que a maioria esmagadora da população carcerária é proveniente das parcelas economicamente inferiores: os marginalizados da sociedade. Essa marginalização não chega às raias da indigência, mas ronda seus arredores; basta passar na praça da Sé, por exemplo, para perceber que a linha que separa aquela marginalidade da delinqüência é tão tênue que se torna imperceptível. A esse respeito, não há como negar, existe a interveniência das próprias condições econômicas desses indivíduos, que limitam suas possibilidades de arcar com instrumentos e recursos jurídicos capazes de livrá-los das sanções ou pelo menos mitigá-las, como ocorre com os "delinqüentes afortunados" de que falou Lino Ferriani Delepiani.

Também não há dúvidas de que inúmeros delitos cometidos por pessoas que ocupam posições privilegiadas são dissimulados antes mesmo de chegarem ao conhecimento das autoridades ou, quando isso ocorre, a sofisticação utilizada em tais práticas é de tal porte que se torna muito difícil a apuração e conseqüente apenamento. Mas, nesses casos, a proposta de reinserção em nada obsta, já que estes nunca estiveram fora do contexto social. A reinserção somente é aplicável àquele que, em certo tempo, esteve inserido.

As dificuldades que cercam a intenção de *reinserção social* do egresso do sistema penitenciário também abrangem as origens e posições sociais de tais indivíduos, sendo igualmente certo que nossa proposta será, na medida do possível, adaptada à realidade que vivemos. Não se esqueça, entretanto, o que foi dito logo no início: as várias realidades de um país-continente. Esse ajustamento genérico não é fácil, mas terá de ser tentado, sob pena de, em nada se fazendo, pagarmos todos nós por fatura que, de rigor, não devemos.

Para fechar este tópico, cumpre realçar o perfil do delinqüente, aproveitando publicação de dois jornais com credibilidade bastante para alicerçar nossas afirmações[65]. Com efeito, os números que vamos repetir coincidem em ambas as fontes. Teríamos ao redor de 140.000 (cento e quarenta mil) presos, dos quais 134.000 (cento e trinta e quatro mil) são do sexo masculino e 6.000 (seis mil) do feminino. Com sinceridade, cremos ser muito maior o número de reclusos, já que pelo menos cinco Estados não apresentaram seus balanços, inclusive o Rio de Janeiro, o que irá pesar sensivelmente. O próprio órgão de imprensa adverte serem dados preliminares[66]. Desse universo ainda incompleto, pelo menos 25.000 (vinte e cinco mil) pessoas cumprem penas irregularmente[67], e outras 22.000 (vinte e duas mil) cumprem prisão cautelar. Noventa e cinco por cento são pobres e 85% não podem contar com advogado próprio. A bagatela de 87% não completou sequer o primeiro grau escolar. Cinquenta e um por cento de crimes contra o patrimônio (roubo 33% e furto 18%), não considerados os delitos de estelionato e afins, que devem representar, pelas contas, mais 17%. A reincidência, apesar de tudo, representa apenas um terço, ou seja 35%. Informa-se, ainda, que o sistema possui apenas 59.000 (cinquenta e nove mil) vagas[68-69].

Disso resultam algumas conclusões a que chegou o "Núcleo de Estudos da Violência", órgão criado pela USP, cujo coordenador é o cientista político Paulo Sergio Pinheiro, para quem o *"Estado erra no combate ao crime"*, daí o aumento vertiginoso da criminalidade organizada dos roubos e homicídios. Na realidade, estamos trabalhando em cima de um artigo publicado pela Folha de São Paulo[70-71], que nos

---

[65] Trata-se da Folha de São Paulo e do Jornal da Tarde, edição do dia 24 de outubro de 1995, respectivamente nas fls. 3-2 e 6-B.

[66] Diz a Folha de São Paulo: "os dados são preliminares. Alagoas, Rio Grande do Norte, Rio de Janeiro, Rondônia e Roraima ainda não enviaram o resultado do censo penitenciário para o governo federal.

[67] São pessoas que, condenadas, seguem amontoadas nos Distritos Policiais, em evidente desrespeito aos direitos fundamentais do preso. Estado que não cumpre a lei não tem força moral para ter lei alguma.

[68] É o que diz o Jornal da Tarde. Pelo menos 140% de déficit! Também aqui outra informação digna de reservas. É o maior déficit, não há dúvida alguma.

[69] Quando globalizada toda a pesquisa, haveremos de constatar algo assustador: o Brasil ostenta quiçá um dos primeiros lugares do mundo em número de presos por habitante (110.000).

[70] Edição de 8.11.95, págs. 3-5, de responsabilidade do jornalista Kennedy Alencar.

[71] Teria o jornalista elaborado matéria em cima de trabalho da pesquisadora Nancy Cárdia, integrante do N.E.V.

proporciona alguns números dignos de alarde. Um deles deixa evidente não ser o Brasil o país onde ocorre a maior incidência de seqüestros, ocupando o quinto lugar, atrás da Colômbia, Equador, Venezuela e Guatemala, respectivamente[72]. Outro dado digno de realce é o perfil do seqüestrador brasileiro. Com efeito, 66,4% são de cor branca; 20,6% mulatos, e apenas 2,3% da cor negra. Por aí cai por terra mais um tabu.

A questão dos linchamentos é outra que vem preocupando, já que o número subiu assustadoramente. Dos dados pesquisados aferiu-se que, para cada 100 casos, 51,1% se consumam. Ainda: 98,5% do sexo masculino e apenas 1,5% do feminino. A surpresa fica por conta do *motivo*. Os homicidas são o maior alvo, com 31,4%; os casos de assaltos produzem 27,3% e, aqui a surpresa, os estupros, com 15,9%. Qualquer pessoa desavisada diria precisamente o contrário. Até porque o delito de homicídio tem matizes outros além do estupro. Talvez seja pelo fato da oportunidade, do momento, não pela gravidade e revolta que produzem um e outro[73].

1.9. Concluindo

A criminalidade, enquanto fenômeno social, não pode ser enfocada por um único ângulo, devendo ser estudada por variadas vertentes, entre elas a *Antropologia* e a *Psicologia*, responsáveis pela análise individualizada das condutas humanas que irão exigir do Estado a produção do tipo penal[74]. Já a *Sociologia*, quando desmembrada em *Criminal*, deverá estudar o ambiente em que a criminalidade proliferou[75].

Certos aspectos são de relevância transcendental para uma criteriosa emissão de juízo axiológico. Afora os elementos "lombrosianos"[76], deve-se ter em conta a gênese da delinqüência. São preponderantes a *miserabilidade*, os *desajustes sociais*, sobre o que já se falou pouco antes, onde a riqueza se acumula vertiginosamente nas mãos de uns poucos

---

[72] Segundo a mesma fonte, apenas 5,3 seqüestros para cada milhão de habitantes, enquanto isso, na Colômbia, a incidência é de 114,6 para cada milhão.

[73] Segundo o mesmo jornal, a fonte Kroll Associates, p. 1995, e N.E.V.

[74] Nesse sentido, veja-se a boa definição de "tipo penal" que nos oferece o Dr. José Mauro Rodrigues NOVAES, na sentença do feito nº. 685/93, tramitado perante a 15ª. Vara Criminal da Capital: "o tipo é modelo superior de tutela histórico-cultural concreta da ordem axiológica coeva da elaboração normativa".

[75] Veja-se WEBER, Max, em *"Sociologia"*, pág. 74 e seguintes.

[76] Por elemento "lombrosiano", entenda-se aquele que está fora do alcance da norma jurídica penal incriminadora, conforme quer o Código Penal, nos artigos 96/99. Os loucos, etc.

em detrimento da maioria absoluta, gerando inexoravelmente aos despossuídos condições de vida cada vez menos satisfatórias. Para complicar ainda mais esse quadro, em si mesmo caótico, há o fato novo, a chamada *grande mídia*, que incute a ilusão de estrondosos sucessos a quem, por exemplo, fuma uma certa marca de cigarros; ou a massificação de ofertas mirabolantes de bens de consumo, de regra supérfluos. Assim, aqueles que não alcançam o tal "sucesso", ou mesmo os que não têm como adquirir aqueles "produtos maravilhosos", sofrem invariavelmente uma humilhante sensação de fracasso.

Neste momento, um contingente inimaginável procura cada vez mais a religião — FAS[77] — como tábua de salvação pelos seus fracassos. Lamentavelmente, também aí as coisas não andam bem, eis que uma gama imensa de oportunistas vem se aproveitando da desesperança dos despossuídos para, diante de tal fragilidade espiritual e cultural, obter vantagens de todos os matizes.

Outro fator digno de realce e de suma importância nessa análise da proliferação da criminalidade ou delinqüência que são vocábulos sinônimos, é a desintegração dos laços familiares, já em si debilitados. A necessidade de os membros adultos saírem diariamente muito cedo e só voltarem tarde da noite — quando podem voltar — produz nos mais novos um sentimento distorcido sobre alguns valores ontológicos à pessoa humana. Distante dos olhos da família, a facilidade de delinqüir se torna muito maior.

Assim, fracassadas as tentativas de diversos matizes, essa massa humana descamba ainda mais e todos esses elementos, agrupados ou não, criam o ambiente propício para a criminalidade, principalmente para aquela parcela menor que tem consciência empírica da sua desgraça social, ao mesmo tempo que alimenta ambição de ascender na escala social. Dessa fatia surge o *marginal* que se fará delinqüente. Em sentido diametralmente oposto, encontramos os desfibrados, que são a maioria e que, por suas próprias convicções, já não pelejam, entregando-se ao ócio, este movido pelo desalento típico daqueles que sabem que lutar sem chance é fracasso garantido. É, como diz o ditado italiano: "Giorno senza domani". E agora, após um programa político que levantou a questão, a imprensa traz um "fato novo", que será fatalmente

---

[77] Conforme FRAGOSO, Heleno Cláudio, em *"Lições de Direito Penal"*, Vol. I, pág. 24.

o mais violento do acirramento da crise já existente: a automação de certos serviços[78]. Isso representará, cada vez mais, o número crescente de mão-de-obra ociosa. Portanto, aprofunda-se o abismo entre os possuidores e os despossuídos.

Finalmente, jamais afirmaremos ser a miserabilidade a única responsável pela criminalidade. Como de resto, também não se poderá atribuir aos desajustes sociais todas as conseqüências nefastas originárias da delinqüência. Mas, somados esses dois fatores, ter-se-á o maior pedaço do bolo. O que sobrar se debitará aos lombrosianos e a uma parcela ínfima da passionalidade que cada um de nós porta consigo. Os estados anímicos não podem ser avaliados objetivamente, já os outros, os sociais, sim. Não se pode exigir obediência à lei de quem jamais recebeu o amparo dessa mesma lei. Não é possível exigir-se comportamento educado de quem nunca recebeu educação compatível e igualitária, vez que jamais esteve inserido no contexto social.

---

[78] O Programa do PSB, levado ao ar em fins de setembro de 1995, trouxe um dado aterrador: os bancos tinham em 1986, 1.500.000 trabalhadores. Com a automação dos serviços, esse número caiu para 820.000. Em notícia conseqüente, a Globo mostrou em reportagem, uma tecelagem que empregava 230 operários para administrar suas duzentas máquinas e, após "modernizar" o equipamento, reduziu-os para apenas 30.

2. SISTEMA PRESIDIAL

2.1. Justificação necessária; 2.2. As penas; 2.3. Historicidade; 2.3.1. Breve introdução; 2.3.2. Roma e Grécia; 2.3.3. A prisão como sanção; 2.3.4. A pena de prisão no Brasil (breve introdução histórica); 2.3.5. Aspectos da dinâmica presidial; 2.3.6. O trabalho do preso; 2.3.7. A alimentação nos presídios; 2.3.8. A questão sexual; 2.3.9. A acomodação dos presos (análise crítica); 2.3.10. Educação, lazer e religião no sistema presidial; 2.3.11. Corrupção, rebeliões e fugas de presos; 2.4. Para concluir; 2.4.1. Unidades do sistema Coespe; 2.4.2. Mandados de prisão; 2.4.3. Grau de escolaridade; 2.4.4. Por procedência; 2.4.5. Pela situação processual; 2.4.6. Outras particularidades; 2.4.7. Sinopse do sistema presidial; 2.4.8. Quadro nacional de 1987; 2.4.9. Informes recentes sobre 1996..

2.1. Justificação Necessária

O correto seria manter a denominação tradicional: "Sistema Penitenciário", caso a situação pátria não fosse anômala como é. Aqui entre nós e nesta quadra de tempo, estaríamos arriscando incorrer em erro, além de dirigir, mesmo que não intencionalmente, as pessoas a uma "realidade" falaciosa. No Brasil, falar em "sistema penitenciário" seria tratar apenas de um compartimento onde se guardam presos, e nunca retratar a dura realidade nacional, onde existem várias espécies de "depósitos" de pessoas que se encontram sob a tutela do Estado[79], mercê de apuração de fato típico ou mesmo já condenada. Mais adiante se demonstrará, estatisticamente, a catástrofe em que se constitui o "Sistema", quando comparado com outros centros mais atrasados que nós.

Deixando a velha linguagem de lado, procuremos inovar com denominação mais abrangente, a fim de, sem provocar confusão, avaliar e valorar o funcionamento do "sistema presidial" separando o "penitenciá-

---

[79] Em São Paulo, por exemplo, há aqueles que estão dentro do Sistema "COESPE", que administra as penitenciárias. Além dos que não foram ainda inseridos, quase em igual número.

rio" dos demais, com os presídios de trânsito[80], as cadeias públicas e a excrescência em que se constituem os "xadrezes" dos Distritos Policiais feitos "presídios", causa de verdadeira vergonha nacional, repudiados até mesmo por quem os administra...

Sendo o sistema penal brasileiro apoiado, no pertinente à sanção penal, na idéia de *retribuição* e contemplando com uma pálida intenção de *prevenção* através da pena privativa de liberdade, buscaremos neste capítulo apresentar aquelas que, a nosso juízo, são as faces mais expressivas do "Sistema Presidial" praticado — ou imposto — em nosso país, compreendido tal sistema como um conjunto de estabelecimentos que têm sob sua guarda indivíduos que cumprem todas as etapas — ou modalidades — de restrição à *liberdade de ir, vir e ficar*.

Portanto, neste espaço estão elencados como partícipes do "sistema presidial" desde a "penitenciária", passando pelos Institutos Penais Agrícolas, Casa de Detenção, Prisões de Trânsito, Cadeias Públicas e os ignominiosos "xadrezes" desses sem-número de Distritos Policiais que, principalmente nas grandes cidades, têm sido, malgrado suas precárias ou nulas condições, utilizados como "prisões", onde "averiguados" convivem com "condenados", em absoluta promiscuidade que atenta contra os mais elementares princípios da racionalidade jurídica, e por que não dizer: humana?

Essa delimitação preliminar não significa, entretanto, que faremos uma exposição exaustiva das características de cada um dos estabelecimentos acima mencionados. Vamos nos limitar ao ontológico, já que, de outra forma, se demandaria pesquisa do tipo descritiva que, apesar de interessante e desafiadora, desviaria o enfoque cerne do nosso trabalho, que deverá centrar-se na aflitiva preocupação das perspectivas de reinserção social do egresso do sistema penal.

Por outro lado, tais perspectivas não são, e nem podem ser, aleatórias, constando, necessariamente, do tratamento que o recluso recebe durante sua estada no sistema presidial e, mais, da realidade que o mesmo encontra quando de sua saída, quer no plano pessoal, quer no plano social. De maneira que nossa abordagem deverá, sem se contradizer, buscar dados históricos e presentes, verificados em instituições prisionais brasileiras, tentando demonstrar o descompasso existente entre as determinações e intenções oficiais e a, não raro, brutal e assustadora realidade de nossos presídios.

---

[80] Considere-se como exemplo o Presídio do Hipódromo, o C.O.C. feito também depósito e os "Cadeiões", criados pelo governo Fleury e cujo nome já se constitui em pejo.

2.2. As Penas

Desde há muito se discutem os efeitos da pena ante o indivíduo por ela alcançado. As penas privativas da liberdade atingem o destinatário quase como o atingiam as corporais em tempos idos. Não há um só doutrinador que, em que pesem os esforços desenvolvidos, tenha podido defendê-las com um mínimo de credibilidade[81].

Como bem disse Enrique Bacigalupo[82]: *"Las penas del derecho penal son degradantes cuando por su contenido o por su forma de ejecución implican alguna forma de lesión de la dignidad de la persona. Fundamentalmente se convertirá en degradante la pena privativa de libertad ejecutada en condiciones que impidan la autoreflexión y el recogimiento en um mínimo de intimidad. La superpoblación de los establecimientos penales, que és característica de nuestros tiempos, priva, por lo general, de legitimidad constitucional a la pena privativa de liberdad".*

Se hoje é assim, não é menos verdade que as penas privativas de liberdade chegaram, como chegou o talião, com *animus* de minimizar os rigores de um tempo passado. Mas, ainda que assim seja, não nos é permitido tolerar que as coisas sigam como estão: caóticas. O quadro traçado acima por Bacigalupo não tem nada de exagerado ou alarmante, mostra apenas quão delicada é a situação. Torna-se, entretanto, imperioso que se perquira a origem do sistema e, se possível, se localizem as causas desse cataclismo, cujos efeitos estamos vivenciando.

Para Garraud a repressão é produto de todos os tempos e para todos, dizendo ser um *"fato histórico primitivo"*. E mais. Diz que ela, a repressão ou pena, se apresenta de três maneiras, para ele essenciais[83]: as

---

[81] A propósito da pena, o recente Projeto de Revisão do Código Penal de Portugal {Actas e Projecto da Comissão de Revisão, publicação do Ministério da Justiça, 1993}, na pág. 554, orienta sobre a utilidade da pena *in verbis*: *"Art. 40. Finalidade das Penas e Medidas de Segurança: 1) A aplicação das penas e medidas de segurança visa a proteção de bens jurídicos e a reintegração do agente na sociedade* (grifos nossos); *2.) A pena não pode ultrapassar em caso algum a medida da culpa* (obs. nossa, no mesmo sentido de Claus Roxin e Paulo José da Costa Júnior); *3) A medida de segurança só pode ser aplicada se for proporcionada à gravidade do fato e à periculosidade do agente"*(obs.: não fica claro se permanecem com o sistema duplo binário ou se vicariante).

[82] BACIGALUPO, Enrique. *"Manual de Derecho Penal"*, Editorial Temis, Bogotá, Colômbia, 1989, pág. 30.

[83] GARRAUD, R. in "Traité Théorique et Pratique du Droit Pénal Français", Recueil Sirey, Paris, 1913, tiragem de 1928: "Mais ce fait, dans les rapports sociaux, c'est toujour manifesté avec trois caractères qui paraissent lui être essentiels: 1ª) Il dérive du droit de commander et

relações sociais. *Mas este fato, dentro do produto social, tem-se manifestado sempre com três características que parecem ser-lhe essenciais: 1ª) ele deriva do direito de comandar e implica uma relação de subordinação entre aquele que pune e aquele que é punido; 2ª) Tem como objetivo sancionar uma proibição ou uma ordem, mais freqüentemente a proibição do que a ordem; 3ª) O sofrimento, inerente à pena toma uma coloração moral; ele tende a reprimir uma falta, para evitar sua repetição, tanto da parte daquele que é punido, quanto da parte daqueles que serão tentados a imitá-lo. A ameaça de pena, para todos aqueles a quem dirigida a ordem ou a proibição, é o sinal do valor do comando; e a execução da pena, a expressão da reprovação social que se vincula à violação desse comando. É assim, sempre dentro dessas condições, que a repressão intervém, seja quem for que a inflija, o indivíduo ou a coletividade"*[84].

Revendo Theodor Mommsen[85], constata-se que a pena privativa de liberdade, assim como os castigos corporais, não tinham o condão de ser pena judicial, senão que meio de coerção, *in verbis*: "*En la época de la República se contaban seis u ocho medios de penalidad; pero es de advertir, con relación a ellos, que no a todos les cuadraba el concepto de pena en su riguroso jurídico. Enumerábanse entre los mismos los castigos corporales y el encerramiento o reclusión, los cuales eran medios coercitivos, mas no penales;...*" (pág. 559). Ainda segundo o autor, a reclusão como sanção aparece no Direito Canônico, bem mais adiante.

Assim colocada a questão primeira da existência da pena, cumpre que se discuta a existência do sistema presidial desde seus primórdios até a atualidade. Não sem antes reiterar-se que, se hoje ele é absolutamente anacrônico, defeituoso e perverso, não se lhe deve negar o escopo primitivo: aliviar o sofrimento do apenado, poupando-lhe, sempre que possível, a vida, que era ceifada (e ainda é, em alguns lugares) como paga por algum delito cometido. De regra, a desproporção era brutal. Hoje, como regra, o tratamento é inumano.

---

implique un rapport de subordination entre celui qui punit et celui qui est puni; 2ª) Il a pour objectif de sanctionner une défense ou un ordre, plus souvent une défense qu'ordre; 3ª) La souffrance, inhérent à la peine, prend une coloration morale: elle tend à réprimer une faute, à prévenir le renouvellement, soit de la part de celui qui est puni, soit de la part de ceux qui seraint tentés de limiter. La ménace de la peine, pour tous ceux auxquels s'adresse l'ordre ou la défense, est le signe de la valeur du commandement, et l'exécution de la peine, l'expression de la réprobation sociale qui s'attache à la violation de ce commandement. C'est toujours dans ce conditions que la répression intervient, quel que soit celui qui l'inflige, individu ou collectivé.

[84] Tradução livre do autor.

[85] Veja-se o "*Derecho Penal Romano*", Editorial Temias, Bogotá, 1976. A obra tem tradução de Pedro de Garcia Dorado MONTERO, e o prólogo é datado de 29/08/1898.

O autor francês Garraud, a exemplo de tantos outros, entre os quais se pode citar Claus Roxin[86], assevera a utilidade da *repressão* como forma de prevenção. Lamentavelmente, a prisão em nada ajuda nesse particular. Ao contrário, deteriora os últimos resquícios de dignidade que porventura ainda ostente o condenado que cumpre pena em estabelecimento fechado. Não há nada de epistemológico no que ali está. Apenas um sem-número de depósitos de seres humanos, para quem impõe-se a reinserção pela cronologia. Nesse sentido, ouvimos palavras do governador Mário Covas que calaram fundo. Ao referir-se à prisão disse: *"A prisão é como reduzir o cidadão à condição de um nada"*[87]. Fazer do ser humano um nada, é o mesmo que excluí-lo *ad perpetuum*. Daí em diante, nada se pode exigir dele, já que nada se pode esperar de *um nada*. É a absoluta desvinculação entre a sociedade e o indivíduo.

2.3. Historicidade

2.3.1. Breve introdução

No que respeita aos interesses e escopo deste trabalho, consideramos *prisão* os estabelecimentos que o Estado destina para manter sob sua guarda aqueles indivíduos que, em decorrência de seu comportamento anti-social, precisam ser segregados, à guisa de reprimenda, desde que haja norma jurídica assim determinando. Os dicionaristas explicam de variadas formas, como é o caso de Luiz Vicente Chernicchiaro[88]: *"Estabelecimento destinado ao recolhimento de indiciados à disposição da autoridade policial. Ato ou efeito de prender uma pessoa, ou seja, cercear-lhe o exercício do direito de ir, vir, ficar e permanecer. Estabelecimento em que são recolhidas as pessoas condenadas a pena privativa de liberdade. Cadeia, Calabouço, Penitenciária, Xadrez, Ver Casa de Detenção."* O insigne mestre e magistrado parte da premissa menor ao dizer: *"Estabelecimento destinado ao recolhimento de indiciados à disposição da autoridade policial"*. Não me parece seja esta a definição mais acertada, posto que em raríssimas oportunidades alguém fica *preso* à disposição da autoridade policial, e, ainda assim,

---

[86] Veja-se *"Culpabilidad y Prevención en Derecho Penal"*, Editorial Reus, 1981, com tradução de Francisco Muñoz CONDE.

[87] Palavras proferidas pelo governador Mário Covas, no discurso de posse do Dr. João Benedito de Azevedo Marques ao cargo de Secretário dos Negócios Penitenciários do Estado de São Paulo.

[88] Veja-se *"Dicionário de Direito Penal"*, Edição conjunta da Editora Universidade de Brasília com José Bushatsky, editor, 1974, pág. 404.

somente por força de determinação judicial, como é o caso específico das leis 7960/89 e 8072/90.

Já Caldas Aulete, como seria de se esperar, fala, entre muitas outras possibilidades do uso do vocábulo, o seguinte: *"Estado do que se acha preso; carceragem, detenção, encarceramento"*[89].

Na seqüência, explicita algumas formas de "prisão", tendo por parâmetro a antiga legislação penal de Portugal. De qualquer forma, para o dicionarista lusitano, prisão é a situação de alguma coisa ou pessoa, que se vê enclausurada, inibida de locomover-se por longo espaço de tempo. No "Dicionário do Advogado"[90], encontra-se uma definição pragmática: *"PRISÃO (dir. proc. pen.). Perda da liberdade pessoal nos casos previstos em lei e por ordem de autoridade competente. V. denominações de prisão".*

Seja qual for a definição, sempre haverá um tópico que concerne ao Direito Penal, já que a "prisão" é a razão de ser num sistema cuja pena é retribuição ao mal causado. A nós interessa apenas saber que a finalidade da prisão outra não é além de manter segregado aquele que violou as normas jurídicas adrede estatuídas. Triste e vergonhosamente para nós, não serve para outra coisa o período em que se mantém preso um homem, ou "um nada", como disse Mário Covas em ocasião já destacada.

A delimitação inicial do conceito de "prisão" deve-se ao fato de que esta, sob a perspectiva histórica, passou por variadas fases, desde a Antigüidade até a atualidade, sendo certo que suas características sofreram agudas e profundas transformações, de modo que o nosso enfoque refere-se mais claramente ao contexto predial que foi conformado a partir do século XVIII. Falar-se-á o mínimo sobre a anterioridade do que se convencionou chamar de "contemporaneidade", ou seja, a partir de Beccaria.

2.3.2. Roma e Grécia

Para os gregos e romanos, a prisão era o espaço designado àqueles que aguardavam o cumprimento da pena, que ia dos castigos corporais à execução sumária do condenado. Dessa forma, a prisão tinha por objetivo primário evitar que o criminoso se evadisse ou se extraviasse, obstaculando dessa maneira o cumprimento da sentença condenatória. Mero depósito de pessoas, já que não se conheciam as penas privativas

---

[89] *"Dicionário Contemporâneo da Língua Portuguesa"*, Ed. Delta, 1958, Vol. IV, pág. 4078.

[90] Obra de Leib SOIBELMAN, Ed. Rio, 2ª Ed., 1979, pág. 289.

de liberdade como as que temos hoje. Como, quem sabe, a única exceção nesse período, ocorrida no Império Romano, onde Júlio César adotou a "prisão por dívidas"[91].

Sobre a denominada "prisão por dívidas" Mommsen explica como funcionava: *"Cuando una persona pasaba de esta manera a ser propiedad del Estado, el Estado solía verderla en el estranjero, a fin de evitarse que un hombre antes libre continuara residiendo dentro de la comunidad, pero privado de liberdad"*[92]. Álvaro Villaça Azevedo, de sua parte, confirmando tal assertiva, proporciona outra informação elementar: o conceito de "estrangeiro". Com efeito, os limites de Roma, para designação de "estrangeiro", eram definidos pela extensão das *Sete Colinas*, e, abaixo, pelo *rio Tibre*. Assim sendo, era questão apenas de atravessar o rio e pronto, já se pisava território estrangeiro[93].

A regra acima mencionada, a de não ser punição a prisão, somente tinha reflexos no Direito Penal Público, não Privado, onde surtia efeito de sanção judicial, conforme ensina Mommsen, fazendo menção à Lei das Doze Tábuas[94]. Dessa forma, se um homem recebia outro homem por dívida, podia vendê-lo, desde que, conforme dito acima, o fizesse fora do espaço territorial de Roma. Vê-se, ademais, que saldava-se não somente a dívida, mas também o ressarcimento do dano, hoje resolvido no artigo 91 do Código Penal.

De qualquer modo, é preciso mencionar as origens primeiras do *cárcere*, até mesmo para possibilitar meio para reflexões acerca da revolução mencionada pouco atrás, quer seja do ponto de vista das condições materiais da prisão, quer seja sob o aspecto do desenvolvimento da concepção do caráter e dos objetivos das penas.

Em obra publicada em 1918, o então jovem advogado Américo Ribeiro de Araújo[95] nos relaciona algumas das mais antigas prisões de que se tem notícia histórica. As mais expressivas são:

---

[91] Veja-se GUZMÁN, Luís Garrido, in *"Compendio de Ciencia Penitenciaria"*, Universidad de Valencia, 1976, pág. 100 e seguintes - Espanha.

[92] Obra citada, pág. 582.

[93] Explicação dada em aula magna ministrada na Universidade São Judas Tadeu, quando tratou de demonstrar a iniqüidade da *prisão por dívida* na atualidade.

[94] Obra citada, págs. 582/583. "En el Código de las Doce Tablas todavia estaba reconocida esta faculdad del perjudicado por el hurto, pero solo con respecto al ladrón cogido in fraganti". Outra menção, na pág. 465.

[95] *"Sciencia Penitenciária Positiva"*, Livraria Editora de Leite Ribeiro & Maurilo, Rio, 1918, págs. 54/57.

(a) O *Labirinto de Creta*, que embora o autor mencionado não esclareça com precisão, refere-se ao período Minóico e Médio, entre 2.000 e 1.600 a.C., pois a forma arquitetônica de então era representada pelos palácios de CNOSSOS e FESTOS, que privilegiavam plantas labirínticas ao redor de um pátio central[96];

(b) As *Latomias*, antigas construções de Siracusa (Sicília), que foram transformadas em prisões durante o governo tirano de Dionísio (405 a 368 a.C.);

(c) O *Ergastulum*, local onde, na Antigüidade de Roma, eram depositados os escravos confinados a realizarem trabalhos forçados para o Estado[97];

(d) A *Marmetina*, a mais antiga das prisões romanas, seguida pela *Tuliana* edificada por Túlio Hostílio, terceiro rei de Roma. Mas, lendo Bernaldo de Quiros, a ordem é outra. Para ele, a mais antiga prisão romana foi esta última, seguida pela *Claudina*, construída por Ápio Cláudio, ficando aquela outra em terceiro lugar[98];

(e) A *Torre de Londres*, erigida durante a dominação normanda. Ali também se executavam as sentenças com pena capital. Consta que nela ficaram alojadas personagens da história da Inglaterra, como Ana Bolena, Catarina de Howard e Thomas Morus, entre outros. Estranhamente, Ribeiro de Araújo não cita tais personagens;

(f) A *Bastilha de Paris*, construída em 1383 e destruída pelo povo em 14 de julho de 1789. Esse o marco maior da humanização da Humanidade. A "Bastilha" celebrizou-se pelo fato histórico mencionado, mas a denominação: "bastilha" designava as fortalezas providas de torres de vigia, e que se espalhavam por toda a França;

(g) Ainda outras prisões citadas por Ribeiro de Araújo são: as *Oubliettes*, de origem francesa, constituídas de pequenas celas reservadas aos condenados à prisão perpétua; o *Castelo de Chillon*, na Suíça; o *Castelo de Spielberg*, na Áustria, que se destinava a presos políticos; as

---

[96] Estas informações obtive com meu filho Eduardo, quartanista de História na UFPA.

[97] Ainda agora, na Itália, aplica-se pena de *ergastolo* (prisão perpétua). Com efeito, veja-se a norma jurídica *in litteri*: "22. Ergastolo. La pena dell'ergastolo è perpetua, ed è scontata in uno degli stabilimenti a ciò destinati (3), con l'obbligo del lavoro e con l'isolamento notturno (p.29, 32, 36, 72). Il condanato all'ergastolo può essere ammesso al lavoro all'aperto (p.385 - 3) (4).".

[98] Segundo Constancio Bernaldo de QUIROS, in *"Lecciones de Derecho Penitenciario"*, Imprenta Universitaria, México, 1953, pág. 43.

Sete Torres de Constantinopla, que formavam um castelo, o qual servia de prisão; ainda a *Torre de São Julião*, em Lisboa, onde esteve recluso o "Governador Geral do Brasil" D. Fernando de Mascarenhas, durante a dominação espanhola, em 1581, quando D. Felipe II da Espanha ocupou o trono lusitano, já que filho de D. Isabel (filha de D. Manoel, o Venturoso) com o rei D. Carlos I da Espanha e IV da Alemanha, o homem mais poderoso do Século XVI[99].

2.3.3. A Prisão como Sanção

Excluindo-se a prisão por dívidas instituída pelo Direito Romano[100], conforme informa Luís Garrido Gusmán, a pena restritiva de liberdade surgiu na Idade Média, introduzida pelo Direito Canônico. O escopo das penas impostas pela Igreja, porém, era bastante diferente do atual, posto constar de reclusões em mosteiros destinados aos clérigos que houvessem infringido normas eclesiásticas, bem ainda àqueles a quem fosse imputado o crime de *heresia*.

A propósito, o próprio termo *penitenciária* tem antecedentes no Direito Penal Canônico, posto ter este como fonte primária, segundo Schiappoli[101], no *Libri Poenitentialis*, que contém instruções aos confessores para a administração do sacramento da penitência.

Do ponto de vista do regime de cumprimento da pena, o Direito Canônico era dotado de peculiaridades que iam da desobrigação de trabalhar [102] ao fato de que os gastos com manutenção e subsistência corriam às expensas do próprio encarcerado. Os carentes eram mantidos pelas autoridades eclesiásticas.

Além dos presos julgados e condenados na esfera da jurisdição da Igreja, existiam, ainda, os *penitenciais*, que se recolhiam voluntariamente sob a guarda eclesiástica, para o fim de corrigir defeitos de caráter ou pagar pecados cometidos[103].

---

[99] Segundo relato do historiador espanhol Enrique Tapia OZCARIZ, na obra *"Las Cortes de Castilla: 1188 a 1833"*, Editorial de Derecho Privado, Madrid, 1964.

[100] *"Compendio de Ciencia Penitenciaria"*, Universidad de Valencia, 1976, pág. 100 e seguintes.

[101] Citado por GUSMÁN, obra mencionada, pág. 48.

[102] Essa desobrigação de o preso trabalhar é sustentada entre nós pelo prof. Dirceu de MELLO, com quem concordamos. Afinal, qualquer trabalho obrigado pode ser considerado forçado, o que é defeso pela Constituição Federal.

[103] GOULART, Henny, obra citada, pág. 52.

A esta altura, cumpre reavaliar o informado por José Llorga Ortega[104], que diz ter sido do Rei D. Jaime I, a providência das doações de casas ao redor da Igreja Maior de Valência para a: *"Corte o Tribunal y Encierro de Presos"*, o que teria ocorrido em 1239. No mesmo espaço, o autor diz que, como os espaços se tornassem acanhados, D. Jaime II, em 1322, concedeu privilégios para a construção de prédios maiores que as pequenas casas destinadas àqueles fins. Aqui, embora surja uma forma de reclusão do ser humano, ainda não se tratava do sistema penitenciário, fulcro da discussão. Mas, nem por isso, foge ao espaço do sistema presidial.

Ao que se sabe, a reclusão canônica tem seus primeiros exemplos no século V, segundo vários autores[105]. Entretanto, somente ganha *status* e expressão digna de realce com o advento da Inquisição, posto que no período intermediário esteve associada aos castigos corporais e à sujeição dos acusados ao arbítrio dos detentores do Poder. Seja como for, a *penitência eclesiástica* está na origem do moderno sistema presidial, também implementado a partir das primeiras experiências realizadas na Europa, no século XVI, no que são acordes os autores vários.

Diz José Anton Onega[106], de saudosa lembrança (falecido em 23 de fevereiro de 1981, em Madrid, onde nasceu no ano de 1897), que as penas privativas de liberdade tiveram aparição tardia, posto que a Administração Pública não as pôde colocar em prática antes. É certo, entretanto, que a *privación de liberdad* era praticada com o fito de aproveitar o trabalho do condenado, aplicando-se não como pena privativa de liberdade, mas como uma forma de comutação — 126 LEP. Ainda do renomado autor vem a informação de que D. Carlos I e D. Felipe II, determinaram várias "pragmáticas" nesse sentido, a partir de 1530[107]. Essa comutação, em realidade, não passava de um prolongamento da pena de morte, já que os "beneficiados" ficavam prestando serviços nas galés ou nas minas até a morte. Também para a África, diz o autor, mandavam-nos em espécie de material humano, visando a ocupação: *"Y*

---

[104] In *"Cárceles, presidios y casas de corrección en la Valencia del XIX"*, editado por Tirant lo Blanch, pág. 83.

[105] Veja-se, por exemplo, Ruiz FUNES, Mariano, in *"A Crise nas Prisões"*, Saraiva, São Paulo, 1953.

[106] ONEGA, José Anton, in *"Derecho Penal"*, ECAL, Madrid, 1986, pág. 531 e seguintes.

[107] Aqui faço, respeitosamente, uma observação: em 1530, reinava nas Cortes de Castilla o tedesco D. Carlos V da Alemanha e I da Espanha, com governo iniciado em 1518, em Valladolid. Seu filho, D. Felipe II, assumiu o Poder, na cidade de Bruxelas, em 16 de janeiro de 1556, conforme historia Enrique de Tapia OSCARIZ.

también se destinaron penados a los presidios de las plazas de Africa, donde la ausencia de la población libre ensejó el uso de mano de obra penitenciaria" (pág. 532).

Pesquisadores apontam a *House of Correction* de Londres como sendo a precursora do sistema penitenciário na atualidade; teria sido implantada entre 1550/1552. A versão ora esboçada é confirmada por Eberhard Schmitd[108] que diz: *"La raiz de la pena privativa de libertad se halla in Inglaterra"*.

No mesmo sentido, porém com mais detalhes, Heleno Cláudio Fragoso[109] diz ter sido implantada no ano de 1552 *"num Castelo abandonado em Bridewell"*, e que, a partir de 1575, recebeu o nome *House of Correction*, tendo sido, desde 1576, reconhecido por lei que em todos os condados fossem criados estabelecimentos congêneres, por iniciativa dos protestantes.

Ainda por orientação dos protestantes, em Amsterdam, surgiram, a partir de 1595[110], como exemplares pioneiros da classe de estabelecimentos de caráter correcional, que foram de imediato imitadas por várias outras cidades inglesas com modelos análogos. Valdés[111], ao discorrer sobre a polêmica entre Bohne e Von Hippel, também afirma ter tido início a pena prisional na Holanda, por volta do ano de 1600. Tal afirmação, segundo o autor, foi suficientemente discutida por Edmund Mezger no seu "Tratado".

Quanto à polêmica sobre se Holanda ou Inglaterra, José Frederico Marques, fazendo menção à obra de Roberto Lyra, fecha com a primeira, dizendo: *"A pena privativa de liberdade ou prisão, ou ainda pena carcerária, data do século XVI, tendo sido na Holanda o lugar em que primeiro foi empregada com o caráter que tem hoje"*[112]. Ao que parece, foi mesmo na Holanda que surgiu o presídio como instituição[113]. Com

---

[108] Conforme VALDÉS, pág. 31.

[109] *"Lições de Direito Penal"*, Vol. I, pág. 298, 7a. Edição, Forense, 1985.

[110] MELOSSI, Dario Pavarin Massimo. *"Carcere e Fabbrica"*, Società Editrice Il Mulino, Bologna, 1977, pág. 31 e seguintes.

[111] VALDÉS, Carlos Garcia, in *"Estudios de Derecho Penitenciario"*, Editorial Tecnos, 1982, Madrid, pág. 30 e seguintes.

[112] "Curso de Direito Penal", Vol. III, Edição Saraiva, 1956.

[113] Anton ONEGA, obra citada, págs. 531/532, nos dá conta da presença da instituição na Holanda já no século XVI, da mesma forma que faz menção à prisão de Bridewell.

efeito, Heleno C. Fragoso[114] afirma ter sido construída, em 1596, uma prisão do gênero para mulheres, tendo o hábito se alastrado para outras cidades em curto espaço de tempo.

De nossa parte, não cremos absolutamente imprescindível saber se este ou aquele país foi o pioneiro da implantação do sistema penitenciário. É fatal que haverá sempre alguma controvérsia. Ainda assim, seja onde for, também ali não tinha o condão de "penitenciária" tal como conhecemos, sendo tão só um sistema presidial. Além do mais, e isto é importante dizer, se hoje criticamos veementemente o sistema carcerário que possuímos, que se faz merecedor de todas as críticas que recebe, não é menos verdade que, no início veio ele para abrandar os rigores das penas que, até então, eram impostas[115].

Tem-se por certa a construção de Bremen no ano de 1609. Todas essas providências estavam voltadas para a "reeducação" dos delinqüentes, através do trabalho obrigatório, além da influência religiosa e da severa disciplina que se impunha ao recluso. É que, entre os séculos XIII e XVII, as penas alcançavam indistintamente a todos: pessoas e animais, castigando-se por igual pessoas, coisas e instituições[116]. O autor faz menção à brutalidade em que se constituía o uso da *ordália* e seus métodos de interrogatórios. Tal a brutalidade praticada de ordinário, que a Corte de 1288, realizada em Leon[117], decidiu que se punisse com a *excomungación* quem realizasse essa forma de interrogatório.

Sem mencionar a fonte, Heleno C. Fragoso diz ter a França construído *sua primeira instituição*, em 1656, com o fito de acolher mendigos e vagabundos. Se o escopo era apenas acolher os indigentes, não vejo como considerar tal instituição partícipe do sistema então em fase de implantação em vários outros países.

Outro estabelecimento precursor do sistema penitenciário lembrado pela quase unanimidade daqueles que trataram do tema foi criado em

---

[114] In "*Lições de Direito Penal - Parte Geral*", Vol. I, pág. 298 da 7a. Edição.

[115] Nesse particular há unanimidade na doutrina.

[116] É o que escreve VALDÉS em obra citada: *...al largo de los siglos XIII y XVII en la pena impuesta a las personas, sino que alcanza a todo tipo de animales, llegando el fiscal, en ocasiones, a establecer hasta 116 puntos de acusación contra ellos, 28 castigándose de igual manera a las cosas, instituiciones tales la paz territorial y las treguas de Dios"*. O numeral mencionado alude a Von Hentig e sua obra: *"La Pena"*, pág. 87.

[117] As *"Cortes de Castilla"* se reuniam por convocação expressa do rei, sempre em sítios distintos, visando, destarte, amenizar os confrontos políticos internos, conforme historia Enrique de Tapia OSCARIZ.

Roma, sob os auspícios do Papa Clemente XI. Trata-se do *Hospício São Miguel*, fundado em 1703, destinado a acolher mendigos, bêbados e, principalmente, menores infratores[118], o que se fazia através de rigorosa disciplina, com o trabalho diurno e o isolamento noturno obrigatórios.

A Bélgica, observando ser bom o aproveitamento nos outros países, implantou, em 1775, a *Casa de Correção de Gand* [119]. Aproveitou a infra-estrutura do *Hospício São Miguel*, acrescentando apenas o aprendizado profissional. Adotou, deveras, o atendimento médico aos reclusos. Ademais, tratou de separar os internos em razão do sexo, o que já se fazia na Holanda desde há quase dois séculos, e da gravidade do delito. Era o início da individualização da pena.

No final do século XVII surgiu um inovador projeto arquitetônico para as prisões. Jeremias Bentham propunha a construção das *Penitenciary Panopticon*, e dizia que o efeito mais importante sobre o preso era *"induzir no detento um estado consciente e permanente de visibilidade que assegura o funcionamento automático do poder"* [120]. A forma arquitetural do sistema, em círculo, proporciona o fenômeno: *"O Panóptico é uma máquina de dissociar o para ver-ser visto: no anel periférico, se é totalmente visto, sem nunca ver; na torre central, vê-se tudo, sem nunca ser visto"*.

Despiciendo dizer que o autor mencionado teceu severas críticas logo a seguir, realçando a crueldade existente nessa forma brutal de *ver sem ser visto*, atemorizando constantemente o vigiado, dizendo da curiosidade que pode animar qualquer pessoa a vasculhar a vida do recluso. *Ipsis literis*: *"do mesmo modo que é indiferente o motivo que o anima: a curiosidade de um indiscreto, a malícia de uma criança, o apetite de saber de um filósofo que quer percorrer esse museu da natureza humana ou a maldade daqueles que têm prazer em espionar e em punir"* [121]. Para o autor, não está claro se Bentam criou ou se foi inspirado pelo projeto do zoológico construído em Versalhes por Le Vaux (pág. 179). De qualquer forma, a simples dúvida levantada serve de crítica.

A partir das experiências bem sucedidas na Europa, surge nos Estados Unidos o *sistema celular*, implantado na Filadélfia, com cuja de-

---

[118] Nesse sentido vejam-se Heleno C. FRAGOSO e o nosso *"Lineamentos de Direito Penal"*.

[119] Michel FOUCAULT in *"Vigiar e Punir"*, Ed. Vozes, 11ª Ed., pág. 32, fig. 15, precisa a data como sendo 1773, e apresenta uma planta baixa do projeto.

[120] FOUCAULT, obra citada, pág. 177/178 e pág. 32, fig. 17.

[121] Obra citada, pág. 178.

nominação entrou para a história dos presídios. Na realidade, originariamente a instituição tinha o pomposo nome de *Prisão de Walnut*[122]. O sistema carcerário era deveras rigoroso, impondo-se ao recluso a segregação e o silêncio absoluto. Para os crimes graves, a regra era permanente. O trabalho somente era autorizado para os condenados por crimes leves. Porém não se fazia qualquer concessão sobre o silêncio exigido, que somente poderia ser quebrado, quando o recluso precisasse falar com funcionários do presídio, e para tanto fossem autorizados.

Segundo inúmeros pesquisadores, o fundamento maior desse terrível regime disciplinar apoiava-se na crença de que a solidão, acompanhada da leitura sistemática da Bíblia e de outros textos de conteúdo religioso, incutiam no preso um desejo irrefreável de voltar ao convívio social. Ao que se sabe, havia assistência de um clérigo para orientar o recolhido quanto às normas sociais prescritas.

Como regra geral, o sistema celular foi deveras combatido, já que sua contradição maior era o escopo de reinserção do condenado excluindo-o de qualquer contato com o mundo exterior. Os críticos atacavam o fato de esse sistema disciplinar contrariar a natureza humana — afinal, o homem é um *zoo politicum*[123]. Esse sistema, além do alto custo operacional, provocava sofrimentos desnecessários. Modernamente, sabe-se dos malefícios em que se constitui o prolongado silêncio: o desequilíbrio mental, quando não a própria loucura.

Talvez por isso, percebendo o desequilíbrio na relação custo-benefício, sempre presente na vida americana, os norte-americanos desenvolveram um outro modelo, desta feita no Estado de *New York*, mais precisamente na cidade de *Auburn* em 1818, o qual recebeu o nome de *Sistema Auburniano* ou *Silent System*.

A rigorosa disciplina exercida na Filadélfia foi trasladada, acrescentando-se a obrigatoriedade do labor em comum durante o dia. Entretanto, os presos não podiam manter qualquer forma de comunicação (palavras ou gestos) com seus companheiros. Disso resultou, pelo menos, um benefício: a ocupação da mente do presidiário, o que evitaria a loucura ou qualquer outra forma de desequilíbrio mental. O isolamento celular noturno permaneceu, sob absoluto silêncio, com o que evitaria a

---

[122] Veja-se FRAGOSO, obra citada, pág. 299.

[123] Segundo PLATÃO.

promiscuidade responsável, quiçá, pelo mais danoso dos males que afligem o sistema presidial, no geral e, especialmente, no sistema fechado[124].

Ainda que houvesse algum contato entre os presos, a regra do silêncio era de tal maneira observada que os críticos daquele sistema centravam nessa exigência comportamental os seus mais veementes ataques, com questionamentos irrefutáveis. E, sem dúvida, o terreno para as críticas era excelente, visto retirar dos condenados a mais elementar das necessidades humanas, excetuadas as fisiológicas: expressar seus pensamentos e sentimentos, privando-os, em última análise, de sua essencial condição humana. Era o mesmo que desumanizar a criatura, impondo-lhe um mutismo ao qual não estava habituada e a que, dificilmente, iria se habituar. Tanta brutalidade em que se constituía tal tratamento, que o pranteado Edgar Magalhães Noronha assim se referiu em sua obra monumental: *"A cela é o túmulo do vivo"*[125].

Em que pesem as permanentes críticas, o *Sistema Auburniano* acabou prevalecendo nos Estados Unidos, e o sistema celular original foi mantido, com pequenas alterações ou reformulações. De resto, acabou sendo adotado em vários países europeus, podendo-se citar Bélgica, Inglaterra e Alemanha.

Somente após, mas logo a seguir o sistema de Auburn, é que surgiu na Inglaterra a gênese do que viria a ser denominado *sistema progressivo*, que, de certo modo, atendia precariamente aos emergentes movimentos e pressões de matizes humanitárias, exaradas por crescentes setores da sociedade e, principalmente, dos estudiosos do assunto penitenciário.

A origem do *sistema progressivo*, na palavra séria de Henny Goulart[126], é atribuída não a um cientista do Direito Penitenciário, mas a um capitão da Armada inglesa: Alexander Maconochie, que, procurando o aprimoramento do tratamento dos presos, introduziu no Presídio da Ilha de Norfolk o *Mark System* (sistema de marcas), que consistia num modelo segundo o qual os condenados tinham lançadas em seus prontuários *marcas* que poderiam ser *positivas* ou *negativas* conforme seu com-

---

[124] Um dos maiores problemas do sistema presidial é precisamente o homossexualismo, que arrasta consigo o restinho da dignidade que possa ainda manter o recluso. Não raro, o preso entra sem essa deformação de caráter e sai com ela.

[125] Saraiva, *"Direito Penal"*, 23ª ed., pág. 228, revista por Adalberto J. Q. T. de Camargo Aranha.

[126] GOULART, Henny, obra citada, pág. 59 e seguintes.

portamento em razão do trabalho ou conduta disciplinar. Nesse sistema, a pena mínima não era determinada na sentença, extinguindo-se antecipadamente mercê de determinado número de *marcas positivas* que o preso conseguisse alcançar.

Posteriormente, ainda na Inglaterra, o sistema foi aprimorado, introduzindo-se três fases no cumprimento da pena privativa de liberdade: a primeira consistia num *período de prova*, com absoluto isolamento celular; no segundo, já o apenado tinha direito ao trabalho comum, mas obedecendo ao *silent system*, originário de época anterior; finalmente o condenado era transferido para o *Public Work-House*, passando daí em diante por regalias cada vez maiores até alcançar o *livramento condicional*, que hoje é tratado por *Parole*.

Ao que saibamos, o capitão inglês teve como seu seguidor outra personagem importante para as reformas propostas; trata-se de um irlandês, Sir Valter Crofton[127]. Esses senhores, dignos para sempre do nosso respeito, foram os primeiros a perceber as deficiências dos sistemas fechados, que nunca chegaram a alcançar os fins pretendidos. Isto quando o problema da superpopulação não era ainda tão atemorizante como agora[128].

Importa, nesta oportunidade, ressaltar e deixar consignado que foi a partir do aparecimento do *sistema progressivo* de Alexander Maconochie, que o *sistema penitenciário* passou por grandes modificações em boa parte do globo. Se ele não é perfeito, não menos verdade ter portado consigo alterações fundamentais que lhe permitiram sobreviver até agora.

Na atualidade, as discussões giram em torno das propostas de retificação desse sistema, no sentido de, cada vez mais, acelerar a concessão de benefícios relacionados à progressão das penas aos condenados, o que reduz em grande parte as críticas que rebatem, na essência, esse sistema. Muito mais poderia ser feito, não fosse a *maldição* da burocracia que se abate sobre toda a Administração Pública, principalmente, aquela que cuida do *Sistema Presidial* como um todo[129].

---

[127] Vide *"Lineamentos de Direito Penal"*, pág. 217.

[128] É claro que o problema da superpopulação já começava a incomodar. A rigor, um técnico e um leigo perceberam: John AUGUSTUS, um sapateiro de Boston, que é o precursor do "probation", - "sursis" para nós - e o francês Bonneville de MARSANGY, responsável, segundo se diz, pela introdução do livramento condicional, conforme Heleno FRAGOSO, obra citada, pág. 389.

[129] Vejam-se, por exemplo, as concessões de benefícios aos presos, que assistem em desalento seus direitos subjetivos serem tratados com tanta morosidade. O Estado, via de regra, não cumpre os prazos estabelecidos na lei.

De qualquer forma, não é temerário afirmar que, hoje, a maioria dos países mantém sistemas penitenciários organizados segundo normas apoiadas no permanente registro de dados auferidos pela observação permanente dos internos. Esses registros individuais são o parâmetro de que dispõem as administrações penitenciárias para informarem os processos de integração personal do condenado em sua relação com a Justiça. De regra, tudo ocorre na esfera formal do campo da administração penitenciária, quando se trata do Ministério Público, Poder Judiciário e a Secretaria dos Assuntos Penitenciários. As propagadas "visitas de fiscalização" somente ocorrem quando há rebelião, e, ainda assim, de monta. Se de menor impacto, nem isso.

2.3.4. A Pena de Prisão no Brasil
Breve Introdução Histórica

A exemplo dos países europeus, também no Brasil a prisão teve introdução tardia[130]. Até o aparecimento do Código Criminal do Império, de 1830, ao dizer de Henny Goulart[131], a *"prisão vigorou no Brasil praticamente com o sentido de cárcere..."*, ou seja, local de permanência temporária ou de trânsito, para guarda de acusados que esperavam a condenação, ou mesmo a execução da pena, de regra a capital, como soía acontecer na época.

Ainda conforme a mesma autora, o primeiro estabelecimento surgido entre nós, após a introdução daquele que foi o mais bem elaborado documento na esfera criminal — o Código Criminal do Império[132], foi a *"Casa de Correção de São Paulo"*, posta em funcionamento apenas no ano de 1851, não obstante ter sido instituída dezessete anos antes.

A similaridade vem do Rio de Janeiro, onde se deu início em 1834 à construção de uma prisão cujo modelo arquitetônico era o *Panóptico*[133], já explicado e discutido em outra parte. Entrou em funcionamento em 1850. Apesar de possuir uma sucessão de "Regulamentos", todos

---

[130] A afirmação de que o sistema foi implantado tardiamente, no geral, é de Heleno FRAGOSO, na obra já citada, pág. 273: *"A prisão como pena é de aparecimento tardio na história do Direito Penal"*.

[131] Obra citada, pág. 67.

[132] A elaboração de tão eficiente diploma repressivo foi da lavra de Bernardo Pereira de VASCONCELOS, em 1827, concorrendo com outro de autoria de José Clemente PEREIRA.

[133] Heleno FRAGOSO, obra citada, pág. 299, diz que a construção do panótico do Rio não vingou por um erro de construção, tendo o projeto inicial sido abandonado.

direcionados para o *Sistema Auburniano*, com isolamento celular noturno e trabalho diurno em silêncio, sempre vivenciou o constante descumprimento das normas, de modo que parte das mazelas atuais do sistema presidial brasileiro (*lato sensu*) pode aqui encontrar as origens do descalabro administrativo atual. Na realidade, a desorganização administrativa tem escola entre nós. Não somente no sistema penitenciário, que, por tal estado de calamidade pública, nos obrigou a tratar o tema sob o prisma global e abrangente, cambiando até mesmo o título para: *Sistema Presidial*, já que celas de Distritos Policiais e outros espaços que tais não fazem, nem poderiam fazer, parte do *sistema penitenciário*.

Os problemas do sistema penitenciário brasileiro atravessaram o período imperial, mantendo nítido descompasso entre a efetiva prática e os dispositivos normativos. A situação perdurou também após a implantação da República e seu terrível Código Penal de 1890.

O Código da República estabelecia as penas de *prisão celular, reclusão, prisão com trabalho obrigatório e prisão disciplinar* [134]. A cada uma dessas modalidades correspondia um tipo específico de estabelecimento, o que na prática demonstrou o nosso total despreparo para enfrentar o problema, conforme se percebe no trabalho publicado em 1924, da lavra de Lemos de Britto [135], um dos pioneiros do assunto entre nós. Nesse extenso trabalho, que o autor realizou visitando os principais presídios em funcionamento no país, vemos relatados desde antanho, as precárias condições em que já se encontravam aqueles estabelecimentos. Desprovidos de salubridade e das atividades laborais organizadas, realçando quão urgente era a reforma do sistema como um todo, um levantamento da situação geral foi encomendado pelo Ministério da Justiça a Lemos de Britto.

Se em 1924 a situação já era caótica, e de lá até esta data nada mudou, é de se aquilatar como chegou até nós: completamente agravada, conforme demonstram diuturnamente os órgãos da imprensa de todos os matizes. Neste momento, já não se distingue mais o preso correcional do processual e do condenado [136], vez que todos ficam acantonados num mesmo espaço físico, gritantemente inferior ao neces-

---

[134] É o que determinava a redação do artigo 43, que inseria, ainda, as penas de banimento e interdição, alíneas 'b' e 'f' respectivamente. Veja-se PIERANGELLI, José Henrique, em "*Códigos Penais do Brasil*", Ed. Jalovi.

[135] BRITTO, Lemos. "*Os Sistemas Penitenciários do Brasil*", Rio, Imprensa Nacional, 1924.

[136] Neste momento, o sistema presidial abarca três modalidades de prisão: a correcional ou policial, que é a detestável "Prisão Temporária", a prisão processual, que se realiza via prisão em flagrante e prisão preventiva, e a prisão judicial, que é a própria condenação, indiferente se com ou sem trânsito em julgado.

sário para que o recluso mantenha o mínimo de dignidade humana. Agride-se a individualidade do cidadão delinqüente de tal forma que se torna difícil impor-lhe qualquer forma de respeito às normas sociais vigentes. Quem recebe do poder a desconsideração, reserva-se a si o direito de retribuir com a mesma moeda.

Com o advento do Código Penal de 1940, veio a simplificação, classificando as penas em duas categorias: *principais* e *acessórias*. Aquelas subdivididas em *reclusão, detenção e multa*. Estas, em *perda de função pública, interdição de direitos e publicação das sentenças*[137]. A essa altura, já existia em alguns lugares do país, principalmente nos Estados-membros mais ricos, alguma estrutura apta para observar as distinções introduzidas pelo então recente Código Penal [138], que aclarava os conceitos e aplicações das penas de *reclusão* e *detenção*, além de estabelecer o sistema progressivo em quatro períodos: *isolamento, trabalho, remoção para Colônia Agrícola e livramento condicional*. Este último não pode ser considerado coisa nova, já que desde 1846, como visto em outra parte, Bonneville de Marsangy[139], teorizava em sua obra, a quem o nosso saudoso Roberto Lyra cita em seu trabalho conjunto com Nelson Hungria[140].

Em São Paulo, apesar de a atual Casa de Detenção ter sido inaugurada apenas em 1956, já existia uma outra, a "Velha", implantada onde, hoje, está a TV Cultura, na avenida Tiradentes. Além do mais, em 1921 foi inaugurada a *"Penitenciária do Estado"*, no Carandiru, onde funciona até hoje. Durante muito tempo foi considerada modelo quanto aos aspectos arquitetônico e administrativo. Ali, desde o seu primórdio, foi implementado o *sistema celular e progressivo*, sendo que esta "progressão" estava nitidamente adaptada às condições brasileiras.

Por isso, aquele rigor dos modelos originais (inglês e irlandês) foi atenuado sensivelmente, pela diminuição do período inicial do isolamento absoluto, bem ainda pelo exame criminológico de cada recluso[141], com o

---

[137] Decreto-lei n° 2.848, de 7 de dezembro de 1940, arts. 28 e 67, respectivamente.

[138] Foi a implantada em 1937 por Getúlio Vargas, denominada "Estado Novo", com a qual convivemos até 1945.

[139] MARSANGY, Bonneville. *"De la libération préparatoire des condemnés ammendés"*. No ano seguinte outro trabalho do mesmo autor: *"Traité des institutions complementaires du régime pénitentiaire"*.

[140] "Comentários ao Código Penal Brasileiro", ed. Forense, Vol.II, pág. 471.

[141] É bom lembrar que chegamos a manter um dos melhores, senão o melhor Instituto de Biotipologia do mundo. Hoje, para vergonha nossa, o C.O.C. (Centro de Observação Criminológica) divide seu espaço com o sistema presidial, passando a prisão do "regime semi-aberto", que nenhuma relação guarda com aquele.

que se avaliavam — e se avaliam ainda hoje — as condições pessoais de cada condenado, frente a cada uma das fases progressivas que o mesmo haveria de transpor, conforme era — e é — a determinação legal.

Pelo desfilar desses dados, acerca do desenvolvimento das prisões brasileiras, não é difícil localizar os traços que viriam delinear o atual quadro de dificuldades que o problema penitenciário apresenta. Das adaptações forçadas pela escassez de recursos pecuniários, já que as verbas alocadas nunca estiveram conforme às necessidades, nasceu uma forma perversa de improvisações. Disso tudo, todavia, é possível antever, como buscaremos demonstrar, adiante, o espectro das superlotações dos presídios, da corrupção que gerou a falta de espaço e, o que é mais doloroso: a quase ausência de perspectivas de reintegração social do egresso. E, principalmente, a inexistência de uma política ampla e inteligente para o setor, tudo se reflete como fatores ilustrativos do descrédito com que são recebidas algumas iniciativas que visam superar esse estado de coisas que já ultrapassou em muito o caótico.

Não se entenda por tomada de posição o que se disse até agora. Não podemos fechar com o sistema celular inglês, e muito menos com o *Silent System*. Não pretendemos, por outro lado, ser os donos da verdade. O que questionamos, isto sim, é o permanente descumprimento das determinações normativas, sempre que eles visem dar melhor tratamento ao condenado, que tem, por força da lei, direitos subjetivos violados sem qualquer respeito por parte do Estado, mais por desorganização e menos por má fé, já que nem sequer se perde tempo pensando no problema, salvo quando ocorre um fato de conseqüências catastróficas e de repercussão internacional. Assim, não há terreno fértil para qualquer plano de *reinserção social*.

2.3.5. Aspectos da Dinâmida Presidial

Num trabalho publicado em 1979, o pesquisador José R. Ramalho [142] examinou detidamente, em seus mínimos detalhes, as condições e a rotina da Casa de Detenção de São Paulo, realizando entrevistas com detentos e através de acuradas observações sobre o funcionamento *intercorporis* daquele estabelecimento, quiçá um dos mais comprometidos e comprometedores do mundo [143]. Ramalho mostra com clareza a dureza

---

[142] RAMALHO, R. José. "*O mundo do Crime: A Ordem pelo Avesso*", Editora Graal, Rio, 1979.

[143] Digo "comprometido" porque é responsável, em grande parte, pelo descrédito por que passa o sistema penitenciário como um todo. E "comprometedor" porque sua fama de mau presídio ultrapassa em muito os limites do Estado, alcançando mesmo foros de internacionalidade.

das condições ali postas à disposição do preso. Ironiza com justa razão a cantilena dos presos que, quando chamados a depor — na presença de funcionários da Casa — sobre as condições ali existentes, debruçam-se em elogios e louvores quanto ao tratamento recebido.

Aponta como conclusão de conteúdo epistemológico os principais problemas que, a seu ver, são os fatos geradores de toda aquela celeuma ali existente: *a promiscuidade, a quase que total ausência de perspectivas quanto ao porvir e a corrupção de todos os matizes* [144]. Além desses, outros de menor porte contribuem para a mantença perversa daquela situação que, desde há muito, deixou de ser caótica, estando quase que fora do controle governamental[145]. Não se trata apenas de um "presídio", mas de um "verdadeiro inferno", capaz de inverter as relações sociais e de criar, no conjunto de presos, imposições que dificultarão sua futura reinserção na comunidade dos homens livres. Os problemas originários daquela situação intrínseca, vão refletir na extrínseca. Apesar de todos nós sabermos disso, seguimos inertes e apáticos, como se a questão não nos dissesse respeito. Afinal, somos todos uma repetição individualizada do *"Macunaíma"* [146].

A propósito, é importante ressaltar que o problema que acompanha o egresso do sistema penal não existe apenas quanto aos trâmites diferenciados de convívio que ele, ex-convicto, encontra na sociedade livre[147]. Existe um sem-número de outros tantos. Uma série de exigências de ordem subjetiva e objetiva, inclusive a de ordem psicológica, que é a questão de o egresso precisar *reaprender* a dominar certas situações, pertinentes aos que são livres e que ele havia amortecido em seu ser durante o tempo despendido no confinamento.

Em estudo realizado sob os auspícios do Ministério da Justiça da Itália[148], foram realizados exames psicométricos que apontaram, segun-

---

[144] Nem seria necessário dizer que os grifos são nossos; desejamos chamar a atenção para esses três fatores.

[145] Não é diferente a situação em outros presídios, havendo alguns poucos em melhores condições; outros, como os cárceres dos DPs, já fugiram ao controle do Estado, estando mesmo à deriva.

[146] O herói sem caráter visualizado por Mário de Andrade, não só vive entre nós, como ademais, se incorpora em nossos corpos. É preciso deixar de sermos hipócritas, P.C. Farias.

[147] Nesse particular, veja-se a questão por mim abordada em duas oportunidades: "Os Antecedentes Criminais".

[148] Ministério di Grazia e Giustizia: "Deterioramento Mentale della Detenzione", Roma, MGG, 1976.

do a duração das penas, índices crescentes de perda da capacidade locomotora, de diminuição da memória e da percepção espacial, além de considerável aumento dos níveis de ansiedade entre os clausurados. Esses dados, quando considerados isoladamente, se não são suficientes para rechaçar na sua inteireza o sistema penitenciário, por outro lado demonstram que os atuais mecanismos de exclusão do convívio social provocam seqüelas que extrapolam seus objetivos de reeducação dos sentenciados. Em síntese: a cadeia não tem o dom de *reeducar*, serve apenas para *punir*. A esta altura, é difícil descartar a sanção como elemento meramente retributivo.

2.3.6. O Trabalho do Preso

Há pouco mais de uma década a socióloga Julita Lemgruber realizou valiosa pesquisa entre as mulheres presas no *Instituto Penal Talavera Bruce*, instalado na cidade do Rio de Janeiro[149]. Em quase nada diferente dos seus congêneres espalhados pelo território nacional, apenas com uma agravante: o quadro social caótico em que se constitui o Rio de Janeiro. As conclusões não são nada abonadoras ao sistema, e mostram forte preocupação quanto aos aspectos que dificultam a realização da atividade laboral em presídios do gênero. Isso se constitui em algo realmente dotado de absoluta falta de perspectivas futuras para aqueles que dela participam[150].

Na pesquisa de Julita Lemgruber vêm perfiladas as gritantes contradições entre o disposto no Código Penal e a perversa realidade fática sobre o trabalho no presídio. A autora chama a atenção para o fato de que as intenções doutrinárias de infundir no preso a consciência de sua utilidade e valor perante a sociedade, mediante o hábito do trabalho organizado e racional, além de remunerado, dão lugar à exploração pura e simples do labor dos presos, posto que a retribuição pecuniária é irrisória, o que acaba por fortalecer o *animus delinquendi* que a vida anterior já lhe tinha incutido. Afinal, a vida honesta não tem atrativos se comparada com as ilusórias possibilidades oferecidas pela criminalidade[151].

---

[149] LEMGRUBER, Julita. "Cemitério dos Vivos: Análise Sociológica de uma Prisão para Mulheres", Achiamé, Rio de Janeiro, 1983.

[150] Em São Paulo, quando visitei o Presídio Feminino, 1993, havia serviço na oficina de costura, que consumia a mão-de-obra de 80 das 325 presas. Este labor era proporcionado por empresas do ramo de confecções, que bancavam tudo.

[151] Vejam-se págs. 113/131 da obra citada.

Ainda com fulcro no trabalho da pesquisadora mencionada, são apontados os problemas decorrentes da desorganização do trabalho nos presídios e que resultam no surgimento de vários expedientes adotados pelos reclusos para a produção de alguma fonte de renda. São sobejamente conhecidos os vários casos de tráfico de drogas, de regra em conivência com funcionários do sistema. Também são de uso corrente a negociação, entre os presos, de tarefas desagradáveis a que estão sujeitos, como a limpeza de latrinas, por exemplo, além da usual comercialização de alimentos, conforme relato de Ramalho[152], outro pesquisador incansável. Aliás, a coisa não pára nestes modestos exemplos aqui colocados. Houve, anos atrás, um escândalo de elevada repercussão: os presos tinham de ceder suas mulheres para receberem alguma forma de *privilégio*. O assunto foi notícia de primeira página dos jornais por algum tempo, para depois cair no esquecimento, como ocorre de ordinário em casos semelhantes.

O exame das condições disciplinares reservadas aos presos permite-nos, sem exagero, afirmar que a cada regra dos presídios corresponde uma *facilidade*, que é objeto de transação negocial[153]. Desse modo, o drástico corte de cabelos com que é recebido o recém-chegado, pode ser atenuado mediante o pagamento de uma propina ao outro preso, este encarregado da barbearia e, fatalmente, ligado ao funcionário responsável pela *disciplina*[154]. O mesmo se diga em relação ao repasse e à qualidade da alimentação. Mediante contato com os *donos da cadeia*[155], os presos próximos da cozinha distribuem melhor e fartamente o que deveria, de rigor, ser igualitário. Não é diferente a agilização dos processos de remoção, benefícios, etc. Presos hábeis na redação de petições e com contatos vários, podem antecipar decisões administrativas que visam a minimizar a vida do preso que pode pagar.

Não estaremos "criando" nada se dissermos que até mesmo a questão da abstinência sexual pode ser contornada. Funcionários com poderes de decisão interna, alojam *"prostitutos"* onde haja o *"cliente"* já adrede avençado. Também não se causarão rubores em ninguém ao se

---

[152] Obra citada, págs. 70/72.

[153] Como bem diz Paulo José da COSTA JR., é a velha prática de "criar dificuldade para vender facilidade". Recentemente, um preso sem direito, ainda, à "visita íntima", já que não tinha sequer sentença condenatória, engravidou sua companheira.

[154] Uma situação tal não ocorreria se não houvesse a condescendência do funcionário. É a corrupção, onde o preso barbeiro se torna o *longa manus* do funcionário criminoso.

[155] É como são chamados os presos que exercem essas tarefas, protegidos por funcionários e trabalhando para eles.

mencionar a mercantilização de presos jovens para o mesmo fim. Colocam-se jovens reclusos à disposição dos demais, tenham ou não predisposição para a pederastia, que serão arrastados inexoravelmente ao homossexualismo passivo[156].

Essa gama de relações humanas deterioradas, justamente onde quem ali se encontra já sofre de alguma forma de "desajuste", sem dúvida tem origem na maneira como é conduzida a atividade laboral nos presídios, que avilta o real valor do trabalho, transformando-o em *punição* ou *privilégio*, dependendo das circunstâncias, contraria o espírito da lei e fere mortalmente a proposta de ressocialização e reinserção do condenado, que deixa ali o último resquício de dignidade, acaso ainda mantenha alguma.

Entretanto, o sistema penitenciário (que entre nós é uma *diferença especial*, sendo o presidial o *gênero próximo*[157]) não guarda apenas aspectos negativos, embora este último seja a regra. Existem algumas tímidas mas eficientes medidas que demonstram ser possível transformar a atividade laboral presidiária em alguma coisa palpável e útil aos encarcerados e, como via de conseqüência, à comunidade.

Segundo estamos informados, num projeto posto em execução na Penitenciária da Papuda, em Brasília, os ali recolhidos fazem cursos de formação profissional. Trabalhando nas oficinas recebem o equivalente a 75% (setenta e cinco por cento) do salário mínimo [158]. Precisam, entretanto, trabalhar 72 (setenta e duas) horas semanais [159], o que, em si mesmo, já representa uma agressão aos direitos constitucionais do trabalhador, mesmo que ele seja um preso cumprindo pena[160]. Claro que, trabalhando, o recluso recebe o benefício da *remissão*[161]. Todavia, este "benefício" na realidade é um direito subjetivo do preso, já que há requisito a cumprir para se chegar a tal benefício. E, toda vez que a lei impuser uma

---

[156] Tempos atrás, um filme sobre o tema: "O Sistema", demonstrou quão brutal é a problemática do homossexualismo nos presídios americanos. Aqui não é diferente.

[157] Conforme ensinamento de Maria Helena DINIZ nas suas aulas de Filosofia do Direito, ministradas no pós-graduação da PUC/SP.

[158] Aí, apesar de tudo, começa uma forma brutal de agressão a direitos constitucionalmente garantidos. Ninguém pode ganhar menos que um salário mínimo, se trabalhar jornada integral, conforme os incisos IV e VII, do art. 7º da Constituição Federal.

[159] Do Jornal O GLOBO, Rio de Janeiro, 22/01/95: "Papuda ensina ofício e acelera ressocialização".

[160] A matéria é regulamentada na Constituição Federal, art. 7º, inciso XIII.

[161] Art. 126 da Lei nº 7.210, de 13 de julho de 1984.

contrapartida, um "dever", para conceder um "benefício", este deixa de sê-lo, passando a direito subjetivo, portanto, líquido e certo.

Nem por todo o exposto deixaremos de aplaudir a iniciativa. Afinal, onde não se tem nada, ou quase nada, um *mínimo* é sempre bem recebido, passando à condição de um *máximo*. Sem dúvida, a laborterapia é uma das formas mais eficazes de reinserção social, desde que dela não se faça uma forma vil de escravatura e violenta exploração do homem pelo homem, principalmente este homem enclausurado. Há na aquisição do hábito ao trabalho uma gama imensa de novas expectativas e perspectivas para o preso, já que espaventa o temor do horripilante futuro incerto que, como regra geral, aguarda o egresso. De partida, ele poderá propor uma nova forma de relacionamento com a sociedade, desde que esta não se mostre tão arredia, como sói acontecer.

Destarte que, se cumprida a lei quanto aos antecedentes criminais do egresso[162], aliás, ainda uma vez repita-se: sobre o tema já tratamos exaustivamente em outra oportunidade perante a Egrégia Congregação da PUC/SP. Um homem profissionalmente habilitado terá sempre maiores possibilidades de sobrevivência, o que seria uma forma de bloquear o seu retorno à senda da criminalidade. Em nível de *lege ferenda*, poder-se-ia pensar em credenciamento desse novo profissional, facilitando seu ingresso no mercado de trabalho. Mas, sobre a legislação que pensamos, voltaremos no momento oportuno.

Finalmente, cumpre valorar o ensinamento deixado por Costa e Silva[163], para quem o trabalho na prisão deve estar posto sobre um tripé, ou sob "tríplice aspecto": o ético, o penal e o econômico. Do ponto de vista ético, nada melhor que ocupar o homem para que não fique o tempo todo pensando asneiras. Aliás, Paulo José da Costa Júnior usa de ordinário essa assertiva: *"A mente desocupada é a oficina do diabo"*. O ócio é, sem dúvida, o pior dos males que o sistema fechado causa ao condenado. Da mesma forma que a necessidade, dizem, é a mãe de todos os males, o ócio é, com certeza, o pai.

2.3.7. A Alimentação nos Presídios

É inquestionável a circunstância de que produzir seguidas refeições para agrupamento de milhares de pessoas constitui tarefa com ex-

---

[162] Trata-se de severa observância quanto ao que determina a norma jurídica contida no art. 202 da LEP; sigilo quanto à vida do condenado após o cumprimento da pena.

[163] Citado por José Frederico MARQUES, *"Curso de Direito Penal"*, Vol III, pág. 129, Ed. Saraiva, 1956.

celente base de risco. Esse fato assume dimensões preocupantes quando se sabe que a *clientela* de tal *restaurante* é suscetível de provocar explosões de descontentamento. Isto se deve, principalmente, quando se verifica o desencontro entre as pressões internas, próprias dos ambientes fechados, e os canais de desafogo das tensões ali produzidas.

Boa parte das prisões brasileiras da atualidade mantêm o serviço de refeições diretamente nas celas, o que contraria a disposição de refeições servidas em ambiente comum citadas por Ubirajara Rocha [164], para quem a *"... lei estadual paulista que a impõe... se pode considerar previdente e sábia..."*. A obra citada é de 1968, o que permite afirmar ter havido mudança de orientação neste momento[165].

Na Casa de Detenção de São Paulo, por exemplo, depois de recebida a *ração* entregue por carrinhos que transitam pelos corredores, os presos praticam o *"recorte"*[166], o que, por si mesmo, sugere a qualidade da alimentação produzida e posta à disposição dos reclusos. Não há, na realidade, muita preocupação com a qualidade, o que se faz, até, em nível de uma punição generalizada. Desnecessário dizer que tal procedimento da Administração é altamente prejudicial sob todos os aspectos.

Não bastasse o paladar industrializado da alimentação servida, o cardápio é comumente restrito, tirando do ser humano um dos itens fundamentais da cultura: o da apreciação dos alimentos ingeridos. Assim, o ato de comer torna-se algo sem qualquer significado outro que não seja manter a pessoa fisicamente viva. E isso ocorre precisamente no momento em que esta pessoa (o preso) mais tem necessidade de ver provocado em si o sentimento de solidariedade e identificação social. Perde-se a oportunidade de realizar essa provocação, alegando-se a exigência de segurança interna. É preciso raciocinar axiologicamente sobre isto: vale mais essa fixação na segurança ou a tentativa de reinserir o cidadão delinqüente?

Além de outros dados estruturais deficientes, existe nos presídios uma complexa rede de critérios e interesses pertinentes à manipulação do

---

[164] ROCHA, Ubirajara, *"A Face Trágica das Prisões"*, Secretaria de Segurança Pública de São Paulo, 1968.

[165] Visitei recentemente a Penitenciária do Estado de São Paulo, levando um grupo de alunos da Faculdade de Direito das F.M.U., e constatamos *in loco* a distribuição de uma refeição.

[166] Na linguagem da prisão (gíria) significa a adição de temperos à comida que, como regra geral, é entregue cozida com água e sal. Esse preparo supõe a existência de fogareiros alimentados com energia elétrica.

item *alimentação*. Os *"internos"* [167] encarregados da cozinha ou os distribuidores são escolhidos dentre os de menor suspeita de vícios ou doenças[168]. Com isso pretende-se demonstrar certo cuidado com a higiene.

Bastante disseminada nos presídios é a prática de desvio de insumos alimentares comprados legalmente. É freqüente a entrada e saída de veículos lotados, sem que ninguém fiscalize a saída de "coisas". Apenas simula-se fiscalizar[169] se não está havendo evasão de pessoas. Outras vezes, a aquisição feita nem sequer chega ao destino. O lote adquirido não é enviado, embora seja inserido nos lançamentos contábeis e, ficticiamente, incorporado ao estoque do almoxarifado da respectiva Casa.

Ainda uma outra modalidade de fraude: o faturamento ilegal da comida dos presídios é praticado internamente, com a cobrança pela entrega de certos tipos de tempero ou mesmo de comida considerada *"especial"*. Em casos extremos e mediante pressão, até mesmo as refeições convencionais são comercializadas. Fato denunciado logo após a *Chacina do Carandiru* [170], por alguns jornais que publicaram relatos sobre o fato gerador: desde há alguns meses anteriores àquela tragédia, os presos do "Pavilhão Nove" estavam passando fome[171] e não conseguiam recursos pecuniários para bancar o que cobravam os funcionários e outros presos pela comida.

A mesma Casa de Detenção paulista nos serve de exemplo para uma série infindável de denúncias outras sobre as ilegalidades cometidas com alimentos, e que periodicamente ocupam espaço razoável na imprensa. No período que medeia março de 1988 a outubro de 1992, cole-

---

[167] "Interno" é uma das várias denominações que recebe o preso. Pode ser também "recluso", "detento", etc. Houve uma ocasião em que o tratavam como "reeducando". Isto se deu no governo Montoro, que teve por algum tempo o Dr. José Carlos Dias como Secretário dos Negócios da Justiça do Estado de São Paulo. Sobre essa terminologia voltaremos logo mais.

[168] Os fisicamente doentes, principalmente, são excluídos. Os pederastas também ficam fora. Lamentavelmente, aqueles com fortes tendências à corrupção não fazem parte do grupo visado.

[169] "Simula-se fiscalizar" porque essa vistoria varia de empresa para empresa, de motorista para motorista, de equipe de serviço para equipe de serviço. Não há uma regra fixa, cada um fazendo como bem entende.

[170] Fato mundialmente célebre ocorrido em 5 de outubro de 1992, onde foram mortos 111 detentos do Pavilhão Nove. Estranhamente, nenhum só funcionário morreu no "confronto". E mais. Até agora ninguém foi responsabilizado pela Justiça!!!

[171] FOLHA DE SÃO PAULO, 11/10/92: "Ex-Detento afirma que até comida é comprada". Naquela oportunidade, muitas outras coisas vieram à tona, mas ninguém se preocupou em apurar, já que todos estavam com as atenções voltadas para os "efeitos", descuidando-se das "causas".

tamos quatro diferentes séries de denúncia de corrupção envolvendo alimentos, publicadas por três jornais de grande circulação nacional[172].

No casos de corrupção aos quais fizemos referência, o dado adicional e nem sempre comentado é que se a comida é desviada, isto significa que ao preso será imposta a agrura da escassez de proteínas, odioso instrumento de opressão, que ao longo da história, tem representado conseqüências funestas. Não são raras as notícias de protestos, às vezes violentos, provenientes de presos revoltados com a escassez ou má qualidade da alimentação fornecida[173]. Defender o direito a refeições dignas não significa advogar facilidades ou mordomias, mas tão-somente a coragem de reconhecer que ao recluso devem ser oferecidas condições que o mantenham ligado ao desenvolvimento cultural do meio social ao qual ele haverá, cedo ou tarde, de voltar.

Circulam boatos de que o Senhor Secretário Estadual da Administração Penitenciária pretende terceirizar a cozinha da Casa de Detenção[174]. Quais as conseqüências? Primeiramente será o encarecimento do produto acabado; já que toda a terceirização implica traduzir ganhos adicionais aos fornecedores. O próprio Secretário quando entrevistado não soube informar se o projeto traria alguma economia. Uma coisa é certa, não acreditamos seja a terceirização a melhor solução. A segunda conseqüência está no fato de a cozinha proporcionar um alto percentual de trabalho aos internos, facilitando a aplicação do artigo 126 da LEP. Finalmente, cumpre saber quem será responsável pelo controle da condimentação, já que, supõe o preparo será realizado fora da Casa.

2.3.8. *A Questão Sexual*

O tema da sexualidade nos presídios é fator de preocupação assídua da maior parte dos pesquisadores da área. Mesmo nos trabalhos mais antigos, o problema ocupa boa dose dos esforços para desvendar as verdadeiras ciladas que acompanham o desenrolar da vida nos agrupamentos de reclusos.

---

[172] Respectivamente: Folha da Tarte, Folha de São Paulo e O Estado de São Paulo (edições em poder do autor).

[173] Quando da visita à Penitenciária do Estado à qual já nos referimos, serviam naquela oportunidade arroz, feijão, picadinho de carne com batata e uma verdura. Quando indagamos sobre qualidade, alguns omitiam comentários, outros diziam um "mais ou menos" pouco ou nada convincente. Alimentos não identificáveis amassados, e em precárias condições, foi o que vimos.

[174] Notícia veiculada no dia 01/02/96, págs. 3-5, no jornal Folha de São Paulo.

Há quase três decênios, em obra publicada sobre os auspícios do Conselho da Polícia Civil de São Paulo, o Delegapol[175], Dr. Ubirajara Rocha, escreveu a respeito: *"... a questão sexual... é um problema basilarmente incrustado na essência da organização prisional, devendo ser resolvido com espírito científico e altruísta... Analogicamente ao que sucede com o regime de trabalho penitenciário, a perfeita ou racional organização dos contatos sexuais funciona como um poderoso motor de recuperação dos delinqüentes"*[176].

Na opinião daquela autoridade mencionada, a terapia ou qualquer outro termo que se aplicar aos esforços de modificação dos ímpetos do delinqüente deve abordar com igual seriedade e presteza tanto a atividade laborial como a sexual, que é um desígnio físico do ser humano, muito mais forte que o hábito ou a vontade ao trabalho e que este é provocado, enquanto aquele nasce instintivamente. Não há como contrariar o pensamento desse policial, que apesar das eventuais distorções profissionais pelas quais passamos todos nós, não perdeu a sensibilidade para perceber que o preso, apesar de privado da sua liberdade, segue sendo uma *pessoa humana*.

No Brasil, notadamente nas últimas duas décadas, grandes progressos foram alcançados no que concerne à administração sexual dos presídios, sendo dignas de ressalte a organização das *visitas íntimas*, hoje possíveis em grande parte dos nossos presídios com características de penitenciária. É bem verdade que tais visitas são, não raro, organizadas precariamente, o que propicia a ocorrência de constrangimentos aos casais que participam desses encontros. Entretanto, esses problemas menores, merecedores de saneamento imediato, podem e devem ser debitados à organização e às disponibilidades físico-estruturais da prisão, e não ao "instituto das visitas"[177].

Ao pesquisarmos os arquivos jornalísticos, encontramos, a propósito, notícias que trazem dados escabrosos a respeito da dimensão assu-

---

[175] Sigla de Delegado de Polícia, elemento nomeado mediante concurso público, que possua o grau de bacharel em Ciências Jurídicas.

[176] ROCHA, Ubirajara. "A Face Trágica das Prisões" (Ensaios de Penalogia). São Paulo: Serviço Gráfico da Secretaria de Segurança Pública, págs. 273/274, 1968.

[177] Em Cuba, por ocasião da VIII Conferência da Associação Americana de Juristas, realizada em La Habana, tivemos oportunidade de conhecer o "Combinado D'Este", onde visitamos, entre outros lugares, o "Dormitório del Casal". Ali, todos os presos podiam manter relações sexuais com "sus parejas". O espaço de tempo era determinado pelo comportamento do preso e, desgraçadamente, pela disponibilidade. Ao todo eram 27 modestos, como tudo ali, apartamentos, porém muito bem cuidados.

mida pelo problema da sexualidade na Casa de Detenção de São Paulo. Essas notícias autorizam-nos a reforçar o que já escrevemos pouco atrás, quando falamos das "transações" feitas para o alcance de facilidades entre os presos.

Em 1989, poucos anos após a implantação dos *encontros íntimos* — o que ocorreu no governo Montoro[178] — surgiram denúncias encabeçadas pelo então presidente da Associação dos Agentes Penitenciários do Estado de São Paulo. Segundo o "líder" daquela entidade, alguns presos, ameaçados por outros iguais na sua integridade física, eram constrangidos a ceder suas mulheres para que estas tivessem relações sexuais com os presos[179] *"donos da cadeia"*, sobre os quais já nos referimos em outra oportunidade.

Ainda uma vez, o que possibilita esse tipo de ocorrência é a precariedade estrutural do presídio e não a possibilidade de *encontros sexuais* entre parceiros legítimos, ou mesmo legitimados. Especificamente na Casa de Detenção de São Paulo, as "visitas" se realizam em locais impróprios, posto que, a elas são reservados os próprios leitos dos presos, instalados em celas com lotação notoriamente exagerada.

Apesar dos cuidados especiais com que se procuram cercar, buscando preservar a intimidade e a discrição de que necessitam esses atos íntimos, a própria movimentação do presídio sabota, em grande parte, as tentativas de privacidade. Não se pode exigir tal ou qual comportamento, quando o ambiente não se presta para o objetivo, nem tampouco foi montado para outro fim que não o de "dormitório coletivo de presos". Sem considerar o constrangimento da mulher, que é exposta quando entra e quando sai do local reservado para o "encontro".

Infelizmente, porém, a questão sexual nos presídios não se esgota nos relacionamentos conjugais truncados pela restrição à liberdade. O problema é muito mais sério e abrange, permanentemente, a maior parte das preocupações, tanto na generalidade quanto na particularidade; quer dos presidiários, quer dos agentes encarregados de vigiá-los.

A homossexualidade, única válvula de escape possível nos presídios em geral, pela separação necessária entre os reclusos de sexo oposto, é constante ameaça à segurança, pois segundo entendem alguns profis-

---

[178] No governo do prof. André Franco MONTORO, entre 1983/1987, foi Secretário da Justiça, por algum tempo, o Dr. José Carlos DIAS. Homem bem-intencionado, tentou melhorar as condições de vida dos presos. Lamentavelmente, um motim o derrubou.

[179] Folha da Tarde, São Paulo, 13/03/1989: "Presos cedem mulheres para salvar a pele na Detenção".

sionais da área, tais relacionamentos dão origem a contendas e até rebeliões entre os reclusos, movidos às vezes por ciúme ou separações a que não estariam emocionalmente preparados. É preciso considerar que, não raro, esse relacionamento, apesar de enfermiço e extravagante, é o único possível para pessoas que já não guardam mais vínculos com o mundo exterior.

Essa forma de prática sexual, no entanto, apesar de coibida, pode ser considerada dominante na maioria dos presídios. Sobre isso tratamos um pouco antes, e se voltamos foi por necessidade premente de demonstrar o condicionamento comportamental daqueles que vivem no cárcere, pois, ao adentrarem na atividade homossexual, perdem o pouco que lhes resta de dignidade humana.

A questão da sexualidade é deveras grave nos presídios, e não está restrita aos relacionamentos sexuais em si mesmos, mas gera ações de corrupção que, aproveitando a carência de certos presos, propicia a comercialização de corpos. Esse foi o caso de uma série de denúncias fartamente noticiadas há alguns anos, versando sobre a Casa de Detenção de São Paulo, onde alguns presos escolhidos mercê de suas qualidades físicas, estariam recebendo hormônios feminilizantes para, ao depois, serem *vendidos* aos que pudessem pagar[180]. Na verdade, havia leilões, como bem denunciaram alguns presos na ocasião. Por razões de ética, não podemos citar nomes, o que, entretanto, constitui uma pena.

Os teóricos apontam as dificuldades impostas às tentativas de uma solução global dessa problemática. De um lado, a instituição das *visitas íntimas* resolveu parcialmente o problema. Mas estas somente atendem a um número reduzido de presos, pois são autorizadas somente aos casados ou concubinados, excluindo os solteiros, os viúvos e os celibatários — maioria absoluta sem contato com o mundo exterior em geral, o que dizer então na particularidade da atividade sexual.

Por outro lado, chegou a ser proposto que estes últimos tivessem direito ao acesso a uma forma de relacionamento rápido com mulheres encaminhadas aos presídios com essa finalidade. Henny Goulart considera essa possibilidade como *atitude aviltante para o próprio Estado, desvirtuando a finalidade educativa da pena, quebrando a disciplina e a ordem, além de facilitar a contaminação dos detentos*[181]. Vamos mais

---

[180] Folha de São Paulo, São Paulo, ed. de 19/07/1989: "Promotor investiga denúncias de corrupção".

[181] Obra citada, pág. 99.

longe: tratar assim um problema monumental como este é demonstrar que até mesmo os estudiosos não sabem bem sobre o que estão falando. E pelo menos teratológico querer criar no seio do Estado um órgão especializado na exploração da prostituição e do lenocínio, ambas condutas tipificadas criminalmente. Se assim viesse a ser, teríamos que exigir do Estado a mesma solução para outras tantas situações de pessoas que não se encontram presas, mas que, por motivos outros, acham-se privadas do regular exercício sexual. Além do mais, sempre é bom lembrar a existência visível da má qualidade do material humano que trabalha nessas instituições. De regra, despreparado para as funções, desembasado culturalmente em nível mínimo, neófito mesmo, o que abriria um outro campo de corrupção, como sói acontecer[182].

Sejam quais forem as medidas aplicáveis a este tema, acreditamos estar diante de uma questão aporética. Sua superação fica subordinada mediante a realização de uma ampla reforma na base de todo o sistema penal e penitenciário, posto que, enquanto houver a predominância do regime fechado, a fisiologia humana continuará se debatendo contra os modelos disciplinares que tentarem conformá-la.

2.3.9. A Acomodação dos Presos: Análise Crítica

A carência de vagas em nossos presídios é problema antigo que ronda a Administração Pública e agride a Sociedade[183]. A superpopulação é, muitas vezes, o estopim de violentas rebeliões, que acabam por provocar sérios danos ao cidadão comum, seja pela violência deflagrada, seja pelo clima de confronto e insegurança social criado pelas fugas, tomadas de reféns e, por vezes, a morte de pessoas absolutamente inocentes[184]. Assistimos atônitos, de quando em quando, à inversão de valores essenciais para a convivência em sociedade.

Como já visto anteriormente, o problema espacial dos presos está na origem das preocupações quanto à modelagem do sistema penitenci-

---

[182] Sobre esse despreparo intelectual e a corrupção, vamos voltar mais à frente.

[183] Ao final desta parte iremos reproduzir alguns dados estatísticos que deixam a descoberto a situação calamitosa em que vivem os presídios.

[184] Recentemente, o caso de Goiás, onde autoridades feitas reféns de delinqüentes foram expostas ao ridículo, como foi o caso daquele Coronel que pedia socorro, quando ele é quem o deveria dar. A jovem morta por uma bala perdida. Enfim, um "bandido" teria sido o garantidor da integridade física daquele amontoado de autoridades postas dentro de um presídio, sem que ninguém tivesse pensado em cuidados especiais.

ário. O sistema celular, com sua carga desumana, seria a antítese do sistema de acomodação coletiva[185], sendo que este último não surgiu, ao menos entre nós, de qualquer intenção humanitária, ou mesmo apegada a princípios magnânimos de propiciar a ressocialização do cidadão delinqüente. Ao contrário, a coletivização das celas decorreu, desde o início, dos problemas advindos da ausência quase absoluta de alocações de verbas públicas para a expansão do sistema presidial, bem ainda da ampliação de estabelecimentos penais já existentes, deixando em evidência a inexistência de um programa político para o setor, bem como o despreparo do material humano utilizado para tal fim.

Neste item é preciso aquilatar o desempenho dos Distritos Policiais feitos "presídios"[186]. Aquilatar as condições em que se encontram os DPs de todo o país, principalmente na cidade de São Paulo. Todos eles transformados em *depósito de presos*, alguns até mesmo cumprindo pena. Isto implica em desrespeito não somente aos direitos do preso, mas à própria lei; basta que se leia a Lei de Execuções Penais e se constatará que, não raro, o Estado é, sem dúvida, maior transgressor da lei que o próprio criminoso. Não resolve que se fale e escreva, é essencial ir à fonte e visualizar o quadro desumano ali existente.

Nas Delegacias de Polícia o espaço é exíguo[187], além de agravado pelo desaparelhamento de todos os matizes. Também, nem poderia ser diferente: os xadrezes dos DPs não foram construídos para o fim com que estão sendo utilizados. Ali, o condenado está inibido de qualquer dos seus direitos enquanto preso: labor, práticas desportivas e lazer. Antecipando o que virá ao final, apenas uma pálida amostragem: para um conjunto de 69.129 condenados, há, segundo pesquisa recente do jornal A Gazeta Mercantil[188], um contingente de 22.301 condenados de-

---

[185] Em Cuba, vivem aproximadamente entre 30 e 40 reclusos no mesmo espaço, que funciona ao estilo da caserna. Não observamos reclamações sobre a imposição do regime de disciplina militar. Em Israel, em Dame, penitenciária localizada nos arredores de Tel Aviv, as celas são para 4 reclusos. Também ali não havia questionamento, pelo menos não reclamaram quando indagados sobre o problema do espaço. Alguns diziam ser melhor, porque tinham com quem conversar.

[186] No auge do caos, a grande "invenção": a utilização dos xadrezes dos Distritos Policiais para "guardar presos". Diziam que seria temporária a providência, mas aí está: nada mais foi feito, além de superlotar aqueles cubículos, verdadeiros barris de pólvora. Disso resultou outro fenômeno: a retirada de policiais da rua para cuidarem da "cadeia".

[187] Fato de recentíssima constatação *in loco*: numa cela medindo 1,12 x 2,02, estavam acantonados nada menos que dezessete presos, dos quais cinco em situação de "prisão temporária", o que em si mesmo já é violação à Lei nº 7.960/89, que exige fiquem os detidos por ela separados dos demais.

[188] Gazeta Mercantil: "As prisões e os presidiários no Brasil", São Paulo, 22 de junho de 1995. Não se diga que este é órgão especializado em proteger os "despossuídos".

positados nos xadrezes dos DPs da Capital. A se considerarem, ainda, mais de cem mil mandados de prisão aguardando cumprimento, o que desacredita por completo o sistema judicial pátrio.

A superlotação, por definição nefasta, concorre para a ampliação e deficiência nas tarefas de alimentar, vigiar, coordenar o labor e o lazer, além de dificultar a delicada situação disciplinar. São célebres episódios como aquele em que um cardeal brasileiro foi seqüestrado dentro de um estabelecimento penal[189] ou ainda o caso dos 111 mortos, já mencionado, e mais recentemente, o caso de Goiânia, também ventilado pouco antes. Em todos esses casos, ainda que em menores ou maiores proporções, estavam direta ou indiretamente presentes os fatores que sustentam o círculo vicioso desencadeado pelo amontoado de presos em espaço físico restrito e sem as mínimas condições de vida, o que resulta em absoluto desprezo de todos os valores morais e sociais por parte desses desgraçados *Jeans Valjeans*[190].

Nos últimos anos, principalmente no Estado de São Paulo, mas não somente aqui[191], tem havido expansão física do sistema de presídios, mediante a incorporação dos novos *"Cadeiões"*[192] construídos na Capital e na zona periférica, além da expansão de outros tantos pelo Interior. Todavia, o tema não pode, a nosso juízo, ficar adstrito às meras decisões administrativas de *canalização de parcos recursos para obras*. A situação é bem mais complexa. Há toda uma problemática social a ser axiológica e ontologicamente avaliada.

Ainda nessa linha, cumpre expor um quadro alarmante. Trata-se de algo que já se esboçou pouco antes: os mandados de prisão não cumpridos, que oscilam entre 275 e 400 mil em todo o território nacional[193].

---

[189] Do jornal O Estado de S. Paulo, ed. de 19/03/1992: "O seqüestrador de Dom Aloisio morre em tiroteio".

[190] Personagem central da obra monumental de Victor HUGO: *"Les Misérables"*, perseguido implacavelmente pelo inspetor Javert, que só sabia punir, não corrigir, coisa em que não acreditava.

[191] O Rio de Janeiro constitui um outro vulnerável barril de pólvora. Só que ali, a população "está mais para o bandido do que para o Estado"; vejam-se, por exemplo, as cenas do *"apitaço"*, em que as pessoas, generalizadamente, davam cobertura aos traficantes. Em outros Estados os acontecimentos têm sido mais leves, mas nem por isso a situação deixa de ser caótica.

[192] A denominação foi obra do então governador Luiz Antonio Fleury e comporta em si mesma uma carga de deboche assustador. "Cadeião" é gíria entre os presos, e quer significar cadeia de maus tratos e desorganizada.

[193] O jornal O Estado de S. Paulo, ed. de 20/03/1994, aponta 400 mil. Já os jornais do Rio de Janeiro, respectivamente Jornal do Brasil, de 21/11/1994, diz da existência de 275 mil. No mesmo sentido, O Globo, de 22/01/1995. Qualquer que seja a verdade, é vergonhoso e assustador.

Destarte, a atenuação do problema não depende apenas da criação de novos espaços para a atual população carcerária mas, inclusive, de repensar na melhor aplicação das penas restritivas de direitos, por exemplo, ou mesmo nos casos da alternatividade das penas, de que tanto se fala na atualidade.

Ora, se existe uma superpopulação de quase 200% (duzentos por cento), o que fazer se houver cumprimento em massa desses mandados? Não se espere que a Lei nº 9.099/95 vá resolver o problema. Do ponto de vista social, pensamos mesmo em agravamento da criminalidade. Mas sobre isso não iremos tratar aqui.

Como outro aspecto deste crucial problema, pode ser mencionada a avaliação de conteúdo econômico, que de maneira alguma haveremos de apontar como fonte do Direito, mas que na sociedade contemporânea assume importância estratégica na esfera das decisões. Os investimentos de capital são realizados, quer no domínio público, quer no privado, levando-se em consideração detalhados estudos de viabilidade econômica e de relação custo/benefício. Dessa forma, não há como negar a existência de uma certa forma de *utilitarismo*, que se incumbe de nortear a dosagem de prioridades e os respectivos orçamentos que as satisfazem.

Por esse prisma, dentre os inúmeros problemas sociais do país, como a carência de atendimento ao Sistema de Saúde Pública, a melhoria da Educação Pública e a Previdência Social para não alongar, dificilmente a questão dos presídios entrará na pauta das preocupações primeiras, posto que o benefício a ser alcançado não é parte objetiva do imaginário coletivo, em que pese ser palpável e necessário.

Para muitas pessoas, inclusive algumas autoridades, os presídios ainda são encarados como *"colônia de férias"* ou *"hotel cinco estrelas"*[194], habitados por pessoas que, a juízo delas, seriam merecedoras de tratamento mais rígido e desconfortável. Uma minoria, é verdade, mas que, desgraçadamente, dispõe de espaço na imprensa e voz no Parlamento. Tratam a questão exclusivamente pelo prisma de um falso sentimento emocional de repulsa quanto à criminalidade no geral e, particularmente, em relação ao criminoso, visando tão-somente transmitir certa satisfação aos seus eleitores, esses sim, radicais e reacionários. Dos discursos inflamados que daí saem, resulta uma gama imensa de temor por parte dos governantes que realmente podem decidir.

---

[194] Na Assembléia Legislativa do Estado, por exemplo, três deputados usam tais chavões sempre que fazem menção ao tema. Vêem na pena capital a melhor solução, deixando à mostra o total despreparo para o exercício do Poder. É a minoria reacionária e radical.

Para se ter idéia do que consistem os *"hotéis cinco estrelas"*, basta acompanhar os noticiários. Em matéria sem grande destaque, o Diário Popular[195] publicou reportagem sobre a Cadeia Pública da cidade de Piracicaba. Discorrendo sobre as acomodações, onde numa cela minúscula ficam amontoados nada menos que quarenta pessoas, *in verbis*: *"A denúncia está amplamente documentada por 22 fotografias, que foram tiradas por um dos presos durante a madrugada, e mostram como 40 detentos tentam se acomodar em 16 metros quadrados*[196], *dormindo amontoados, sentados ou dentro de cobertores pendurados nas grades, simulando redes"* [197]. A partir de um tal quadro, fica difícil, senão impossível, falar-se em reabilitação, ressocialização, reeducação ou reinserção. Nenhuma terapia será capaz de regenerar quem assim viveu por algum tempo, por pouco que seja. E o que dizer, então, daqueles que assim permaneceram por longo período? Vai para o ralo do esgoto social qualquer resquício de dignidade e respeito social.

2.3.10. *Educação, Lazer e Religião No Sistema Presidial*

Paralelamente com as atividades rotineiras dos presídios organizados, a maioria conta com estrutura física e administrativa direcionada para fornecer condições básicas para práticas religiosas, educativas e lazer [198-199], o que, de certa forma, procura colaborar com a disciplina e a possível readaptação ao convívio social[200]. Na atual situação, pouco pode se esperar dessas providências, mas ainda que assim seja, não é permitido deixar de tentar. Sempre se aproveita alguma coisa.

---

[195] Edição do dia 09 de julho de 1995, pág. 5.

[196] Tem-se criticado os DPs da Capital, que não oferecem mais que sessenta centímetros quadrados de espaço por recolhido. No caso em tela, apenas quarenta centímetros quadrados por preso. Enquanto isso a ONU fala em espaço útil de 2,42 (dois metros e quarenta e dois centímetros). Mas, conforme diz Eduardo Augusto Muylaert ANTUNES, as normatizações provindas da ONU não passam de meras "recomendações".

[197] Tal fato foi denunciado a três instituições: OAB, ABI e SSP, pela Associação dos advogados de Piracicaba.

[198] Tivemos o cuidado de salientar "presídios organizados", já que grande parte dos reclusos não tem espaço nesses presídios, ficando depositados nos "cadeiões" ou nos xadrezes dos DPs, alijados, portanto, de qualquer forma de ressocialização.

[199] Algumas normas jurídicas contemplam esse direito do preso: os artigos 17, 18 e 83, da Lei 7.210, de 13 de julho de 1984.

[200] *"Não há criminoso incorrigível, senão que criminoso incorrigido"*, sentenciou um dia Concepción ARENAL.

Nos Institutos Penais Agrícolas, são ministrados cursos regulares de educação de primeiro grau. Há, também, a possibilidade de o recluso freqüentar curso superior, desde que a Administração, na esfera judicial, autorize, permitindo sua saída e viagens até a cidade próxima onde haja a escola[201]. Na hipótese, o que ocorre é a aplicação mais bem interpretada do artigo 122, II, da LEP. Nos presídios urbanos, conforme o quadro funcional e a estrutura física, ministra-se o curso ali mesmo, cumprindo, dessa forma, o que determina a LEP. Não raro, fica-se sabendo que presos com formação universitária ministram cursos rápidos de aperfeiçoamento cultural. É deveras salutar que isso ocorra, pois o serviço de ensino sob a responsabilidade de um "igual" reflete mais profundamente na consciência daquela camada discente. Além do mais, proporciona ao preso-professor os benefícios contidos no art. 126 da Lei de Execuções Penais.

Também está prevista na mesma lei a instrução profissionalizante, conforme o art. 17[202], visando o aprimoramento de futura mão-de-obra que será posta à disposição do mercado. A rigor, preparam-se pessoal para as atividades de marcenaria, carpintaria, tecelagem, confecção, sapataria, etc., sempre com vistas à vida posterior ao cárcere. Em relação ao interior do presídio, os trabalhos estão voltados para a cozinha, principalmente, serviços de manutenção que não coloquem o preso em contato direto com os dispositivos de segurança e os outros de caráter rudimentar, como a faxina, a jardinagem, etc.

Do ponto de vista do mundo exterior, essas experiências, a nosso juízo, têm sido tímidas e não tanto usuais como seria de se esperar. Há seis anos visitamos o Presídio São Bernardo, em Campinas. Ali apuramos que 22 presos prestavam serviços às empresas que aceitavam essa espécie de material humano. Era um percentual pequeno, se comparado com a população carcerária, mas serviu de análise para avaliar o comportamento dos presos trabalhadores externos. Nem uma só evasão, e o comportamento carcerário excelente, segundo testemunho de funcionários, que não autorizaram sua identificação, temendo possivelmente as críticas dos colegas mais radicais.

---

[201] Em São Paulo, um caso digno de realce: um condenado a penas totalizando 324 anos, prestou vestibular na PUC e foi aprovado. Quando visitamos a Penitenciária, em 1986, conduzindo alunos na FADISC, tivemos oportunidade de conversar com esse rapaz. Disse-nos que saía todos os dias às 6:00 e voltava às 13:00 horas, autorizado que fora pelo Juízo das Execuções Criminais.

[202] Veja-se MIRABETE, Júlio Fabrini, in *Execução Penal*, Atlas, pág. 87, 5ª ed., 1994.

As atividades de lazer nos presídios organizados, como regra geral, estão compostas de dispersão pelos pátios internos, com alguma prática de esportes elementares[203]. Em algumas prisões se permite a posse de aparelhos eletrônicos nas celas, o que é privilégio concedido pela administração. Televisão coletiva tivemos oportunidade de ver instalada no Presídio Feminino. Há também sessões de cinema, que acontecem no período da tarde.

Por ocasião de algumas festas religiosas, principalmente a Páscoa e o Natal, existe a concessão especial de refeições conjuntas dos presos com seus familiares e, às vezes, até mesmo alguns convidados. Esse é o momento ideal para o recluso extravasar todas as suas ansiedades, cultivadas intramuros. É praxe também, nessas oportunidades, convidarem-se artistas para se exibirem ali. Quando o artista "convidado" é do sexo feminino, cantoras principalmente, há a provocação involuntária, ao apelo sexual, o que não é bom para a disciplina e a segurança[204].

Em nossas visitas a presídios constatamos que alguns mantêm instalações específicas para a prática religiosa, sendo certo que a Casa de Detenção dispõe, inclusive, de ambiente destinado à prática de rituais religiosos afro-brasileiros, o que evidencia uma certa liberdade de culto, já que transcende o eixo católico-protestante. Sem contar a freqüência diuturna de pastores evangélicos que ali vão para levar lenitivo àqueles que assim o desejarem. Louve-se o que bem merece. Não tem importância alguma a crença que venha a ser adotada, importante é adotar-se alguma.

A assistência religiosa nos presídios é coordenada, como regra, por pessoas e entidades externas, como é o caso das "pastorais" e as "missões", encarregadas desse serviço. Seu mister não se restringe à pregação, tendo como papel coadjuvante a promoção social e a assistência em casos especiais, que envolvam familiares de presos desamparados materialmente. Sob este aspecto, é possível perceber-se também um traço utilitarista da assistência religiosa, que ultrapassa sua dimensão meramente cultural e moral para buscar retirar benefícios da sua proximidade com o preso, que melhor confia nesse interlocutor, posto que oriundo do mundo exterior e descompromissado com todo o sistema ao qual ele, o preso, está submetido.

---

[203] No Combinado D'Este, de Havana, sobre o qual já falamos anteriormente, o tempo do preso é dividido em três partes: sessenta horas-semanais para o labor, dezesseis horas-semanais para educação e outras tantas para a prática de esportes ou cultura física.

[204] "A Detenção Ferve na Festa de Natal", O Estado de S. Paulo, 10/12/87.

O saldo dessas atividades, entretanto, é apenas ligeiramente positivo, quando se deixa de lado uma enorme fatia de presos que não estão alojados nesses estabelecimentos "privilegiados". Nos DPs, por exemplo, não acontece qualquer forma de entronização entre a religião, os esportes e o labor. Nem sequer o "banho de sol" lhes é garantido na inteireza, já que há necessidade de rodízio. Alguns pregadores religiosos passam por vezes por ali, mas, dada às precaríssimas condições de vida, nada é possível fazer: como falar em Deus para quem se encontra completamente abandonado?

2.3.11 *Corrupções, Rebeliões e Fugas de Presos*

Na história contemporânea, a corrupção nos presídios alcança notoriedade comparável somente ao estrago que o fato provoca no sistema penal. De modalidades variadas, atinge indistintamente a todos os setores, envolvendo, não raro, pessoas que não passam de "inocentes úteis". Ela vai de simples comercialização superfaturada de produtos permitidos a favores e regalias incompatíveis com o sistema e a disciplina interna.

São inúmeras as denúncias e sindicâncias instauradas, que exemplificam as ilicitudes cometidas praticamente durante toda a existência do sistema presidial no Brasil e no exterior. Disso resultou uma série de criações literárias e que vieram até ao homem médio comum mercê da literatura para a feitura de películas cinematográficas [205]. Visam todos, escritores e cineastas, chamar a atenção para a gravidade e grandiosidade do problema, quando abordam com seriedade temática. Em qualquer circunstância, a corrupção nos presídios acarreta sempre sofrimento adicional aos internos, pois pulveriza verbas, provoca pressões: *"criando-se dificuldades para vender facilidade"* [206]. Envolvendo toda a administração num manto de suspeita, posto que tudo, de alguma forma, passa pelas malhas da rede de corrupção. E dificilmente se fica sabendo de punição exemplar aos corruptores, já que os corrompidos são vítimas do "sistema" e nada, ou quase nada, podem fazer.

A corrupção ganha contornos assustadores quando um magistrado[207] vem a público para denunciar que um traficante, condenado por

---

[205] Bom exemplo é o filme denominado "O Sistema", conforme já citamos.

[206] Frase usualmente empregada por Paulo José da COSTA JR., para demonstrar o desenvolvimento da corrupção, não somente nos presídios, mas na Administração como um todo.

[207] Trata-se do juiz da Vara das Execuções Criminais de Porto Velho, Dr. Daniel Ribeiro LAGOS. Fonte: entrevista no jornal DIÁRIO DA AMAZÔNIA, de Porto Velho, ed. do dia 18 de abril de 1996.

tráfico de mais de sete toneladas de cocaína, comprou a fuga, e foi escoltado até sua casa por agentes penitenciários. Diz mais. Diz que, no sistema local, quem decide qual a forma de pena que o condenado cumprirá não é o juiz prolator da sentença, *"no estabelecimento da pena que tramita ao livre-arbítrio pessoal do agente penitenciário ou diretor do presídio, que não respeita as garantias constitucionais do preso"* [208]. O magistrado, de coragem invulgar, diga-se, fala na existência de dois sistemas de "execução de penas", um *formal* e o outro *real*, para o qual oferece a definição acima reproduzida. Não somente os funcionários do sistema são atacados, mas também os políticos, que mercadejam votos durante o período eleitoral para, logo após, esquecerem-se do assunto.

Entretanto, o efeito mais perverso da corrupção é a longa duração porque tem de passar o recluso, vivenciando um quadro em que nada ajuda o trabalho de reinserção, nele criando uma profunda repulsa em relação àquela realidade sórdida[209], quando não o abate o sentimento de apatia, já que sente-se impotente para reagir e reverter o quadro reinante. Essa carência ou mercantilização de coisas essenciais, forçando uma monetarização à qual o recluso não está apto, atinge sobremaneira o seu *animus* psicológico, refletindo profundamente nas perspectivas de reinserção social do egresso.

Ainda agora, após fuga fenomenal ocorrida na Casa de Detenção, já mencionada, volta ao noticiário a questão crucial da corrupção[210]. Diz-se que: *"Fuga da Detenção custa até R$ 50 mil"*. Conhecendo como conhecemos o autor da matéria e sabendo ser ele muito bem-informado, há de ser dar crédito à reportagem. No corpo da matéria, informações que, se não surpreendem, chocam até mesmo os mais céticos. Por exemplo, uma troca de celas vale R$ 100,00; de pavilhão R$ 200,00, etc..

Não bastasse, o articulista desce às profundezas daquilo que se pode chamar de "servidão humana", em plagiar o livro famoso. Diz-que as "moedas" são: dinheiro, drogas, armas, informações e cigarros. E diz:

---

[208] Na fonte acima, pág. D-3, discorre o jornalista Jorge CHEDIAK JR., sobre o funcionamento da Penitenciária Estadual "Enio Pinheiro", e chama no subtítulo: *"Agentes prisionais e diretores de presídio, decidem o destino dos apenados"*.

[209] É preciso considerar que nem todo recluso o é porque é corrupto. Nem toda conduta criminosa é "infamante", como se costuma ensinar. Assim, o criminoso de sangue, por exemplo, não é, necessariamente, um desviado de caráter. Nesse sentido veja-se um filme relativamente recente: "O Sistema", que expõe cristalinamente o que se afirma aqui.

[210] Reportagem do repórter policial Marcelo GODOY, Folha de São Paulo, 16 de maio de 1996.

"Quem recebe: Agentes penitenciários e os próprios presos" [211]. A partir de dados tão alarmantes, para sermos coerentes com nossos ideais, pensamos ser absolutamente necessário romper com o passado e criar tudo de novo e novo.

A corrupção produz também efeitos que contrariam, na essência, os princípios de segurança e disciplina nos presídios. A entrada de tóxicos e o tráfico junto aos presos é mesmo desprezível quando se tem notícias da participação necessária de funcionários. Assim sendo, uma coisa facilita a outra. Como explicar certas fugas senão que com a participação ativa de membros da administração?[212] Recentemente, os jornais noticiaram uma fuga fenomenal ocorrida na cidade de Canavieiras, Bahia. Diz a notícia que dois traficantes "compraram" do carcereiro o direito de fuga por R$ 500,00 (quinhentos reais). Como não tivessem dinheiro acertaram pagar em duas parcelas, assinando para tanto duas notas promissórias. Apenas uma particularidade: a primeira cambial fora emitida com vencimento para *30 de fevereiro de 1996?*[213] O fato serve não somente para demonstrar o alto grau de corrupção, mas também o desembasamento do quadro funcional, como regra, o que facilita a proliferação das atividades ilícitas.

Em relação às rebeliões, pode-se realçar sua relação direta com uma organização de fugas, em alguns casos. É certo, ademais, que na sua maioria essas rebeliões visam tão-somente chamar a atenção da população para o estado deplorável em que vivem aquelas pessoas, esgotando-se aí seus objetivos. Exemplo claro está no motim ocorrido na Penitenciária Feminina em 11 de fevereiro de 1996, e que era o sexto do ano na Capital. O movimento teve início às 16:40; com a chegada do Juiz Corregedor e do Coordenador dos Presídios, com quem as reclusas parlamentaram durante um hora, o movimento foi debelado[214].

A apreensão social provocada pelas constantes rebeliões tem explicado as enérgicas intervenções policiais registradas em casos do gênero. No censo penitenciário realizado em 1994, os pesquisadores designados pelo Conselho Penitenciário Nacional recolheram dados que infor-

---

[211] Continuidade do artigo de Marcelo GODOY, Folha de São Paulo, 16 de maio de 1996, pág. 3, caderno 3.

[212] *"Secretário afasta o Diretor da Detenção e Investigará Fugas"*. Jornal do Brasil, Rio de Janeiro, 07/02/93.

[213] Notícia veiculada dia 15 de fevereiro de 1996 pelo jornal O Estado de S. Paulo.

[214] Fonte: Folha de São Paulo, 13/02/96, pág. 3-3.

maram a eclosão de 33 rebeliões e 3.131 fugas, apenas naquele ano[215]. Pela data do jornal que publicou a matéria, há de se supor tratar-se de pesquisa incompleta.

Sem dúvida, de todas as rebeliões ocorridas ao redor do globo terrestre, a mais calamitosa e sangrenta foi mesmo a do Pavilhão Nove, da Casa de Detenção de São Paulo, naquele tristemente célebre dia 2 de outubro de 1992, onde o rescaldo apresentado, após a ofensiva policial-militar, foi de 111 cadáveres, todos de reclusos. Faltou tudo ali, a começar de bom-senso, coisa rara lá entre eles, os contendores.

É possível que os traços aqui esboçados montem um quadro nitidamente negativo sobre o sistema presidial brasileiro. Entretanto, ainda que assim seja, retrata uma realidade reconhecida pelo próprio Ministro da Justiça, Dr. Nelson Jobim, que já declarou publicamente estar falido o sistema[216]. Por essa razão, e como resultado de nossos estudos, continuam vivas as palavras de Lemos de Britto, escritas em 1924: *"Por toda parte, Senhor Ministro, na Itália, na França, na Argentina, no Uruguay, recentemente no Peru, na Bélgica, nos Estados Unidos, na própria Alemanha nas suas reformas, esse espírito novo, que manda estudar o criminoso em vez de punir o crime, é que dá à pena um carácter de reforma, a despeito de não poder tirar-lhe uma feição intimidatória, vae desbravando o caminho a um futuro melhor, enquanto no Brasil permanecemos estacionários, como se já houvéssemos atingido a última etapa da legislação penal"* [217].

A propósito do que disse o Ministro da Justiça sobre a "falência do sistema", vem de encontro o atual presidente do STF, Sepúlveda Pertence[218], que declara em alto e bom som: *"O sistema penal fundado na pena de prisão faliu. É preciso reformular o Código Penal e criar alternativas à prisão"*. Sistematicamente transmitimos essa idéia em nossas aulas. Há, é verdade, "evidente descompasso" entre a nossa convicção e a opinião pública que, *insuflada por campanhas primárias, pede mais prisão*. Não será absurdo dizer que há certa má fé nessa falácia. E o que é mais grave: o próprio governo, em clara e evidente manifestação desse "descompasso", anuncia a construção de mais 90 presídios[219] precisa-

---

[215] Fonte: Jornal do Brasil, Rio, 20/11/94: "Mais de 30 Rebeliões".

[216] Fonte: O Globo, 22/01/95: "Jobim Reconhece: *Sistema está Falido*".

[217] BRITTO, Lemos de. "Os Systemas Penitenciários do Brasil". Rio, Imprensa Nacional, 1924, pág. 16.

[218] Folha de São Paulo, ed. 03/04/96, pág. 1-7, reportagem Eunice NUNES.

[219] O Estado de S. Paulo, 04/04/96, pág. 8.

mente no momento em que ele mesmo, o governo, admite outra vez, que *"Sistema penal do país está condenado"*. É paradoxo teratológico: investir em algo que está falido ou condenado. Não se trata de construção civil, mas de reconstrução moral e ética da Administração Pública.

As palavras de Lemos de Britto, citadas um pouco acima, nada mais são do que o quanto pregam os correcionalistas, entre os quais Pedro de Garcia Dorado Montero [220], quando apregoou a necessidade maior de se cuidar mais do homem e menos do delito por ele praticado. Se prosseguirmos perseguindo os criminosos em vez de corrermos atrás das causas da criminalidade, pouco ou nada se conseguirá. O exemplo está diante de nós. Não adianta as autoridades dizerem-se preocupadas com as revoltas[221], melhor será mudar a medicação, já que a utilizada até agora deu no que deu: o caos generalizado, inclusive com bandido garantindo a integridade física das autoridades, como ocorreu em Goiás!!!

2.4. Para Concluir

Recebemos uma cópia de documento expedido pela Secretaria de Estado da Administração Penitenciária[222], com o pomposo título: *"Perfil do Sistema Carcerário do Estado de São Paulo"*, onde se percebe que a Secretaria somente dimensionou os presos do "Sistema COESPE", não detalhando os demais, conforme se verá. Mas, antes de adentrarmos nos números em si, uma constatação: a Secretaria responsável pelo Sistema Penitenciário — não pelo presidial, que é maior — não tem estatística própria, socorrendo-se de uma fonte que não a sua. De qualquer forma, foi possível verificar o seguinte: existiam na época 71.573 presos no Estado de São Paulo, dos quais 30.899 alojados nos presídios administrados pelo Sistema Penitenciário COESPE, restando 40.674 em situações diversas, conforme se detalhará em seguida.

---

[220] "Bases Para Un Nuevo Derecho Penal", Depalma, Buenos Aires, 1973.

[221] Folha de São Paulo, 03/04/96, reportagem de Antonio ROCHA FILHO.

[222] A estatística que nos foi fornecida tem como fonte o "Senso Penitenciário Nacional", de junho de 1995, com dados coletados entre 31/03/94 e 31/03/95.

2.4.1. Unidades do Sistema COESPE

2.4.1.1. Número de unidades prisionais	41
[a] masculinas	36
[b] femininas	4
[c] masculina/feminina	1
2.4.1.2. Por regime de cumprimento	41
[a] fechado	32
[b] semi-aberto	6
[c] fechado e semi-aberto	3
2.4.1.3. Área física em metros quadrados	24.015.581
[a] construída	810.839
[b] destinada aos presos	580.080
[c] destinada à Administração	230.759
2.4.1.4. Total de funcionários	13.515
[a] administrativos	3.957
[b] segurança	9.558

2.4.1.5. Grau de escolaridade dos funcionários

[a] Primeiro grau incompleto	926	7%
[b] Primeiro grau completo	4.101	30%
[c] Segundo grau incompleto	1.882	14%
[d] Segundo grau completo	4.207	31%
[e] Terceiro grau incompleto	657	5%
[f] Terceiro grau completo	1.742	13%
[g] Com formação na área penitenciária	8.794	65%
[h] Com especialização na área	8	0,59%

2.4.1.6. Número de fugas	138 (!?)	
2.4.1.7. Relação preso/labor		
[a] regularmente empregados	12.429	40%
[b] autônomos	7.072	23%
[c] desempregados	11.398	37%

2.4.1.8. Atividades produtivas que desenvolviam (60%)		
[a] artesania	1.336	4%
[b] agropecuária	771	3%
[c] prestação de serviços	10.248	33%
[d] industrial	6.144	20%
2.4.1.9. Delitos que praticaram		
[a] roubo simples	8.201	27%
[b] furto simples	4.418	14%
[c] roubo qualificado	4.098	13%
[d] tráfico de drogas	3.158	11%
[e] homicídio simples	2.344	8%
[f] furto qualificado	1.626	5%
[g] estupro	1.254	4%
[h] latrocínio	1.237	4%
[i] homicídio qualificado	1.090	3%
[j] estelionato	752	2%
[l] atentado violento ao pudor	731	2%
[m] outros delitos	1.990	7%
2.4.1.10. Preso x Duração da pena		
[a] inferior a um ano	446	2%
[b] entre 1 e 2 anos	61	0,1%
[c] entre 2 e 4 anos	4.550	14%
[d] entre 4 e 8 anos	9.928	32%
[e] entre 8 e 12 anos	5.556	18%
[f] mais de 12 anos	9.382	30%
[g] sujeitos à M.S.	768	3%
[h] provisórios	208	1%
2.4.2. Mandados de prisão		
2.4.2.1. Cumpridos no períoso	29.407	
2.4.2.2. Não cumpridos[223]	149.306	

---

[223] Segundo informa o documento, este número é contabilizado a partir de 1976, conforme a fonte: Secretaria de Segurança Pública. É incrível a falta de seriedade. Não se consideram as hipóteses de prescrição, deixando em aberto o mandado de prisão.

2.4.2.3. Total de mandados em aberto	178.713	
2.4.3. Grau de escolaridade dos presos		
[a] analfabetos	2.408	8%
[b] alfabetizados	2.928	9%
[c] Primeiro grau incompleto	17.818	58%
[d] Primeiro grau completo	5.602	18%
[e] Segundo grau incompleto	1.063	3%
[f] Segundo grau completo	643	2%
[g] Terceiro grau incompleto	217	1%
[h] Terceiro grau completo	657	5%
2.4.4. Por Procedência		
[a] SãoPaulo	19.559	63%
[b] Bahia	2.070	7%
[c] Minas Gerais	2.064	7%
[d] Paraná	1.728	6%
[e] Pernambuco	1.656	5%
[f] Outros estados	3.707	12%
[g] Outros países	257	31%
2.4.5. Pela situação processual		
2.4.5.1. Primários sem antecedentes	9.232	30%
2.4.5.2. Primários com antecedentes	7.682	25%
2.4.5.3 Reincidentes	13.985	45%
2.4.5.4. Indultados coletivamente	1.587	5,22%
2.4.5.5. Indultados individualmente	86	0,072%
2.4.5.6. Os que retornaram por novo delito	55	0,070%
2.4.5.7. Presos que possuem história (drogas)	9.162	30%

2.4.6. Outras particularidades

2.4.6.1. Pelo sexo

[a] mulheres	30.030	97%
[b] homens	869	3%

2.4.6.2. Pela faixa etária

[a] 18 a 25 anos	9.363	30%
[b] 26 a 30 anos	6.705	22%
[c] 31 a 35 anos	5.716	19%
[d] 36 a 40 anos	3.539	12%
[e] 41 a 45 anos	1.949	6%
[f] 46 a 50 anos	960	3%
[g] mais de 50 anos	956	3%

2.4.6.3. Pela cor

[a] branca	17.246	56%
[b] negra	4.169	13%
[c] mulata	9.438	31%
[d] outras	46	0,07%

2.4.6.4. Pelo estado civil

[a] casados	5.607	18%
[b] amasiados ou semelhantes	6.705	22%
[c] solteiros	17.112	55%
[d] separados	1.155	4%
[e] viúvos	320	1,1%
[f] os que têm dependentes	18.636	60%

2.4.7. Sinopse do sistema presidial

2.4.7.1. Presos tutelados pelo Sistema Penitenciário	30.899
2.4.7.2. Condenados presos nos DPs e Cadeias Públicas	13.415
2.4.7.3. Presos provisórios	11.850
2.4.7.4. Regime semi-aberto	5.540
2.4.7.5. Penas restritivas	566
2.4.7.6. Interdição de direitos	35
2.4.7.7. Liberdade condicional	4.500
2.4.7.8. Sursis	768[224]
2.4.7.9. Soma	67.563[225]

Algumas informações devem ser adicionadas a este triste quadro. Por exemplo, no Sistema Penitenciário (COESPE), o mais bem aparelhado de todos, apenas 13% dos presos dispõem de advogados particulares. Os demais — 87% — são atendidos pelo Departamento Jurídico do Estado. Apesar de quase 50% ter direito ao regime semi-aberto, apenas 14%, ou seja: 4.262 presos exercem esse direito. Diz-se que, durante o período levantado, apenas 14 rebeliões ocorreram (março/1994 a março/1995), o que desacredita a parte boa da pesquisa. Difícil acreditar que apenas 138 evasões ocorreram no período! Estamos aceitando *ad argumentandum tantam*.

Segundo informações prestadas pelo mesmo órgão no mesmo documento, o preso custa, em média (pasmem!), R$ 16,00 por dia. Tal assertiva é de uma tal *desinformação* que chega a assustar. Ou o autor da análise microeconômica é analfabeto, ou então deverá ser contratado para administrar os gastos do Brasil, isto se os países desenvolvidos não

---

[224] Segundo a Secretaria de Administração Penitenciária, os dados referentes aos presos que estão fora do sistema foram fornecidos pelo Juízo de Execuções Criminais.

[225] Pesquisas extra-oficiais dão conta da existência real de entre 72.000 e 76.000 presos em todo o Estado de São Paulo.

o seqüestrarem antes, posto tratar-se de um gênio em matéria de economia e finanças. Na realidade, fica evidente que, não tendo números exatos, "chutaram". Esse "custo", não pode ser calculado somente em relação à alimentação como ocorreu, ao que parece. E, ainda que assim seja, então é deveras caro.

Finalmente, cumpre que se informe a situação calamitosa em que se encontram os nossos presídios, no que é pertinente às doenças, máxime as infecciosas. Dos 30.899 presos no Sistema Penitenciário, pelo menos 7% são portadores do vírus H.I.V.. Desse quadro alarmante, 364 homens e 43 mulheres com a doença já manifestada[226A]. Ainda não manifestada, 1.738 homens e 94 mulheres. Em seguida vem a tuberculose, com 289 contagiados, seguida pela sífilis com 62 casos.

Eis aí uma situação digna de análise profunda. Haveremos que repensar, e muito, sobre a problemática da prisão fechada. Ela não atende aos interesses mínimos da sociedade, não recompõe ninguém, mas destrói o pouco que possa sobrar de cada um dos que por ali passam. Este, entretanto, não é trabalho para um só homem, ou para um pequeno grupo de bem-intencionados. É preciso haver vontade política do Estado. Deve o Poder Executivo descer do palanque e "botar a mão na massa". É preciso que o Ministério Público assuma, também aqui, o papel de fiscal da lei. E é essencial que a Magistratura encare sem temor o problema do excesso populacional dos presídios, encaminhando para o cárcere apenas aqueles cuja segregação seja imprescindível. Que se aplique as normas jurídicas penais que determinam a substituição das penas, quando possível[226B].

2.4.8. Quadro Nacional de 1987

Trata-se de quadro demonstrativo de 1987 que marca o início das pesquisas, ainda incipientes, mas que já despertavam nossa curiosidade, principalmente no tocante à escassez de vagas e o número de mandados não cumpridos[227], ocasião em que se pretendeu construir pelo menos mais duas penitenciárias em cada Estado da União. Era Ministro da Justiça o professor Paulo Brossard. O documento, no particular, está bem detalhado, mas iremos sintetizar as informações, visando a não cansar[228]:

[226A] Na Penitenciária do Estado, já existe o "isolamento" que não pudemos visitar, em que pesem todas as amabilidades e a solidariedade do diretor para com a nossa pessoa.

[226B] Há os casos do artigo 44 e do parágrafo 2º do art. 66, ambos do Código Penal.

[227] A Fonte foi trabalho publicado pela Divisão de Cadastro e Processamento do Departamento Penitenciário Nacional do Ministério da Justiça em 1987, cujo exemplar nos foi fornecido pelo prof. Eduardo Muylaert, então Presidente do Conselho Nacional de Política Criminal e Penitenciária.

[228] O adiante relacionado está conforme o documento publicado.

Estado	Capacidade	População	Déficit	Superávit	Mandados
Acre	180	115		65	zero
Alagoas	525	543	(sic) 9		49
Amapá	85	259	174		NC
Amazonas	230	364	98		549
Bahia	1.424	1.559	135		N/C
Ceará	1.171	861		(?) 20	N/C
Distrito Federal	710	890	190		2.516
Espírito Santo	686	1.839	1.355		4.603
Goiás	540	1.295	808		8.000
Maranhão	232	151		81	N/C
Mato Grosso	217	1.590	1.373		1.541
Mato Grosso Sul	988	726		(?) 294	9.570
Minas Gerais	1.760	7.450	6.032		16.764
Paraíba	682	727	(?)345		N/C
Pará	445	171	(?)1.200		N/C
Paraná	1.786	5.051	3.540		22.057
Pernambuco	2.036	2.884	(?)1.063		14.483
Piauí	654	227		(?)3	N/C
Rio de Janeiro	8.504	8.766	(?) 890		80.000
Rio Grande do Norte	500	497	(?)130		N/C
Rio Grande do Sul	5.363	5.696	(?)970		6.679
Rondônia	377	565	(?)281		4.795
Roraima	72	88	16		41
Santa Catarina	788	1.271	524		4.514
São Paulo	10.795	26.400	16.206		75.053
Sergipe	496	457		(?)72	289

Em que pesem algumas contradições, não se sabendo se aritméticas ou maldosas, é possível traçar-se um paralelo da ascensão da criminalidade, tendo-se por parâmetro São Paulo. Aliás, o documento traz números gerais do Brasil: capacidade prisional: 41.250; população carcerária: 71.735; déficit: 35.770. Mandados de prisão não cumpridos 251.502. Se já eram números estarrecedores, o que dizer dos de agora? E o que é pior: as coisas tendem a se complicar mais ainda. Por tudo quanto exposto neste espaço, não é possível ser otimista.

2.4.9. Informes Recentes Sobre 1996

2.4.9.1. Breves Considerações

Causa indignação o desrespeito com que se conduz o problema carcerário entre nós. Ainda uma vez, somos colhidos, já sem surpresa, por informações prestadas pelo jornal "Folha de São Paulo", edição de 28 de maio transato, pág. 1º do Terceiro Caderno, que teve como fonte o Censo Penitenciário do Ministério da Justiça. Não fosse essa vontade férrea de lutar, seria o caso de virar as costas para tudo e retirar-se da liça, já que os inimigos, tal como o mais surdo dos seres vivos do planeta Terra, faz-se de imbecil e prossegue ostentando sua incomensurável incapacidade de administrar, mas também sua inquebrantável vontade de seguir sendo "Poder".

Com efeito, o título da matéria dá a precisa dimensão do descaso do governo central, principalmente, que é precisamente sobre quem trata o artigo, pelo problema: *"Governo não usa verba para prisões"*. Diz a notícia que o governo federal usou apenas 34% da dotação orçamentária destinada ao *"Fundo Penitenciário Nacional (FUNPEN)"*, durante o exercício passado (1996).

Dos minguados, para não dizer: miseráveis, R$ 129.100.000,00 (cento e vinte e nove milhões cem mil reais) de que dispunha o órgão, apenas R$ 43.900.000,00 (quarenta e três milhões e novecentos mil reais) foram aplicados!!! Quem cuida da aplicação dessa verba é um outro órgão cuja sigla é *"DEPEN"* (Departamento Penitenciário Nacional). Por certo, os dirigentes desse prestigioso órgão estavam, ano passado, cuidando da reeleição presidencial, — como de resto toda a máquina administrativa — alteração constitucional deveras importante, para eles, os detentores do Poder, sem a qual o país não poderia *"caminhar em busca do seu futuro"*. Isto faz lembrar um antigo tango, onde o compositor Enrique Santos Discépolo, ao tratar do século vinte, diz: *"que falta de respecto, que atropello a la razón"*. E assim — *"Cambalache"* — vamos nós ladeira abaixo, eis aí uma verdadeira radiografia dos nossos dias. Mas, para que não se fale em teorias bakunianas, teratológicas ou mesmo alarmistas, vamos aos números.

2.4.9.2. Dotação e Aplicações

Total previsto: *R$ 129.128.010,00*; gasto *R$ 43.984.934,00*, assim distribuído, com a seguinte destinação: [a] "manutenção das atividades da FUNPEN": *1.171.872,00*, gasto *R$ 493.110,00*. Apesar da sobra de recurso, pelo que fizeram gastaram muito;

[b] "Reestruturação do Sistema Penitenciário": disponível *R$ 119.065.736,00*, efetivamente gasto: *R$ 36.559.765,00*. Como premissa primeira, cumpre que se conceitue e defina o valor ontológico do vocábulo aqui empregado: *"Reestruturação"*. Seria, acaso, uma reestruturação formal, cuidando-se tão-somente da burocracia? Seria, quem sabe, a reforma dos métodos disciplinares? Não se sabe!!!

[c] "Reintegração Social": *R$ 1.185.792,00* à disposição. Efetivamente gastos *R$ 424.459,00*. O "todo" seria o valor suficiente para o pagamento inicial de um apartamento na zona nobre dos "jardins", em São Paulo, imagina-se o que foi efetivamente aplicado: o valor de um imóvel de média qualidade no mesmo local!!!.

[d] "Profissionalização de Detentos", da dotação no importe de *R$ 5.592.000,00*, foi gasta a importância de *R$ 4.850.000,00*, equivalente aproximadamente a *R$ 176,36* por preso.

[e] "Informatização do Sistema Penitenciário", da verba destinada de *R$ 2.012.000,00* foram consumidos *R$ 1.657.000,00*. Penso que assim será possível ao Estado fornecer dados precisos sobre o sistema, já que sequer se tem idéia do número de reclusos portadores do vírus H.I.V. Pessoalmente, creio que não teremos acesso aos dados, já que, se publicados corretamente, não ajudarão em muito a sustentar a balela de desenvolvimento modernizado do Estado.

[f] Finalmente, o item denominado simplesmente "Outros". Não há indícios de onde, como e por que se consumiu a cifra de *R$ 89.810,00*. Honestamente, não vemos razão plausível para qualquer crítica ou comentário. Nada que possa suscitar dúvidas ou suspeitas.

2.4.9.3. "Raio X do Sistema Penitenciário Brasileiro de 1996"

No mesmo artigo desse corajoso e sério órgão de imprensa, vem demonstrado com crueza a realidade brutal que cerca o problema presidial. Num só quadro sinóptico publica-se a situação individualizada de cada Estado membro da federação. A população carcerária; o número de vagas, o déficit e custo mensal de cada preso. Embora sobre os três primeiros itens já tenhamos falado em outra parte e sobre o último fez-se considerações em relação ao descompasso de custos entre as ONGS e o Estado. Os dados agora aqui apresentados são mais recentes, de 1996.

Os números, contestamos por entendermos contraditórios com a realidade fática do Sistema Penitenciário Brasileiro. Assim, resta apresentar-lhes apenas para fins de pesquisa, o que faremos em seguida. Porém, é imperioso reafirmar nosso ceticismo quanto aos números reproduzidos, a partir mesmo do descompasso havido entre alguns Estados, além da omissão, quiçá dolosa, de outros, que se ocultam para não declarar publicamente suas misérias, suas falências: moral e cívica. Onde está o Estado ético de que falaram Rosseau, Montesquieu e outros tantos?

Estado	Presos	Vagas	Déficit	Custo mensal por preso
Acre	?	?	?	65,80
Alagoas	?	?	?	250,00
Amapá	297	84	213	28,48
Amazonas	601	11	590	495,93
Bahia	?	?	?	?
Ceará	3.455	3.242	203	205,80
Distrito Federal	2.291	1.310	981	1.268,42
Espírito Santo	1.770	931	839	263,00
Goiás	2.628	200	2.428	305,28
Maranhão	2.405	240	2.165	424,20
Mato Grosso	1.808	1.506	252	400,00
Mato Grosso Sul	3.139	1.324	1.815	350,00
Minas Gerais	12.515	2.401	10.114	529,84
Pará	2.026	712	1.314	328,29
Paraíba	5.036	1.900	3.136	400,00
Paraná	8.160	3.264	4.536	248,00
Pernambuco	4.701	2.264	2.436	?
Piauí	551	173	378	?
Rio de Janeiro	16.460	9.323	7.145	548,32
Rio Grande Norte	?	?	?	?
Rio Grande Sul	10.914	8.889	2.025	290,14
Rondônia	1.847	721	1.126	315,00
Roraima	123	200	-77	?
Santa Catarina	3.521	2.336	1.185	274,07
São Paulo	58.778	26.446	32.332	480,00
Sergipe	1.101	669	432	303,60
Tocantins	349	40	309	124,00

Instado pelo professor Celso Antonio Pacheco Fiorillo, se dávamos crédito e validade absolutos aos informes jornalísticos, claro que devemos, em certas ocasiões, procurar outros meios de informações, além de mais pesquisar. Mas, no caso em tela, não. A fonte foi precisamente o Ministério da Justiça. Todos os números por nós publicados são sempre alicerçados em uma forma qualquer de contra-informação. Disso resulta, por certo, o temor que se apossa de mim, principalmente, quanto ao porvir não muito distante.

Ao que parece, iremos ser protagonistas de uma reedição da "Queda da Bastilha". Sintoma marcante fica por conta das manifestações populares de vários matizes. As Polícias, sempre servis, até mesmo por formação profissional, reagem até com certa violência contra o estado de coisas reinante. Os "Sem-Terra", "Sem-Teto", "Sem-Trabalho", enfim, *sem qualquer perspectiva ou esperança.*

Brincam de governar, fingem estar preocupados com os destinos do país, mas, na realidade, cuidam mesmo é de seus interesses particulares: seus feudos. Importante mesmo era alterar a Constituição para a realização da reeleição. Os problemas que aí estão ficam por conta do futuro, já que este a Deus pertence, assim sendo, cuide Ele, Deus, que é o "proprietário do futuro", de resolver. Desolado, peço desculpas aos meus descendentes pelo quadro social deplorável que irei lhes legar. Afinal, também eu sou um co-partícipe de tudo o que está ocorrendo, posto que deveria e poderia ter pelejado um pouco mais para a criação de uma nova consciência, ou como queria o poeta português José Afonso, *"Zeca Afonso",* ter ajudado *"um homem novo, sair da mata".* Mas não, se não fui completamente apático, apresentei um discurso oco, sem ressonância e contemporizador. Desculpem-me os que vierem depois de mim pela fatura social e humana deixada.

3. O CAMINHO DA REINSERÇÃO SOCIAL

3.1. Particular Introdução ao Tema Central; 3.2. Denominação Genérica; 3.3. Reeducação e Ressocialização; 3.4. Reinserção Social; 3.4.1. Etimologia; 3.4.2. Conceito; 3.4.3. Enfoque Ideológico da Reinserção Social; 3.4.4. Enfoque Estatal da Reinserção Social; 3.4.5. Finalizando.

3.1. Particular Introdução ao Tema Central

Antes de adentrar o tema central, cumpre que se esclareça a sua relevância para o Direito Penal contemporâneo. Digo contemporâneo porque não é moderno. Por grandes mutações haverá de passar antes de se tornar moderno. Diria mesmo que, sem dúvida, haverá de se abater sobre ele um cataclismo, única via, quiçá, pela qual os responsáveis pela legiferação haverão de tomar consciência da magnitude do assunto para a sociedade como um todo. Nunca é demais chamar a atenção para as palavras de Pedro David, que faz metalinguagem em trabalho de dois escritores norte-americanos[229]: *"Se ha dicho que el sistema penal de cualquier sociedad dada* (sic) *no és fenómeno aislado sujeto unicamente a sus próprias leyes especiales. Es una parte integral del sistema social total y comparte sus aspiraciones y sus defectos"*.

Seguindo na mesma linha de raciocínio, dizem aqueles outros, os norte-americanos[230] : *"Hay una paradoja en la circunstancia que el progreso del conocimiento humano haya hecho más comprensible y más solubre que nunca el problema del tratamiento penal que una fundamental revisión de la política de castigo parece más lejos hoy que nunca, por su dependencia funcional con el orden social establecido"*. Não tem sido outra nossa posição, quando tratamos da aplicação e dos executores — em todos os níveis — da pena. Não que o problema seja insolúvel, é tão-somente uma questão de vontade política, que tem faltado sistematicamente. Ainda agora, pretende-se "desativar" a Casa de

---

[229] DAVID, Pedro R.: *"El Mundo del Delincuente"*, Astrea, Buenos Aires, 1976, pág. 230.

[230] Trata-se da obra de George e Kirchheimer RUSCHE: *"Punishment and Social Structure"*. New York, Russel y Russel, 1968, pág. 207, segundo DAVID.

Detenção e para substituí-la deverão ser construídos outros 25 presídios com capacidade para 250 presos cada.

Ora, se a Casa de Detenção abriga hoje ao redor de 8.000 presos, e se o maior problema é a superpopulação, como então acomodar esses quase 8.000 em espaço construído para 6.250? Se não é má fé, é burrice. Esta também não é porque o político profissional, como é o caso do Brasil, faz carreira hereditária havendo uma nefasta transferência dos "currais" para os membros do "clã". A estranha vocação política por osmose! Então, sobrou apenas a má fé, o que é lastimável.

Desde há muito as coisas caminham dessa forma: muita divulgação e pouca produção. Não seria o caso de manter a Casa de Detenção e, por imperiosa necessidade, construírem-se os apregoados "outros" 25 presídios? Não seriam suficientes para corrigir o problema, mas demonstraria, pelo menos, um pouco de bom senso e mais critério, além de uma atitude, aí sim, de espírito humanitário, pois é absolutamente impossível que uma criatura humana possa viver num espaço físico de 60 (sessenta) cm^2 [231], quando a ONU indica pelo menos 2,42 m^2 (dois metros e quarenta e dois centímetros quadrados).

A considerar o espaço físico que o Estado proporciona ao recluso nos presídios, não se pode esperar qualquer forma de recíproca por parte deste. Em qualquer esfera das relações humanas existe esse fenômeno chamado hierarquia, que predomina entre o *líder* e o *liderado*[232], produzindo como conseqüência natural a obediência. Essa obediência, segundo Jean Jacques Rousseau [233], é o reflexo de diversos matizes. Um deles é precisamente o sentimento de *gratidão*, que é produto de uma recíproca em relação ao bem recebido. Porém, se não houve qualquer *bem* ou benefício recebido, então haverá de prevalecer a rebeldia, a indiferença, a apatia, a dissimulação, a falsidade e a deslealdade. Quiçá aí a grande aporia de toda a problemática penitenciária.

---

[231] Reportagem do jornalista João LEITE NETO, em programa jornalístico transmitido no dia 21 de junho de 1996.

[232] Na hipótese, essa relação de liderança é produto de uma situação que o "liderado" não pretendeu e tampouco estimulou. Portanto, cabe tão-somente ao "líder" se impor como tal. Essa "imposição", tendo em vista o material humano a ser liderado, deve supor profunda boa vontade na aproximação e no diálogo, já que o objeto trabalhado não é receptivo a abordagens, sendo cético a tudo e a todos. Sensível ao extremo em relação ao "não", pouco se lhe agrada o "sim" recebido. Qualquer deslize é mais que suficiente para afastá-lo do "líder", procurando refúgio no seu "grupo de iguais", de que falou August COMTE.

[233] In *"O Contrato Social"*, o autor diz das razões pelas quais o homem tende a obedecer: medo, acomodação ou gratidão. Diz o grande filósofo: "sempre um interesse".

No afã de produzir notícia, já que de prático nada realiza, volta o governo a fornecer dados estatísticos alarmantes sobre a situação dos presídios em nosso Estado[234]. Ao mesmo tempo que o artigo diz no seu título que: *"São Paulo vive situação-limite: 58 mil presos"*, número que se aceita *ad argumentandum tantum*, pois é sabido que a população carcerária, no geral, oscila ao redor de 70 mil presos. Entretanto, diz o entrevistado não acreditar na possibilidade de haver presos com penas vencidas[235]. Não merece crédito a "crença" do esforçado Secretário da Administração Penitenciária[236A]. Menos por sua inexistente má-fé, já que conhecemos seu caráter ilibado e integridade moral inconteste, mais pela barafunda burocrática implantada na Administração Pública, que foge ao controle do dirigente e cai em descrédito total.

Mas, ainda que não houvesse um só preso com pena vencida, seria necessário encarar-se o problema da quase total ausência da *"progressão"*. Só o exigido exame criminológico está demorando entre seis e oito meses. O Conselho Penitenciário está julgando, não raro, com outros tantos meses de retardamento. E diz o ilustre Secretário para o jornalista: *"Do jeito que está, não podemos continuar"*!! Se a classe governante assim reage, imagine-se o interessado direto: o preso, o que pode e deve dizer do falido sistema.

Destarte, diante de tal quadro, não há ambiente propício para nada. *Reeducação?* Que comece pela classe dirigente que, como já se viu, é completamente despreparada. *Ressocialização?* Idem, idem com a mesma data. E, nesse compasso, nem pensar na tão decantada e almejada *reinserção*. Afinal, quando há *liderança* (composta por aqueles que formam o plantel do governo) é displicente, retrógrada e incompetente [236B], portanto ingrata, os *liderados* ficam desobrigados de qualquer forma de colaboração, antes, durante ou depois. Antes, porque vêm de um meio social sobre o qual já discorremos. Durante, porque estão ali para nada,

---

[234] Artigo assinado pelo jornalista especializado na área criminal Percival de SOUZA, publicado no Jornal da Tarde, pág. 17-A, dia 10/04/96.

[235] Não foi o que disse o foragido *Osmani Ramos*, em entrevista concedida à TV GLOBO e transmitida pelo "Fantástico" recentemente, cuja afirmação não foi desmentida até agora. O governo contra-atacou solicitando o apoio dos órgãos internacionais, no sentido de recapturar o tristemente célebre médico-meliante. Que papelão: *"acreditaram!?"* na história do eventual ingresso do delinqüente no IRA!!!

[236A] Trata-se do Dr. João Benedito de Azevedo MARQUES, que no governo Montoro foi coordenador da COESPE.

[236B] Em nível pessoal não consideramos o atual secretário, Dr. João Benedito de Azevedo MARQUES, nenhuma das três coisas. Apenas alguém que "está" governo, não "é" governo, já que nada pode.

salvo para verem-se segregados. E depois, porque sua permanência no presídio em nada colaborou para o tão necessário câmbio nas relações sociais entre o meliante e a sociedade.

Atrevemo-nos a dizer mais. Dizer serem lógicas, legítimas e racionais as atitudes ou movimentos de insubordinação e insurreição desse segmento de *"liderados"*. Afinal, se lhes negam direitos comezinhos como o "espaço vital" [237], já que 60 cm^2 *per capita* não chega sequer a ser piada de humor negro. Afinal, essas pessoas perderam tão-somente o direito de *ir e vir*, mas o de *ficar*, não. Este está mantido, já que nosso sistema normativo não conhece a pena de antanho: de *enterrar vivo o criminoso*. Refuta-se logo qualquer insinuação de estar realizando os tipos penais descritos nas proposições jurídicas encontradas nos artigos 286 e 287 do diploma substantivo repressivo. Só é credor do respeito alheio quem tem a recíproca para oferecer. *In casu*, definitivamente, não há nenhuma barganha. Vive-se a maldita dicotomia: *crime e castigo*. Nem mesmo Fiodor Dostoievsky [238], percebeu em tal profundidade quão perverso é o mundo dos homens, principalmente dos que detêm o Poder, e que, mesmo podendo, nada fazem.

Inquestionável que se vive, nesta quadra do tempo, uma situação ímpar, onde homens julgam homens, olvidando entretanto, que, apesar dos crimes que estes hajam praticado, são pessoas humanas. Se quisermos a *reinserção social* desse contingente humano, ou pelo menos de parte dele, teremos que, como primeira e principal providência, devolver-lhe o respeito que lhe tem sido subtraído. Falta-se-lhe com o respeito sob todas as formas e de todos os matizes.

Sem fazer tábula rasa, os que podem, e devem, decidem com frieza maléfica e sem qualquer resquício de sensibilidade. Não há trabalho nos presídios, mas, em contrapartida, criam-se leis que recrudescem a pena antecipada, na figura grotesca das prisões processuais, cada vez mais em voga, que desrespeitam frontalmente a Constituição Federal [239], quando diz: *"Ninguém será considerado culpado até o trânsito em julgado de sentença penal"*. Assim, somos devolvidos ao que escreveu aquele jesuíta

---

[237] Este o mote do nazismo para a ocupação indiscriminada dos países vizinhos. Era a teoria do "liebhauser", tão apregoada naquela época negra da Humanidade.

[238] "Crime e Castigo", uma entre as doze obras escritas pelo grande escritor russo.

[239] Vide inciso LVII, do artigo 5º.

lusitano que aqui viveu e morreu[240] : *"Antes quisera ver-me acusado do demônio do que julgado pelos homens, porque os demônios acusam apenas as obras e as palavras, ao passo que o homem julga e condena até os mais íntimos pensamentos, muito embora não os possa conhecer; ao juízo de Deus, as nossas boas obras defendem-nos, no juízo dos homens o maior inimigo que temos são as nossas boas obras... Um grande delito muitas vezes achou piedade; a um grande merecimento nunca lhe faltou a inveja. No juízo de Deus perdoam-se os pecados como fraquezas; no juízo dos homens, castigam-se as valedias como pecados. Deus vos livre de vossas obras, e muito mais das grandes, pois muito mais seguro é ir com pecado ao juízo de Deus, que com milagres ao juízo dos homens. Em Deus há misericórdia, na inveja não há perdão"* [241].

O trecho acima é longo, reconheça-se, mas vale por tudo quanto valora, concernente ao relacionamento humano. A falta de compreensão e piedade é regra absoluta naquele meio, e em outros tantos segmentos, de convivência social, principalmente para os "desviados"[242]. E, com razão, há de se dizer agora, passados mais de 300 anos. Deus nos livre daqueles reacionários, que prosseguem interpretando a pena como *"mal justo"*, antídoto milagroso e solução absoluta para o combate ao *"mal injusto"*. Mais que isso: não conseguem vislumbrar nela suas maléficas conseqüências para o seu escopo. Não dando crédito à reabilitação do indivíduo que um dia delinqüiu, dificulta-se sobremaneira a sua reinserção no convívio social. O preconceito, como regra geral, nunca foi bom ajudante, imagine-se, então, quando essa idiossincrasia alcança foros de perseguição. Imagine-se, então, quando há excesso, como no caso do egresso, a quem tudo ou quase tudo se nega em homenagem — ou represália — ao seu passado. Cumpre rever, repitamos, esse nefasto instituto criado por José Fouché: *"Antecedentes Criminais"* [243], que somente

---

[240] Antonio VIEIRA, sacerdote da Companhia de Jesus, nascido em Lisboa em 1608, vindo ainda criança para o Brasil, onde morreu em 1697. Foi ele o mais vibrante e brilhante orador da Língua Portuguesa.

[241] Trecho do "Sermão da Segunda Dominga do Advento". Gentilmente cedido por Dr. Paulo José da COSTA JÚNIOR, de sua biblioteca particular.

[242] Da doutrina ibérica "conduta desviada" é aquela adotada pelo meliante.

[243] Foi o todo-poderoso Ministro da Polícia de Napoleão Bonaparte, tendo criado um imenso "arquivo" sobre a vida das pessoas, com o que fazia prevalecer sua vontade pessoal ou a da classe dirigente de então. Leia-se a biografia romanceada escrita por Stefan ZWEIG.

serve ao Estado, visando reforçar ainda mais o conceito de "Vigiar e Punir" de que fala Michel Foucault, sem qualquer preocupação epistemológica ou mesmo empírica com o *corrigir e reinserir*.

3.2. A Denominação Genérica

Não constitui tarefa fácil explicar qual a denominação correta ou mais apropriada para o tema eleito. Assim, para os juristas lusitanos melhor a aqui adotada "reinserção". Tanto para os tedescos quanto para o ibéricos, a "ressocialização". De maneira mais ao estilo da Escola Clássica, os italianos preferem a "reeducação". Iremos demonstrar, na medida do possível, que a *reinserção social* representa o coroamento do bom trabalho que se realizar na *reeducação* ou *ressocialização*.

Em relação às duas últimas, não há regra fixa para o uso dessa ou daquela denominação. Ainda agora, relembro José Anton Onega [244], que citando Von Liszt, afirma dar-se a reeducação, entre outros meios, pelo labor constante do preso, que evita a ociosidade[245]. O espaço aproveitado versa sobre os fins da pena, mas nem por isso deixa de servir como parâmetro.

Logo no primórdio do Governo Montoro, o então Secretário de Estado dos Negócios da Justiça[246], Dr. José Carlos Dias, inseriu o termo: *"reeducando"* para o fim de anunciar o(a) recluso(a). Entretanto, durante a tumultuada gestão do bem-intencionado Secretário, houve violenta rebelião na Casa de Detenção, que resultou na queda do ilustre criminalista. Junto com ele, a denominação. A nosso modesto juízo, a terminologia empregada não era das mais felizes, já que nivelava todo aquele contingente de doentes sociais por baixo, o que é pelo menos injusto.

Em que pese não ser aquele termo o tratamento mais adequado, não é possível negar que os atuais são infinitamente piores: *preso, recluso* ou *detento*. Não vislumbrando respeito algum ao recolhido, não induz, de resto, a qualquer forma esclarecedora da finalidade da pena. As-

---

[244] Anton ONEGA, José in *"Derecho Penal"* 2ª edición da Editorial Akal, 1986.

[245] Na párina 511 da obra acima: "La reeducatión. La pena se propone no tanto la enmienda moral o enderezamiento de las intenciones del delincuente, difícil de lograr, como la corrección civil (LISZT), convirtiendo al reo en cooperador normal a la vida colectiva, creando hábitos de trabajo y disciplina en los que delinquieron por ociosidad y mala vida".

[246] Até então, o sistema penitenciário era administrado pela Secretaria de Estado dos Negócios da Justiça. Somente em 1992, após o tristemente célebre "Caso do Carandiru", foi criada uma secretaria própria. No governo COVAS, houve junção e posterior desdobramento.

sim tratado, esse exército de *Jeans Valjeans* [247A], se vê abivacado [247B]. Recolhidos nos cárceres de vários matizes, na realidade, transformados — fática e formalmente — em pessoas objetos, que têm como escopo único assistir a um martirizante exercício cronológico, sem qualquer perspectiva de câmbio nas suas já desgraçadas vidas, socialmente vegetativas. Tampouco se cumpre a lei, garantindo o direito ao trabalho[248].

Ainda nessa linha de raciocínio, vale reler o pranteado Edgar Magalhães Noronha [249] quando diz: *"A recuperação do homem há de ser feita pela laborterapia. Qualquer estabelecimento penitenciário sem trabalho torna-se antro de vício e perversão. Como readaptar indivíduos que passam os dias de braços cruzados, dormindo ou entregues a distrações, sem o meio educacional do trabalho?"*

Para outros autores, entre eles Paulo José da Costa Júnior, além da laborterapia, que é colocada em nível de Política Criminal, pelo artigo 126 da LEP, poder-se-ia implantar também a remissão da pena pela via transmissiva de escolaridade do preso que assim pretendesse, o que já vem ocorrendo na Espanha, conforme noticia Enrique Arnanz Villalta[250].

O autor hispânico acima mencionado, profundo conhecedor do sistema penitenciário, nos dá conta de várias experiências realizadas diretamente no universo do problema, na sua gênese e no seu *habitat*. Ao encerrar sua monografia [251], diz alto e bom som: *"Este libro es fruto del trabajo de una experiencia sociocultural penitenciaria, que está empezando a dar resultados y que lanza un grito a los cuatro vientos: lo peor de muchas prisiones no es sólo la privación de la libertad sino las condiciones en que se da tal privación, sobre todo el estar los internos todo el día tirados en el patio y sin hacer nada. — El trabajo y la acción cultural puedem suponer un cambio radical del tiempo penitenciario. En cualquiera de los casos, es un derecho del interno y no un favor del Estado".*

[247A] Personagem central do romance de Victor HUGO *"Les Misérables"*.

[247B] BIVAQUE: acampamento ao ar livre, sem proteção contra as intempéries.

[248] Nesse sentido leia-se Heleno Cláudio FRAGOSO, *"Lições de Direito Penal"*, págs. 309/310.

[249] No mesmo sentido Paulo José da COSTA JR.: "Direito Penal", 23ª Ed., Saraiva, pág. 229.

[250] Na Espanha há um trabalho que vem sendo desenvolvido desde algum tempo com a denominação "acción sociocultural". Ao que foi dado pesquisar, funciona nos presídios de Jerez de La Frontera, Monterroso, Oviedo, Segovia, Turiel e Valência.

[251] *"Cultura y Prisión - Una experiencia y un projecto de acción sociocultural penitenciaria"*. Editorial Popular S.A. Madrid.

Lendo o Código Penal do Paraguai[252], deparamos no artigo 71 com a seguinte redação: *El condenado a penitenciaria costeará de su propio peculio su manutención dentro del cárcel. El Estado, salvo caso de enfermedad u otra fuerza mayor debidamente justificada, que inhabilite para el trabajo, no sumistrará al penado más que medio kilo de pan y agua diariamente. Pero la Dirección del establecimiento carcelario estará obligada a suministrar al condenado, segundo sus aptitudes, una ocupación hábil con que prover a su subsistencia durante su reclusión".* Segundo o autor, esta é alteração produzida pela *"Lei 210 Penitenciaria".* Infelizmente, não reproduziu o texto da lei mencionada[253].

De qualquer forma, vê-se a crueza com que o Estado trata seus encarcerados. Se cumprir a parte final da norma jurídica, tudo bem. Afinal, também nós somos ferrenhos apologistas da laborterapia. O risco está em não se dar ocupação ao preso e, ao final, matá-lo de inanição. Não se pode esquecer, jamais, que vivemos na doente América Latina, onde os detentores do Poder são, em grande parte, vingativos, carrascos e desumanos. Somente se lembram dos "Direitos Humanos" quando os destinatários são eles próprios. A história está aí, viva e atual [254], onde dois criminosos custam ao Estado mais do que três centenas de outros presos. Ou seja, os pouquíssimos privilegiados e os outros, que constituem a absoluta maioria, silente e sem qualquer forma de perspectiva.

Não tem sido outro o nosso discurso: se cumprirem a lei no que é pertinente ao trabalho, já estaremos andando para a frente e não em círculo, como vem ocorrendo desde antanho. Também aqui o trabalho é direito do recluso. Com efeito, já no artigo 39 do Código Penal pátrio, a primeira manifestação. Mas não só. Também a LEP, nos incisos V e VI do artigo 41, a orientação é a mesma. Falta apenas que o Estado cumpra minimamente, para não se exigir um "integralmente", sua parte. Em não fazendo, prejudica direitos líquidos e certos, além de elementares, do

---

[252] Trata-se de obra recente, em 3ª edição, comentada por Tadeo Rodriguez BOCCIA, publicada em 1994 pela Editorial El Constitucionalista.

[253] A obra mencionada parece ser congênere de algumas que temos aqui, o título é: "CODIGO PENAL, Actualizado Concordado y Comentado" (sic). Entretanto, os comentários são absolutamente pragmáticos e sucintos, não oferecendo muitas explicações.

[254] Para exemplo, cita-se o caso do Gal. Contrera e um outro, acusados de mandantes na morte do ex-ministro Lethelier, fato ocorrido na cidade de Washington, quando este ali se encontrava como exilado político, já que ex-ministro do governo de SALVADOR ALLENDE.

apenado, devendo, até mesmo, responder judicialmente por isso[255]. De qualquer forma, percebe-se pelo acima reproduzido que o problema não é só nosso, embora aqui se apresente alarmante e de proporções astronômicas e catastróficas.

Não se pode esperar progresso algum num universo repleto de ociosidade, já que ali só se alimentam os vícios, como de resto criam-se possibilidades reais à prática de ações negativas, como foi o caso da recente e inusitada fuga de 51 presos, ocorrida na Casa de Detenção de São Paulo [256], que conseguiram cavar, de dentro para fora, ou dos dois lados concomitantemente, conforme disse o diretor da Casa, em entrevista para a revista "Isto É", um túnel com aproximadamente 100 metros de extensão, 3 de profundidade e 60 centímetros de largura[257]. Onde foi parar todo o entulho retirado? Sobre a corrupção já se tratou em outra parte e não vale a pena repisar[258]. Mas que houve, houve. Lamenta-se apenas a situação em que foi colocado o atual diretor daquela Casa, que é, indubitavelmente, um homem de bem[259], sempre voltado para um trabalho sério e bem-intencionado.

De qualquer forma, se os "presos" estivessem trabalhando, ou ocupados de alguma forma, por óbvio não teriam tido tempo para empreitada de tão complicada engenharia: *"As autoridades classificaram o túnel como 'uma obra de engenharia perfeita'[260] de grande ousadia e risco pessoal"*. Irônico nisso tudo é o fato de a fuga ter sido engendrada a partir da sala de laborterapia, no Pavilhão 7, conforme informa a matéria, no que é referendada pela sua congênere "Veja" da mesma semana. Não haverão de deixar passar em branco, os inimigos da reinserção social, essa circunstância: fuga do local onde deveriam estar trabalhando para demonstrarem estar no caminho da reintrodução! Mas, ainda que assim

---

[255] Se tiver a oportunidade de trabalhar, o preso terá direito a perceber salário compatível, bem ainda os benefícios da Previdência Social, se é que esta tem trazido algum benefício. Mais que isso, será alcançado pelo instituto da remissão (art. 126), o que resultará em diminuição do tempo de pena a cumprir. Isto para ficar somente em dois itens, e sem adentrar nos pressupostos da reinserção social, que é o nosso tema de fundo.

[256] Fato ocorrido entre os dias 7 e 8 de maio de 1996.

[257] Revista "Isto É", ed. nº 1.389, de 15 de maio de 1996, pág. 25.

[258] Texto explícito da revista "Veja", ed. nº 1.444, de 15 de maio de 1996, págs. 32/33: "A própria Secretaria da Administração Penitenciária do Estado reconhece a possibilidade de que agentes penitenciários tenham colaborado com a fuga".

[259] Trata-se do Dr. Walter Hoffgen, anteriormente diretor da Penitenciária do Estado.

[260] Palavras textuais da reportagem. No mesmo espaço, diz um detento recapturado (*Rodnei Fernandez Nascimento*): *"Não me levem a mal, mas foi coisa de cinema mesmo"*.

tenha sido, é de se indagar: onde estiveram os agentes responsáveis pela segurança durante todo esse tempo, já que o túnel não foi cavado de uma só vez?

Eduardo Augusto Muylaert Antunes, quando presidente do Conselho Nacional de Política Criminal e Penitenciária[261], no Governo Sarney, que tinha como Ministro da Justiça o Prof. Paulo Brossard, conforme já foi informado, visitou Cuba, tendo elaborado excelente relatório sobre os presídios daquele país. Precisamente no tópico 5, escreve sobre a "Reeducação Penal". Claro que tudo não passou de uma crise de utopia de alguém bem-intencionado, afirmação que se faz em homenagem à verdade e à lealdade de princípios.

Entre nós, ninguém está verdadeiramente preocupado com a *reeducação*, ou com qualquer outra atividade que diga respeito à *reinserção* do condenado. Apenas estão preocupados, ou dizem que estão, em aumentar o número de prisões, na elaboração de leis cada vez mais virulentas e arrestos humanos cada vez maiores. Prova disso está nas últimas deliberações dos governos: estadual e federal. Embora em campos distintos, deixam clara a verdadeira propensão dos governantes[262].

Por tudo isso, consolida-se desgraçadamente entre nós a afirmação bicentenária de que a pena é tão-somente uma *retribuição* ao mal causado, o que não tem sido a regra fixa, já que alguns pouquíssimos apaniguados recebem tratamento diferenciado, ficando a pena, para esses bem-nascidos do sistema desigual, sem qualquer efeito. O encarceramento não ocorre nem mesmo em tempo da vigência da condenação. Basta ver o ocorrido em Alagoas, onde um condenado da Justiça foi assassinado em *"sua casa de praia"* em pleno final de semana. O noticiário nacional e internacional dispensou largo espaço à matéria sobre o assunto, já que envolvia, quiçá, o mais fa-

---

[261] Na ocasião, após o término do governo Montoro, Muylaert assumiu o cargo, tendo apresentado diretamente ao Ministro Brossard seu trabalho.

[262] Decidiu-se pela desativação da Casa de Detenção de São Paulo, sob a alegação de superpopulação, construindo-se outros nove presídios, com capacidade para 600 presos cada um. Portanto, a superpopulação não será resolvida, já que existem, segundo disseram, 6.800 presos na Detenção, número que não reflete a realidade fática, e a construção acomodará apenas 5.400. Além do mais, sobre o endurecimento, a Lei n. 9.271, de 17 de abril de 1996, que altera o artigo 366 do CPP, aumentando uma hipótese de imprescritibilidade. Anteriormente, somente duas outras, definidas pela Constituição Federal. Com tal norma jurídica, retrógrada e em desconformidade com a nossa realidade, volta-se para antes de BECCARIA!

moso de todos os criminosos do país. Talvez por isso recebesse ele tantas regalias[263].

O texto escrito por Muylaert nos empresta suporte para demonstrar que a denominação, seja qual for, não aceita regra fixa, nem se pode dizer seja esta ou aquela a mais apropriada. Com efeito, trata-se somente de uma proposta de trabalho preparatório para a reinserção, do meliante no contexto social de onde fora retirado. Em certo momento lê-se: *"A política de reeducação penal apregoada se baseia em três elementos fundamentais, trabalho socialmente útil, trabalho político-educativo e regime penitenciário"*. Interessa pouco saber em que consiste cada um destes itens. Importante é realçar o uso da palavra *reeducação*[264].

Nossa legislação específica[265] vincula o labor à reeducação. À evidência, se o recluso aceitar o trabalho normalmente, a ele se afeiçoando, por via de conseqüência há de se supor que sua ressocialização estará ocorrendo e, fatalmente, estará reinserido no meio social convencional, quando for liberado, desde que, aqui fora, haja uma infra-estrutura a respaldar-lhe os primeiros passos. A esta altura, há que repensar sobre o uso nefasto e indiscriminado dos "antecedentes criminais", sobre o que já discorremos em outras obras.

O que não se pode pretender é a obrigatoriedade do trabalho ao recluso, sem antes fazê-lo passar por teste vocacional. E mais. Não se pode impor trabalho a quem quer que seja, já que a pena de "trabalho forçado" não está inserida no contexto constitucional, nem sequer na lei ordinária substantiva. Nesse particular, convém relembrar os ensinamentos do Prof. Dirceu de Mello, para quem tal imposição é ilegal. Já, para Mirabete[266] : *"Não se confunde, assim, com o trabalho espontâneo e contratual da vida livre, já que entra no conjunto dos deveres que integram a pena (66)"* [267]. Nem seria necessário dizer que ficamos com as assertivas do primeiro, já que sensata e criteriosa. E, de

---

[263] E, mesmo aqui a regra não é geral. Com efeito, texto do julgado do Superior Tribunal Criminal da Espanha diz: *"la identidad de supuestos de hecho debe acompañar identidad en los efectos o consecuencias jurídicas"*. Fonte: "Teoria de la pena", Jacobo López Barja de QUIROGA, Akal/Iure, Madrid, 1990.

[264] Tive a felicidade de ser aquinhoado com uma cópia desse excelente trabalho, que guardo para pesquisas.

[265] Trata-se do artigo 28 da LEP, que tem a seguinte redação: "O trabalho do condenado, como dever social e condição de dignidade humana, terá finalidade educativa e produtiva".

[266] MIRABETE, Julio Fabrini, *in "Execução Penal"*, Atlas, 1994, págs. 102/103.

[267] Menção à publicação da Revista dos Tribunais 492/424, da lavra de Negi CALIXTO.

resto, o próprio Mirabete se socorre de outro autor para não firmar convicção pessoal.

Não se pode pura e simplesmente, até mesmo por imperativo normativo, descartar a utilidade da educação, ou reeducação, salvo se quisermos seguir na trilha da hipocrisia, que se dispensa no tratamento do preso em vias de *reinserção*. Entre 25 e 29 de abril de 1988, aconteceu em Barcelona um evento denominado: *"Jornadas sobre la Formación de Educadores y Agentes Socioculturales"*, tendo ali se produzido um documento, cujo trecho se transcreve nesta oportunidade: *"Toda acción educativa debe dar por supuesta la relación existente entre la política socioeconómica y las respuestas educativas que deben ser previstas como consecuencia de las nuevas realidades sociales que estas generan"*[268].

Não se espere dessa "educação" que aqui se apregoa algo do tipo convencional, proporcionada aos que estão em liberdade e, conscientemente, escolhem seus caminhos. A condicionante principal, pensamos, está no interesse imediato à libertação do preso. Pouco ou nada resolverá um ensino desprovido de pragmatismo consciente.

Deverá ela estar voltada prioritariamente para o labor. Ensino profissionalizante, pensamos. Ao mesmo tempo, devem os "educadores penitenciários" trabalhar no sentido de transmitir ao preso a importância prática de se organizar como membro de uma sociedade aberta[269], não aquela em que ele se encontra, onde o direito de opção inexiste, já que o sistema de vigilância tem fortes pendores ao militarismo autoritário. Nesse sentido, Enrique Arnanz preleciona: *"La acción educativa penitenciaria, sobre todo en los segundo e tercero grados, debe tender a reforzar la capacidad de auto-organización de propio sujeto..."* (grifo nosso)[270].

Em seguida, critica virulentamente o sistema penitenciário espanhol, dizendo: *"Sin embargo, el sistema penitenciario español actual, está haciendo del interno un sujeto absolutamente vago"*. Por óbvio, o ilustre autor ibérico não conhece o nosso sistema, pois se tivesse infor-

---

[268] Conforme Enrique ARNANZ, in *"Cultura y Prisión"*, Editorial Popular S.A., Madrid, 1988, pág. 47.

[269] Ao que fomos informados, quando de nossa estada em Lisboa, visitando o IRS, há na Bélgica um estabelecimento presidial que aboliu a cozinha. Remuneram o recluso e o orientam sobre a quantidade de alimentos que deve adquirir para seu sustento durante a semana. Não mais que isso. Se quiser, poderá comprar todo seu recurso pecuniário em chocolates, mas passará fome o resto da semana, já que não se permite qualquer forma de trocas ou favorecimentos outros. Infelizmente, não pudemos averiguar *in loco* os resultados dessa experiência, que parece muito boa.

[270] Obra citada, pág. 48.

mações daqui, haveria de elogiar, apesar de tudo, em lugar de criticar, para melhorar, o que ali existe. Há na Espanha, hoje, uma grande preocupação dos intelectuais do ramo em relação ao problema penitenciário. O mesmo é possível dizer-se de Portugal[271], onde a questão encontra apoio efetivo do Ministério da Justiça. Voltaremos oportunamente ao tema, para discorrermos sobre Portugal e o trabalho que ali se desenvolve.

3.3. Reeducação e Ressocialização

Cumpre, antes de discutir a "Reinserção Social", que se demonstre o uso indistinto da terminologia "Reeducação", "Ressocialização", distinguindo esta daquela. Na medida do possível e sem pretender assumir a propriedade da verdade, é o que se fará de agora em diante.

A rigor, não nos agrada nenhum dos dois termos empregados, já que não se pode afirmar, com certeza, sua veracidade na conjuntura social de cada recluso. Os dois são agressivos, posto que "reeducar" pressupõe dar educação novamente. Ora, será que o recluso recebeu educação apropriada, no tempo preciso? E mais. Qual o conceito de *educação* para o sistema penitenciário? Se utilizado para esse fim. Estariam, acaso, *"educados"* os próprios agentes e funcionários para desempenharem a função que exercem? Pelo que se vê, não. É claro que a regra guarda certa exceção, mas no caso em debate esta é mínima.

A aceitar o censo apresentado, deve-se ter presente um forte conteúdo de empirismo no trabalho diuturno com o preso por parte desse material humano, de regra sem preparação técnica para a missão a desenvolver. A tônica no relacionamento é a anteriormente dita: sistema de obediência cega, do tipo militar, onde o respeito às regras se impõe não pela conscientização, mas pela ameaça e, do outro lado, pelo temor ou pela picardia que o universo do cárcere lhe transmitiu.

Vista a questão da denominação pelo primeiro vocábulo, *reeducação*, cumpre agora que se discuta o segundo, *ressocialização*.

Espinoza[272] nos dá conta da existência de três correntes doutrinárias, constantes de três teorias principais. A primeira entende ser o delinqüen-

---

[271] O IRS — Instituto de Reinserção Social, sobre o que se falará logo mais.

[272] Alejandro Solis ESPINOZA, in *"Ciencia Penitenciaria"*, Editorial e Imprenta DESA S.A., Lima, Peru, 1986. Trata-se de professor de Derecho-Psicologico, Ciencia Penitenciaria y Criminologia na Universidad Nacional Mayor de San Marcos, fundada em 1551, portanto a mais antiga da América do Sul.

te pessoa passível de tratamento psiquiátrico, posto tratar-se de indivíduo *"... con ciertas limitaciones somáticas, psiquicas o sociales"*[273]. Dentre as linhas doutrinárias nesse sentido, cita o "Correcionalismo", a "Defesa Social" e a "Pedagogia Criminal".

Percebe-se que, na prática, as duas primeiras denominações nem sempre, ou quase nunca, traduzem fielmente a realidade. Modernamente, não se questiona ser o ideário teórico da "Defesa Social" um prolongamento do antigo "Correcionalismo". Atualmente, Marc Ancel, na França, anteriormente Filippo Gramatica[274], na Itália, respondem pela modernidade do que se convencionou chamar de "Defesa Social"[275]. Já a última "Pedagogia Criminal", visa mais a questão educacional. Palavra originária do grego: *paedagogia*, que quer significar método de educação, ou ciência do ensino, conforme nossos dicionaristas. Portanto, empiricamente, pode-se utilizar indistintamente qualquer das duas sem muita preocupação[276]. Diferentemente é a teleologia do termo "Reinserção", conforme se verá mais adiante. Sinteticamente, tem-se que há uma cronologia a seguir, partindo-se da *"reeducação"*, passando-se pela *"ressocialização"* e, aí sim, a *"reinserção"*.

Uma outra corrente trata a problemática da pena como medida que castiga para "ressocializar". São duas as teorias que a alicerçam: a "Psicanalítica" e a "Marxista". A propósito, sobre a primeira há uma obra de Luis Jiménez de Asúa[277], oportunidade em que o autor interpreta os trabalhos de Freud e Adler, em relação ao delito e à pena que o Estado tem o "direito" de aplicar.

Finalmente, a última daquelas correntes apresentadas pelo autor peruano Espinoza: trata-se das teorias que explicam a necessidade da "ressocialização", visando amenizar o conflito homem-sociedade. Estas teorias são: "Ressocialização Legal", "Teorias das Expectativas" e "Teoria da Terapia Social Emancipadora". A rigor, tratam a questão calcadas

---

[273] Obra citada na nota 272, pág. 29.

[274] "A Nova Defesa Social", Forense, 1979. *"Principios de Defensa Social"*, Editorial Montecorvo S.A., Madrid, 1974.

[275] Veja-se *"Principios de Defensa Social"*, Editorial Montecorvo S.A., 1974, de Filippo GRAMATICA, e *"A Nova Defesa Social"*, Forense Ed., 1979, de Marc ANCEL, este prefaciado por Heleno FRAGOSO.

[276] Empiricamente, não há motivo para preocupações quanto ao emprego desses vocábulos: *ressocialização ou reeducação. Todavia, se o trabalho visa alcançar um teor epistemológico, aí sim, há que diferenciar.*

[277] "Psicoanálisis Criminal", Editorial Losada S.A., Buenos Aires, 1947.

no seguinte fundamento: o delito não é somente uma responsabilidade do cidadão delinqüente, mas também da comunidade em que os fatos se desenrolam[278]. Despisciendo reafirmar que sempre fomos partidários dessa tendência. O homem é produto do seu meio social e, se ali não vive bem, então se insurge transformando-se em um *desviado*. Já Rousseau dizia que o homem nasce bom e a sociedade o contamina. Ao inverso, pensava Thomas Hobbes, em cuja obra póstuma defende ser a sociedade um instrumento de correção para as distorções do caráter do homem[279].

É fundamental, todavia, que haja vontade política, já se disse, na elaboração e realização de um programa com um mínimo de segurança e sustentabilidade. Não se pode admitir o discurso surrado que lemos e ouvimos diuturnamente. Como já tivemos oportunidade de referir, à guisa de melhorar o "Sistema Penitenciário", querem-nos convencer que é necessário "desmanchar" o que denominam de "Complexo Carandiru", que inclui os nove pavilhões da Casa de Detenção, a Penitenciária do Estado, o Presídio Especial da Polícia Civil, a Penitenciária Feminina e o Centro de Observação Criminológica — COC, feito presídio. Acreditamos nas boas intenções do atual Secretário dos Negócios da Administração Penitenciária do Estado, mas não podemos crer seja essa a melhor solução. Afinal, há um débito social de presídios, que ultrapassa em muito a ordem de 100%. Então, como explicar a desativação pura e simples do "complexo", onde estão instaladas nada menos que quatro unidades, sendo uma delas das maiores do mundo[280].

Mas, como bem diz Lopes Rocha[281]: *"Apesar de tudo, esta tarefa não nos parece irrealizável, e se a reabilitação dos delinqüentes tem sido considerada como um direito dos mesmos, também nos parece um dever da sociedade"*. Haverá de surgir o momento em que o bom-senso prevalecerá, quando se entenderá quão profunda é a problemática do

---

[278] Veja-se ESPINOZA, entre outros, principalmente os seguidores da "Defesa Social", podendo-se citar, entre nós, Heleno FRAGOSO e Willian Wanderley JORGE.

[279] "O Contrato Social" e o "Leviatã".

[280] No "Complexo Carandiru" encontram-se: a Penitenciária do Estado, abrigando 1.900 presos, a Casa de Detenção, com seus nove pavilhões e seus quase 8.000 reclusos, o Presídio Especial da Polícia Civil, com 120/140 presos, a Penitenciária Feminina, com uma população carcerária de 379 reclusas e o COC — Centro de Observação Criminológica, com aproximadamente 500 recolhidos. Este último nunca tinha sido usado como presídio regular, sempre como "presídio de trânsito", para atender os merecedores de exame criminológico. Dados de setembro/1994.

[281] ROCHA, Manoel Antonio Lopes. *"A Reinserção Social do Delinqüente: Utopia ou Realidade?"*, IRS, Lisboa, setembro/1983, pág. 83.

sistema "penitenciário", no particular, e "presidial" no geral e a premência de soluções sérias e eficazes. Fatalmente, haveremos de entender que o "tratamento do preso" não pode ser tão-só um discurso lacônico. Nesse sentido, aproveita-se o autor antes citado: *"Em primeiro lugar, é freqüente que a palavra tratamento oculte o mais completo vazio e não passe de uma etiqueta nova para a velha mercadoria da pena aflitiva"*[282].

Sem qualquer forma de comprometimento, vamos aproveitar o texto de Mapelli para definir o vocábulo *"Ressocialização"*. *"Un principio fundamental de humanización de la ejecución de las penas y medidas privativas de libertad en virtud del cual éstas deben adaptarse a las condiciones generales de vida en sociedad (principio de atenuación) y contrarrestar las consecuencias dañinas de la privación de libertad (principio de nil nocere)"*[283]. Nosso descomprometimento surge precisamente da constatação de que, embora a humanização seja o princípio epistemológico fundamental da "ressocialização", na prática isto não ocorre, como já demonstrado. O autor do conceito é, com certeza, um dos mais abalizados cientistas da Espanha e, sobre a questão penitenciária, também não nega a dura realidade que é geral. Aqui, entretanto, muito mais que lá.

A esta altura é conveniente avaliar a utilidade da prisão como elemento ressocializador do delinqüente. Com efeito, desde Mezger[284], não se pode pretender que o Direito Penal seja o responsável absoluto pela solução de tudo quanto ocorra na sociedade. Essa desagregação de funções, ou excesso de atribuições ao direito repressivo, acaba por tirar-lhe a credibilidade. A pena, mantendo, como mantém, características acentuadíssimas de "punição", não acrescenta qualquer benefício ao trabalho da reeducação e da ressocialização, *via crucis* por onde, inquestionavelmente, haverá de passar o destinatário da *reinserção social*.

A sanção penal consistente na privação da liberdade há de estar posicionada num último patamar hierárquico. E, a partir daí, há de estar condicionada rigorosamente a uma escala de processos de condicionamento social partindo do *minus*, representado pelo encarceramento, até alcançar o *plus*, que é a reintrodução do condenado no convívio social.

---

[282] Obra citada na nota 281, pág. 81.

[283] MAPELLI, Caffarena Borja. *"Princípios Fundamentales del Sistema Penitenciario Español"*. Editorial Bosch, Barcelona, 1983.

[284] MEZGER, Edmund, in *"Tratado de Derecho Penal"*, tomo II, pág. 447, Madrid, 1957.

Hão de ser escalas pré-ordenadas conforme pretendem os próprios diplomas penais, substantivo e adjetivo[285]. A pena, diz a unanimidade dos autores[286], somente será verdadeiramente eficaz quando alcançar determinados fins. Ora, esse *fim* só pode ser a atenuação dos males produzidos pela conduta criminosa de todos os matizes. Nada resolve, já se disse, punir por punir. Se a pena não reúne capacidade e competência para diminuir ou aliviar os males que o crime produz, então ela é inócua e despicienda. Destarte, não *reeduca*, não *ressocializa* e, como conseqüência drástica, não se presta para a *reinserção social*.

Segundo Santiago Redondo[287], há entre os administradores de presídios, por certo os mais retrógrados, profundo sentimento de que a prisão deve ser controlada com *mão de ferro*, para que se possa alcançar uma *"ordenada convivência"*. Por óbvio, o autor critica veementemente essa assertiva traçando um paralelo entre uma determinada sociedade aberta, cujo governante decidisse criar uma norma jurídica que proibisse todos os cidadãos de saírem de casa para qualquer atividade, até que se erradicasse definitivamente a criminalidade, e diz: *"Sin embargo la gente sabe — y afortunadamente nuestros gobernantes — que a ordenada convivencia de una familia, de una ciudad, y de un país, se construye a partir, precisamente, de cosas como que las personas vayan cada dia a su trabajo, asistan a un sinfin de actualidades formativas, o salgan al cine con sus amigos. Y és verdad, que, en algunos casos, en cieros sitios tendrán lugar esporádicos episodios de delincuencia. Pero, podemos imaginar cuál sería el futuro de una sociedad encerrada en sus casas, esperando para funcionar a que estuviera plenamente irradicada la delincuencia, que perturba la ordenada convivencia? La convivencia ordenada de los ciudadanos de una nación no es un concepto abstraible del conjunto de factores que componen la vida humana. Se construye, precisamente, a partir de todos eses factores."*

Da mesma forma, porém em espaço menor e em ambiente restrito, essa decantada ordenada convivência não será possível se tratada como fenômeno isolado. É absolutamente imperioso que se façam experiências múltiplas de relações interpessoais, no sentido de que, cada vez mais, aqueles

---

[285] Pretende-se tão-somente cega obediência ao regime progressivo, nos termos do artigo 33 e seguintes do Código Penal, bem ainda o artigo 110 e seguintes da Lei nº 7.210/94.

[286] Por todos: PAULO JOSÉ DA COSTA JR., CLAUS ROXIN, SANTIAGO MIR PUIG, JUAN RAMIREZ BUSTOS, FRANCISCO MUÑOZ CONDE, BORJA MAPELLI CAFFARENA

[287] In *"Evaluar e Intervenir en Las Prisiones - Análisis de Conducta Aplicado"*, PPU, Barcelona, 1993, págs. 58 e seguintes.

que se encontram reclusos possam vivenciar e conviver com problemas que são ordinários nas relações humanas. Não serão, à evidência, as severas punições carcerárias que irão, de forma eficaz, formar uma mentalidade disciplinada no recluso. Da prática de tais métodos não haverá de sair a *reeducação*, tampouco a *ressocialização* e em definitivo baldar-se-á toda razão de ser do trabalho de tentativa de *reinserção social*.

Estamos convictos de que, como primeiro passo para alcançar a meta almejada, é imperioso mudar essa mentalidade. Educar, ressociar e reinserir, sem preconceitos e pré-julgamentos. Se aqueles a quem incumbem tais missões são céticos quanto à tarefa a ser realizada, então estaremos "chovendo no molhado". Portanto, a primeira providência deve ser no sentido de educar e reciclar o quadro funcional. Sem abandonar o aspecto formal da preparação profissional, que é a escolaridade apropriada para esse fim. Experimentar diuturnamente, no terreno prático, a terapia que está sendo aplicada. Se assim não for, diremos, como disse Drumond de Andrade: *"Perdi meu dia", já que sem o desarme dos espíritos nada será possível*.

Ademais de tudo, não se pode conceber como fenômeno isolado de uma biografia pessoal de delinquentes[288]. Há de se considerar todo o universo social de que é originário aquele cidadão. Nesse sentido, boa doutrina oferece Pedro R. David: *"O principio rector é que tudo depende da classe social de que seja originário cada um. É difícil dar-se bem com todos se não estiver acostumado aos diferentes modos de pressão que se exerce ao redor do cidadão. Por isso, muitos terminam no hospital de enfermidades mentais: não podem suportar as pressões"*[289]. Nem seria necessário lembrar os inúmeros casos de pessoas que entram mentalmente sãs na cadeia e dali saem para o hospício. Daí indagar-se: qual foi a utilidade da pena em tais casos? Não resolveu o problema da criminalidade, mas criou um outro para a sociedade como um todo.

Partindo-se da premissa de que há uma escala progressiva a seguir na direção correta da reinserção, haveremos de questionar a eficácia,

---

[288] Nesse sentido reproduzo CAFFARENA, obra citada, pág. 59: *"Sin embargo, la moderna sociologia criminal ha puesto de relieve como la criminalidad no podrá conocerse nunca como fenómeno aislado en la biografia de una persona. La policia, los jueces y la sanción penal constituyen instancias del control social encargadas mucho más de identificar un autor con el roll de desviado, que de calificar una conducta. La cualidad criminal deja imputarse a unos hechos para referirse a una persona (115)"*. A chamada de rodapé faz menção a PETERS, D. e SACK, autores tedescos.

[289] DAVID, Pedro R.. *"El mundo del delincuente"*, Editorial Astrea, Buenos Aires, 1976, pág. 130. Tradução livre de nossa responsabilidade.

ainda que mínima, do sistema fechado de prisão. Tem-se que os sistemas fechados tendem a degradar-se na medida em que suas relações com o mundo exterior são precárias ou nulas, criando, quem sabe, um mecanismo de auto-alimentação e vice-versa, conforme já disse Michel Foucault[290].

Nesse sentido, cumpre salientar observação de Maria Augusta Negreiros[291], sobre a convivência do delito e a relação do seu realizador com o Estado-Sociedade: *"O delito não poderá ser ultrapassado se a prisão não conseguir fecundar o potencial criativo que o delito não submergiu integralmente, através do exercício da iniciativa e da responsabilidade individuais, e da participação, por mínima que seja na vida social. Senão o preso e a sociedade terminarão por não se reconhecerem, o preso não reconhecerá a sociedade porque esta foi-se modificando sem que ele tenha podido acompanhar a mudança. A sociedade, antigos companheiros de trabalho, ou vizinhos, os amigos e mesmo familiares, deixará de reconhecer o preso porque o encarceramento o enraizou na delinqüência ou obrigou a uma regressão infantilizante, alterando-lhe sua própria imagem"* (grifo nosso).

Pode parecer cansativo repetir texto tão longo, mas é necessário para perfeita assimilação. Esse *aislamiento* de que tanto falam os ibéricos, produz no preso um mal irreparável. Se alguma vez ele teve dificuldade na convivência social, se completamente isolado por longo tempo, então a ruptura será total e irreconciliável. Na solução de parte desse problema já pensou o legislador da Nicarágua ao elaborar sua lei de execução da pena[292].

Enfocada a questão sob esse prisma, haveremos de concluir, sem qualquer sombra de dúvida, que a *reinserção social* passa obrigatoriamente por vários segmentos, não se limitando ao convívio interno do presídio. Deverá haver sincronização entre o trabalho sociocultural do qual já se falou, agregado aos labores próprios dos programas de ressocialização, para que se alcance, mais à frente, a pensada *reinserção social*, que é o coroamento de todo um trabalho de equipe, em que pese operando em setores distintos. Todavia, toda essa operacionalização deverá estar comprometida com o conteúdo epistemológico. Nunca com o

---

[290] O autor trata do assunto no Capítulo II da obra *"Vigiar e Punir"*.

[291] NEGREIROS, Maria Augusta. Professora no Instituto Superior de Serviço Social de Lisboa, em trabalho escrito para o IRS, onde faz metalinguagem na obra de João FRATELA: *"A Prisão numa Sociedade Democrática, Raiz e Utopia"*, 1981.

[292] *"Documento Base para La Reeducación Penal"* elaborado em 1986, sobre o qual vamos discorrer mais adiante.

empirismo, que vem ocorrendo em nosso sistema presidial como um todo, de cujo material humano próprio já se tratou em outra parte. Afinal, esperar recuperação de quem cumpre pena privativa de liberdade em um Distrito Policial, por exemplo, é o mesmo que esperar que "Papai Noel" venha entregar presente natalino; ou acreditar que o neonato é mesmo trazido pela cegonha. É precisamente neste ponto que pretendemos que este trabalho rompa definitivamente com o passado. Não será, por exemplo, o efeito cronológico da pena que haverá de servir de panacéia para os males desse doente social em que se constitui o condenado.

Se não tivermos coragem moral e dignidade interior para, propedeuticamente, corrigirmos nossos equívocos e desencontros, então é certo também que não somos capazes de resolver o problema da criminalidade na sua coletividade, e do criminoso na sua individualidade.

Ninguém pode exigir de outrem aquilo que é incapaz de realizar.

3.4. Reinserção Social

3.4.1. Etimologia

Alguns dicionaristas não colocaram o termo *reinserção* nas suas respectivas obras[293]. E quando os instrumentos convencionais de pesquisa não tratam do tema, muito menos se poderá esperar daqueles especiais, dos técnicos. Entretanto, encontramos *inserção*, que significa introduzir alguma coisa num corpo preexistente. Usa-se, com muita freqüência, no meio jornalístico. Segundo Aurélio[294], o vocábulo é originário do latim: *"insertione"*. De outra parte, o dicionário de Caldas Aulete, embora afirmando, ou concordando, com a origem latina do vocábulo, diz ser correto: *insertio*[295]. Já o "Novo Dicionário Latino-Portuguez"[296], segue outra orientação: *"inserens, entis. Adj. part. Cic. que introduz, etc."*. Do que se aproveita o vocábulo *introduzir*, que atende plenamente ao

---

[293] CALDAS AULETE. Tampouco vamos encontrá-lo no Vocabulário Ortográfico da Língua Portuguesa, da Academia Brasileira de Letras, Rio de Janeiro, Bloch, 1981. Aurélio Boarque de Holanda cita: **reinserção** - s.f. - ato ou efeito de reinserir, nova inserção (Novo Dicionário da Língua Portuguesa), 2ª ed. rev. ampl., Nova Fronteira, 1986).

[294] *"Novo Dicionário Aurélio"*.

[295] AULETE, obra citada, vol. III, pág. 2750.

[296] SOUZA, Francisco Antonio de. Ed. Francisco Alves & Cia, Rio de Janeiro, pág. 376.

nosso escopo. Destarte, acreditamos poder afirmar ser o vocábulo *reinserção* termo novo, tratando-se, portanto, de um neologismo[297].

Mesmo correndo o risco de não termos completamente dicionarizada a palavra com o significado jurídico que queremos dar-lhe, nem por isso se deixará de aproveitá-la para o fim aqui pretendido. Já em Portugal[298] usa-se com assiduidade o termo no espaço próprio do Direito Penal, como haverá de ser aqui dentro em breve.

Numa definição não devidamente apurada (no sentido gramatical de purificação), pode-se dizer que a *Reinserção Social* é um instituto do Direito Penal, que se insere no espaço próprio da Política Criminal (pós-cárcere), voltada para a reintrodução do ex-convicto no contexto social, visando a criar um *modus vivendi* entre este e a sociedade. Não é preciso que o reinserido se curve, apenas que aceite limitações mínimas, o mesmo se cobrando da sociedade em que ele reingressa. Daí em diante, espera-se a diminuição da reincidência e do preconceito, tanto de uma parte como de outra. Reitere-se: *coexistência pacífica*.

O mesmo fenômeno ocorre com o termo *ressocialização*, não encontrável nos dicionários pátrios, salvo na 2a. Ed. do *"Novo Dicionário Aurélio"*, onde se lê: *"S.F. Ato ou efeito de ressocializar-se; ressocializar (De re + socializar); V.t.d. e p. Tornar a socializar(se) "*[299]. Em contrapartida, o vocábulo *reeducação* já se encontra inserido em ambos os dicionários anteriormente mencionados[300], com significado de *"ato ou efeito de reeducar"*. Vale dizer: educar novamente, ou tornar a educar. Apenas uma observação: para o fim pretendido neste trabalho, seria possível garantir ter sido o cidadão-delinqüente educado anteriormente? Teria sido, com certeza absoluta, o egresso algum dia inserido

---

[297] Nem mesmo a obra fundamental da Editora Saraiva, *"Enciclopédia do Direito"*, elencou o vocábulo. Se o tivesse mencionado, fatalmente seria encontrado no volume 64.

[298] Em Portugal, a *Enciclopédia POLIS*, vol. V, págs. 283 e seguintes, traz consigo um artigo de autoria do professor Luis de Miranda PEREIRA, um trabalho que apresenta o conceito, discorrendo sobre o tratamento, mas não trata da etimologia. Apenas uma informação digna de realce: o autor diz com todas as letras: *"Em Portugal, a expressão - reinserção social - obtém consagração jurídica nos primeiros anos da década de 80 e é vulgarmente entendida no sentido de retoma* (sic) *pelo delinqüente de um padrão de vida pautado pelo dever jurídico penal. Este entendimento (traduzido já no uso de outras expressões, p.ex. correcção, recuperação, reintegração, ressocialização, reabilitação) tem forte ligação à tradição jurídico-penal e penitenciária portuguesa, centrando-se na figura do recluso e no seu retorno, condicional ou definitivo, ao meio livre".*

[299] Aurélio, obra citada, pág. 1326.

[300] Aurélio, pág. 1213, Caldas Aulete, vol. IV, pág. 4.306.

socialmente? Pensamos que não. A esta altura, vale a lição de Euzébio Rocha, já mencionado anteriormente, sobre a *"sociedade dual"*, onde quem pode, pode tudo; e, quem não pode, não pode nada.

No caso em tela, trata-se de dois termos com os quais se construirá um instituto de Direito Penal, ou Ciência Penal, como disse o professor Rogério Lauria Tucci, absolutamente moderno, em plena ascensão em Portugal[301]. Assim, a *reinserção* passa a ser o *"gênero próximo"*, e o vocábulo *social*, uma diferença especial[302].

Finalmente, para consolidar nossa opinião sobre a pouca ou nenhuma importância da denominação, já que não será esta que irá resolver o problema, mas o tratamento que se dispensar ao *"paciente"*, poder-se-ia pensar na adoção de uma outra terminologia, também apropriada para a hipótese: *reintegração*.

Não há como negar que o *delinqüente* é *não-integrado*. Este não se adaptou às regras sociais impostas de ordinário, insurgindo-se contra as exigências mínimas de convívio social. Lamentavelmente, trilha a senda da criminalidade, diferentemente do que faz o *marginal*, que simplesmente vira as costas para a sociedade, ou aceita que a sociedade lhe vire as costas, dela se divorciando passivamente. Se não reage contra as *"injustiças sociais"*, também nada faz para combatê-las ou corrigi-las.

Etimologicamente, tem-se que o termo *"reintegração"* é originário do latim: *"integratio"* com o acréscimo do prefixo *"re"*, que é usado sistematicamente nas palavras compostas de origem latina. Cumpre que se explique sinteticamente sua formulação, e o faremos sem qualquer pretensão ao filologismo, que não é a razão de ser deste trabalho. Para Freitas Guimarães[303], *"integrar"* significa *"tornar inteiro, restaurar a unidade"*. Pode, entretanto, representar o ato de *"juntar-se"* a um determinado grupo, dele passando a fazer parte. Se *integra* um determinado grupo, está claro que nele está *ajuntado*.

Aquele que, formalmente, fez parte de um grupo, esteve destarte juntado ou integrado. Se dele foi afastado em alguma ocasião, tendo depois tornado a juntar-se ou integrar-se, nada de anormal que se diga da sua

---

[301] Em Portugal com o *nomem juris* que tal. Já na Espanha, sem a preocupação da denominação, desenvolve-se um trabalho tão altruísta quanto o de Portugal com seu IRS.

[302] Conforme o bom ensinamento de Maria Helena DINIZ, nas suas aulas no Programa de Pós-Graduação da PUC.

[303] GUIMARÃES, João de Freitas, in *"Vocabulário Etimológico do Direito"*, Ed. UNICEB, pág. 256/257.

reintegração. Assim, é cristalino que o eventual uso de tal termo em nada descura o aqui tratado, como de resto em nada irá alterar o escopo pretendido. Reitere-se: não será a terminologia que nos irá levar ao sucesso ou ao fracasso, senão a política que se adotar para o fim pretendido.

3.4.2. Conceito

"A regeneração não deve, sobretudo, ser utopia mistificadora, mas realismo verdadeiro, embora iluminado por aquele grão de fermento utópico, que se esconde no coração de todos os homens e que, parafraseando Mounier, *só aparelhado com uma vontade de ferro e meios de controle adequados poderá produzir frutos"*. Palavras pinçadas de um discurso do Prof. Eduardo Correia, publicado no Boletim do Ministério da Justiça de Portugal, separata n° 283[304]. Isto seria o suficiente para conceituar o que se pretende da *"reinserção social"*. Mas, o caminho é espinhoso e necessita ser aparado até que se possa, quem sabe, encontrar uma conceituação minimamente satisfatória, não somente no plano intelectual, mas principalmente no pragmático. Assim haverá de ser, e assim vamos nos esforçar para que seja em futuro próximo.

Sabemos desde sempre que o campo onde se encontra o destinatário da reinserção não é o mais apropriado, nem sequer chega a ser "apropriado", por tudo o que já se demonstrou sobre a vida na prisão. Entretanto, esta é a realidade com a qual se tem de trabalhar. É preciso coragem para enfrentar com destemor os problemas aporéticos de que já falou o mesmo mestre lusitano. Se fugirmos do desafio, tudo estará irremediavelmente perdido. Não há problema insolúvel. Há, isso sim, problemas não devidamente equacionados, ou relegados propositadamente a plano secundário, tendo em vista os obstáculos que os circundam. Se, acaso, este trabalho não surtir nenhum efeito prático, estaremos resignados em aceitar as palavras de Franz Kafka: *"de qualquer forma realizei o que me propusera realizar. Mas não venham dizer-me que não valeu a pena todo esse sacrifício"*[305]. *"... Em todo caso não estou apelando para qualquer julgamento humano, limito-me apenas a transmitir meus conhecimentos fazendo um relatório..."*. Todo e qualquer sacrifício que se fizer no caminho de conseguir a *reinserção social*, ainda que de um só ser humano, será válido.

---

[304] Conforme Manoel Antonio LOPES ROCHA em obra já mencionada, pág. 85.

[305] KAFKA, Franz. "A Colônia Penal", Nova Época Editorial, São Paulo, pág. 95.

Recapitulando. São diversificados os fatores que induzem à criminalidade. Entre eles pode-se citar a relação familiar absolutamente enfraquecida, quando já não completamente exaurida pelos desencontros sociais de diversos matizes. Estes últimos produto da luta constante do "cabeça da família", que de regra sai muito cedo e somente pode voltar muito tarde para casa, dando início a um processo de desintegração de todos os valores essenciais da sociedade. Distante da família, a criatura tem muito maior espaço para ganhar o "desvio". A falta de quem oriente constitui aprendizado modelar para o *desviado* que, no futuro, será o produto que se irá trabalhar, na tentativa de *reinseri-lo* no contexto social onde vive o *homem médio comum*.

Não há de se pretender trabalhar em cima do *criminoso congênito*[306], já que, para este, pouco ou quase nada se poderá fazer, como é o exemplo do criminoso louco. Este pertence ao rol dos *amorais*, razão pela qual não se poderá transmitir-lhe qualquer valor ético-social, desprovido que é de um mecanismo que funciona como sensor, ao qual se curva todo o ser humano tido por possuidor de saúde mental razoavelmente boa.

O nosso *"público alvo"* [307] é aquele originário dos desvios sociais amplamente analisados preferencialmente no capítulo anterior. Não se descartando, todavia, a hipótese de tratamento apropriado e *reinserção* dos anteriormente mencionados, como de resto qualquer dos classificados, pois, embora não se chegue ao extremo a que chegou Concepción Arenal[308], isto será sempre a exceção, nunca a regra. A nós interessa trabalhar sobre o que se pode fazer para acudir aqueles que adentraram a senda do crime por fatores outros: os sociais. O *"desvio de conduta"* há de estar ligado ao meio social e, principalmente, ao homem mentalmente são. Se o quadro for psíquico, então nada, ou quase nada, se poderá fazer.

Como prioridade máxima temos a questão de regulamentar, sem atropelos ou imposições, o *modus vivendi* do reinserido no *sistema social* ao qual pertence e que fora, temporariamente, excluído ou afastado. Há de ser um relacionamento calcado nos parâmetros da amistosidade, porém sem protecionismos. Respeitoso, porém sem constrangimento para ambas

---

[306] Enrico FERRI, para quem os criminosos estavam divididos em cinco grupos: O "nato", que tratei por congênito; o "louco"; o "de ocasião"; o "por paixão"; e, o "habitual". "Principii di Diritto Criminale", Turim, 1928.

[307] Expressão bem ao gosto do pessoal de "comunicação".

[308] Na obra *"El Visitador de Presidios"*, a autora correcionalista afirma: *No hay delincuente incorrigible, sino que incorrigido.*

as partes: egresso e sociedade. Ninguém deve forçar ninguém a nada. Todos devem manter-se dentro dos espaços preestabelecidos, não por força de qualquer norma jurídica positiva, mas por uma conscientização natural pacificamente aceita e absorvida por ambas as partes. Qualquer forma de discriminação, por mais dissimulada que seja, colocará tudo a perder, tornando inútil todo o trabalho que tiver sido realizado[309]: *"Trata-se, parece, de criar no delinqüente um puro sentimento de responsabilidade social, fornecendo-lhe, através dos Serviços Sociais de Justiça, elementos para uma aprendizagem visando a que não pratique crimes no futuro"* [310].

Não há de se pretender criar um modelo de postura geral, que a todos servirá. Não é assim, nunca foi, nem tampouco será algum dia [311]. Não há de se ter a idéia fixada *recuperação*, posto que *"a nossa filosofia se assenta na crença de que ninguém recupera ninguém* (grifo nosso). *Não queremos, pois, moldar cidadãos por arquétipos, na certeza de bem sabermos qual seja a boa conduta que a todos deve pautar"* [312]. Há, isto sim, como já se disse, de se procurar um meio-termo nas relações sociais entre o reinserido e a sociedade[313]. Há de se acreditar firmemente na condição humana de todo cidadão: há de ser livre e como tal viver, na sua profunda capacidade de adaptação e, então sim, determinar-se segundo regras mínimas de convivência social.

E, se assim pensamos, é porque estamos absolutamente convictos nas relações sociais com o *"desviado"*, insistindo na tese da *recuperação* e é muito provável que, do outro lado, do lado do delinqüente em vias de *reinserção*, surja a mesma fixação. E por que não? Por que não recuperar a sociedade retrógrada? Por que não sancionar também a discriminação, verdadeira inimiga de qualquer trabalho sério, nesse terreno como em tantos outros? Por que não fazer punir também o preconceito? Há de existir um sentimento recíproco de tolerância, que não pode, de maneira alguma, como já asseverado anteriormente, representar submissão ou subserviência para qualquer das partes. Ninguém estará, se assim ocorrer, fazendo *favor* a quem quer que seja. É o retorno ao surrado, mas sempre útil, tema da *"coexistência pacífica"*.

---

[309] Nessa direção, leia-se *"Reinserção Social"*, Lisboa, set/1983 e edições seguintes.

[310] Resenha da publicação do IRS de Portugal, setembro/1983, pág. 13.

[311] Nesse particular, uma advertência fundamental para que se obtenha sucesso na empreitada: *"ninguém recupera ninguém"*, texto contido na primeira página da obra citada.

[312] Obra acima, pág. 7.

[313] Nesse sentido, ARNANZ, Enrique, obra citada, pág. 68 e seguintes.

É preciso separar a finalidade da *reinserção social* do trabalho que se deve dedicar à *emenda* e à *readaptação*. Com efeito, a primeira é algo puramente intrínseco do agente. Vem da *psique* do cidadão, tendo valor apenas no terreno ético. Esta pode se desintegrar com relativa facilidade, se *na rua* não houver uma infra-estrutura adequada. Já, a segunda, *readaptação*, forma parte de todo um trabalho externo de *reintegração*[314] do indivíduo, através de meios e métodos que visem a eliminar as causas de incompatibilidade entre o *cidadão desviado* e o grupo ao qual pertence. No mesmo sentido e com a mesma linguagem, leia-se Augusto Seabra[315], ex-diretor da Cadeia Central do Norte, em Portugal.

3.4.3. Enfoque Ideológico da Reinserção Social

Se partirmos para uma análise pautada no prisma marxista, perceberemos que o termo aqui discernido é substituído por outro também já ventilado pouco acima: *ressocialização*[316]. Ali, há toda uma bem alicerçada argumentação, visando a demonstrar as relações sociais de produção e a delinqüência. Para que assim seja[317]: *"La acumulación de riqueza — decia Marx — es uno de los polos que determina en el polo contrario, en el polo de la clase que produce su propio producto como capital, una acumulación igual de miseria, tormentos de trabajo, esclavitud, de ignorancia, de embrutecimiento y de degradación moral (84)"*[318].

Assim sendo, torna-se evidente que, para o sistema socialista, a delinqüência nada mais é que o reflexo negativo das relações entre a produção e seus destinatários últimos. Então, como bem discorre Quiróz Pírez[319]: *"La cuestión de la eficiencia ocupa lugar cada vez más relevante en las tareas relativas a la construcción de la sociedad socialista desarrollada. En esta esfera de la actividad social son notables y exitosos los trabajos llevados a cabo con la finalidad de eliminar los inconveni-*

---

[314] Termo empregado em publicação já mencionada do IRS, pág. 140.

[315] "Breves Notas sobre a Punição do Crime segundo o Novo Código Penal", trabalho publicado pelo IRS de Lisboa.

[316] É o que apregoam autores alienígenas, citando-se de plano Mapelli CAFFARENA.

[317] Apud Borja Mapelli CAFFARENA, obra citada, pág. 43.

[318] Segundo o autor citado, tal texto foi tomado emprestado por FEWSWEICH Engels: "84. Cita tomada de Engels, F. Del socialismo utopico al cientifico, tradución del aleman de Editorial, Madrid, 1968, pág. 74".

[319] PÍREZ, Renén Quiróz, in *"Introducción a la Teoria del Derecho Penal"*, Editorial de Ciencias Sociales de la Habana, 1987, págs. 3/4.

entes que se interponem en la consecución de eso objetivo historico. El delito, sin dudas, representa uno de esos obstáculos; por ello, el perfeccionamiento de los métodos de selección, reglamentación y aplicación de las medidas para disminuir y, a largo plazo, erradicar la delincuencia, resulta cometido de elevada importancia en la construcción de la sociedad socialista desarrollada".

Em outro momento tivemos oportunidade de manifestar nosso ponto de vista sobre a criminalidade e seus matizes. Claro está que a miserabilidade muito influencia a criminalidade. Mas, daí a descartar outras fontes, como as doenças mentais, por exemplo, que induzem ao desvio da conduta convencionalmente aceita, é pretender muito. Na realidade, o sistema capitalista estimula muito mais a criminalidade patrimonial que o socialista. Há uma gama imensa de contravalores a provocar o cidadão, levando-o a crer em seu próprio fracasso, já que, embora também ele fume certa marca de cigarros, não lhe foi permitido possuir, por exemplo, um *"Jet-Sky"*, ou outros bens de consumo reiteradamente veiculados pela mídia. Daí podem surgir sentimentos de frustração e revolta, abrindo as portas para o caminho do crime, pretensa via rápida para alcançar o tão almejado sucesso.

No afã de estimular cada vez mais e com maior rapidez o consumo, que é responsável direto pela produção, conforme ensina Euzébio Rocha, inculca-se no cidadão o sentimento, por vezes, de insucesso e, por outras, de revide ou disputa para alcançar o *status* ascendente prometido, onde a riqueza material passa a ser ontologicamente exigida para ser exibida.

Então, entre nós, o tratamento penitenciário voltado para a reinserção deve ser muito mais assíduo e profundo. Deve-se transmitir ou retransmitir, entre outros valores, o do necessário raciocínio axio-ontológico sobre a vida cotidiana. Fazê-lo enxergar a falácia incrustada nesses contravalores. Nesse sentido, socorremo-nos, ainda uma vez, em Mapelli [320] : *"Toda la problemática de la ejecución penitenciaria en los países socialistas está concebida desde un prisma pragmático, preocupa sobre todo la reinserción material del delincuente más que la aplicación de una sanción".*

Sem pretender fazer apologia desta ou daquela teoria econômica que este ou aquele governo venha a adotar, têm-se de admitir ser o acima exposto a solução que melhor atenda aos interesses da sociedade como

---

[320] CAFFARENA, Borja Mapelli, obra mencionada, pág. 45.

um todo, no pertinente à criminalidade e suas nefastas conseqüências, ao criminoso e ao grupo social no qual ele coabita, com quem deverá conviver harmoniosamente, se possível, dando e recebendo, obrigatoriamente, o respeito necessário ao relacionamento humano. Não é preciso que haja amistosidade e muito menos subserviência, mas é imperioso o tratamento respeitoso na sua reciprocidade. A pena somente deverá ser aplicada se dela se puder esperar algum benefício[321]. Se ela, a *sanção*, não tiver serventia para facilitar a reinserção social do indivíduo no contexto social do qual ele foi retirado, deve-se pensar o que fazer dela, já que imprestável ao fim a que se propôs junto à sociedade. Melhor reler Enrique Arnanz.

3.4.4. Enfoque Estatal da Reinserção Social

Com a catástrofe ocorrida na Casa de Detenção naquele horroroso dia de outubro de 1992, o governo, representado pelo ex-Procurador de Justiça e ex-Secretário de Segurança Pública, Luiz Antonio Fleury Filho, providenciou a criação de um órgão que se incumbiria dos negócios penitenciários, dali em diante[322] e com a pomposa denominação de *"Secretaria de Estado dos Negócios da Administração Penitenciária"*, para cuja direção foi nomeado o honrado desembargador aposentado Dr. José de Mello Junqueira. Teria sido mais sensato se tivesse voltado ao *status quo ante,* devolvendo a responsabilidade da administração para a Secretaria dos Negócios da Justiça[323]. Com a alteração primeira, esta secretaria ficou esvaziada, enquanto que a outra, a da Segurança Pública, sofreu um processo de inchaço. Já deficiente, acabou por complicar-se ainda mais, com visível e real prejuízo para a população, mas inegável massageamento do ego de alguns membros do governo de antanho.

Praticamente como primeira providência de impacto, visando a minimizar os efeitos da matança, foi publicado um livreto sob os auspícios da Secretaria recém-criada, coadjuvada pela Procuradoria Geral do Estado e a Fundação Professor Doutor Manoel Pedro Pimentel — FUNAP, cuja data precisa da publicação o documento não traz.

---

[321] Claus ROXIN e Paulo José da COSTA JR, entre outros.

[322] Por obra e graça desse mesmo governador, quando Secretário de Segurança Pública, a administração dos presídios passou para aquela secretaria. Uma aberração, é bom dizer, com sérios e irreparáveis prejuízos para o combate à criminalidade, já que Delegacia de Polícia não foi feita para acantonar presos. Hoje, o quadro é caótico.

[323] Antes era assim: cuidava do sistema penitenciário a Secretaria da Justiça, o que era muito mais lógico e eficiente.

Esse documento estatal, fica muito longe de poder ser considerado uma obra-prima de literatura específica[324], já que trata invariavelmente do óbvio, além de empregar linguagem simplória para o fim pretendido. Lendo-se o material vindo de outros países, fica-se apreensivo com a sorte dos reclusos deste Estado. Percebe-se o pouco ou nada de profissionalismo específico ali exibido. Entretanto, alguma coisa se pode aproveitar, entre as quais um decálogo, que recebeu o título: *"Princípios e Valores Fundamentais de uma Política Penitenciária"*. Em que pese não se cumprir praticamente nada do que ali contém, pensamos valer a pena reproduzir:

"1 — Respeito à dignidade do homem, aos seus direitos individuais e coletivos, e à crença no potencial de aperfeiçoamento do ser humano, devem constituir a base de uma política penitenciária moderna.

2 — A administração penitenciária, parte integrante do processo de execução da pena, objetiva tratar e assistir o preso e internado, prevenindo o crime e lhes proporcionando a reintegração à convivência em sociedade.

3 — A prisão priva o condenado da possibilidade de dispor de sua liberdade, restringe seu contato com o mundo externo. O sofrimento que acarreta encontra, porém, limite em todos os direitos não atingidos pela condenação.

4 — A assistência educacional é prestação básica a todo preso, compreendendo a instrução escolar, a formação profissional, a assistência religiosa e social.

5 — É fundamental o trabalho nas prisões, auxílio necessário ao processo de educação e reinserção social do preso. O trabalho será remunerado, observadas as disposições da Lei de Execução Penal.

6 — A assistência jurídica ao preso e internado, sem recursos financeiros, é essencial à função jurisdicional do Estado.

7 — É fundamental a existência de um serviço médico eficiente e bem equipado.

8 — A ordem e disciplina devem ser mantidas, com firmeza, sem que se imponham restrições além daquelas necessárias para a manutenção da segurança e vida harmônica entre os internados.

---

[324] Trata-se de um livreto elaborado por alguns funcionários graduados, mas de pouco conteúdo epistemológico, editado pela Imprensa Oficial do Estado — IMESP.

9 — É fundamental a intervenção de equipes interprofissionais criminológicas para a avaliação terapêutica penal e alocação prisional, com vista ao processo de ressocialização.

10 — O pessoal administrativo penitenciário constitui a fonte e força principal para a consecução dos princípios da política criminal".

Nem seria necessário dizer quão comprometido com a utopia e com a falta de lealdade do Estado ao permitir a publicação de tais princípios, já que em tempo algum conseguirá cumprir ao menos uma ínfima parcela do ali contido. Pura filosofia de almanaque. Qual de nós ainda crê na boa vontade da classe governante em ao menos minimizar os efeitos nocivos da política presidial aqui posta em prática. Sequer cumprem a lei no que é ontológico! E, de repente, vem a público para emitir juízos axiológicos recheados de frases de impacto, mas sem conteúdo. Reitere-se, o escopo do tal documento não foi outro que abrandar a opinião pública naquele momento. Tanto é assim que, passados todos estes anos, nada foi feito para solucionar o problema básico: a superpopulação dos presídios. E isto ocorre precisamente porque, como já se disse, não há vontade política do Estado.

Sem pretender alongar, seria o caso de ter-se inserido mais um item ao tópico do número *hum*. Ali dizem da manutenção, por parte do Estado, da *"dignidade do homem"*. Não fosse falaciosa a mensagem e outra a sua direção teleológica, e teriam proposto a repetição do artigo 180 da *"Nova Lei Prisional"*[325], de Portugal, cujo texto se reproduz: *"Artigo 180 — Proibição da superlotação. — A lotação dos estabelecimentos, bem como das diversas instalações, só pode ser excedida, a título temporário, depois de obtido o consentimento dos serviços de inspeção da Direcção-Geral dos Serviços Prisionais"*[326]. Assim deveria ser: não havendo vaga em um tal regime prisional, deveria o Estado ter a dignidade de aplicar, compulsoriamente, o princípio universal da *lex mitior*. Isto seria mais que ético, seria humanitário. Fato gravíssimo vem ocorrendo cá entre os tupiniquins, onde as providências são em sentido inverso: na falta de espaço físico em presídio semi-aberto, conforme imposto na sentença, exacerba-se encaminhando o condenado para o regime-fechado!

---

[325] Decreto-lei nº 265/79, de 1º de agosto, com as alterações contidas no Decreto-lei nº 49/80, de 22 de março, conforme Malça CORREIA, em *"Tratamento Penitenciário"*, Ed. do Centro do Livro Brasileiro, Lisboa, 1981, pág. 268.

[326] Veja-se *"Legislação Penal e de Processo Penal"*, editada pela Livraria Petrony, Lisboa, 1983, obra coordenada por Aurora SILVA NETO.

Em relação ainda à explosão da população carcerária, cumpre que se diga não ter sido este um fato isolado. Com efeito, em levantamentos realizados junto ao órgão público incumbido das pesquisas e amostragem[327], chegou-se aos seguintes índices: (a) — evolução da população urbana nos últimos cinqüenta anos:

I — 1940: população urbana 31,2%, rural 68,8%;

II — 1960: população urbana 44,7%, rural 55,3%;

III — 1980: população urbana 67,6%, rural 32,4%;

IV — 1990: população urbana 75,5%, rural 24,5%.

Isto só seria o bastante para constatar e justificar, se é que há justificação para tanto descaso, ou quadro caótico em que vivemos.

Entretanto, como uma desgraça carrega sempre consigo uma outra, formando uma bola de neve e produzindo seus efeitos em cascata, surge o outro fenômeno: o da distribuição de renda. Ainda da mesma fonte, uma outra informação digna de realce. Trata-se da distribuição setorial da população economicamente ativa. Destarte, a *atividade primária* era responsável em 1940 por 65,88%; em 1960, por 53,69%; em 1980, por 29,93%. A *atividade secundária* respondia em 1940 por 10,40%; em 1960 passou para 12,92%; e, em 1980 para 24,37%. Na *atividade terciária* constatou-se a seguinte evolução relativamente aos anos de 1940, 1960 e 1980: 19,91%, 27,43% e 36,69%. No âmbito da Administração Pública tivemos a seguinte evolução: 1940, 2,71%; 1960, 3,13%; e 1980, 4,14%.

Sem pretender fazer deste trabalho um estudo epistemológico da Ciência Econômica e Social, máxime na área da Economia Pública, deve-se considerar o desnivelamento ocorrido nesta última metade do século, para tentar entender, embora isto não justifique, os fatos geradores da criminalidade e o difícil caminho da *Reinserção Social*, já que a explosão demográfica ocorrida, e o êxodo do campo para as grandes cidades vieram para comprometer todo o sistema social, refletindo mais diretamente no sistema penitenciário, ou presidial. Assim, quando a *força de trabalho* aumenta em mais de 140% na zona urbana, é evidente que a criminalidade irá disparar, como o ocorrido entre nós nos últimos cinqüenta anos.

---

[327] Nossa fonte de pesquisa foi o IBGE, órgão oficial de pesquisa e estatística.

3.4.5. Finalizando

Pensamos que toda a sistemática da pena deve ter por escopo a reinserção do cidadão delinqüente. Este é um trabalho que deve ter início mesmo antes de o condenado estar em tal situação: a de apenado. Desde logo deve ter início a individualização da pena, conforme ensina Saporito: *"Será necessário estudar o delinqüente para o conhecer, conhecê-lo para o tratar racionalmente, e tratá-lo para o melhorar"* [328]. A atividade sociocultural e a laborterapia devem estar presentes diuturnamente na vida daqueles que, desgraçadamente, se tornam *desviados.*

Pensamos que todas as leis que beneficiam o condenado devem ser cumpridas com rigor sistemático. Não pode o Estado pretender o respeito de alguém, se ele não está moralmente habilitado e não nutre esse mesmo componente social por ninguém, fazendo do *jus puniendi* uma arma mortífera e covarde. E mais: há premente necessidade de criar e ou corrigir algumas normas jurídicas pertinentes, visando a executar um plano minimamente sério.

Nunca é demais aceitar como boas, ainda uma vez, as palavras sadias de Augusto Seabra: *"Será bom não esquecer que os mais belos projectos que forem encarados, as mais dispendiosas realizações não conduzirão à ressocialização dos delinqüentes se estes não verificarem que a sociedade que antes o rejeitou, após o crime, não está disposta a ajudá-los"* [329].

O certo é que, se não houver vontade política da classe governante, nada se conseguirá. Inclusive essa necessária colaboração do corpo social, deverá sair do aspecto formal e alcançar a praticidade. Aqui, somente mesmo o Estado tem meios para tanto. Cumpre desarmar os espíritos, principalmente das autoridades públicas e privadas, reconhecidas como tal.

Se não houver essa conjugação de esforços, então sim, diremos terão sido em vão todos os nossos esforços. É questão de conscientização. Sem isso, sobra apenas o abismo para a problemática da questão penitenciária, no particular, e da presidial, no geral.

---

[328] SAPORITO é citado por Augusto SEABRA na obra já mencionada.

[329] Obra citada, pág. 144.

4. DE LEGE FERENDA

4.1. Dados introdutórios; 4.2. O voto para o preso; 4.3. Projetos em tramitação; 4.3.1. Projeto nº 1.952/96; 4.3.2. Projeto nº 1.680/96; 4.3.3. A problemática dos antecedentes criminais; 4.4. Os patronatos; 4.4.1. Normatização possível e desejável; 4.5. A FUNAP-Fundação de Amparo ao Preso Trabalhador; 4.6. O conselho penitenciário; 4.6.1. Gênese; 4.6.2. A atualidade; 4.7. Prisão junto à família; 4.8. APAC; Assoc. de Assistência ao Condenado; 4.8.1. Uma idéia, um ideal, um sucesso; 4.8.2. Os números; 4.8.3. 'APAC'de Bragança Paulista; 4.8.3.1. Apresentação e considerações; 4.8.3.2. Convênio; 4.8.3.3. Os estatutos; 4.9. Das leis a fazer; 4.9.1. Breve introdução; 4.9.2. Enxugamento de órgãos.

4.1. Dados Introdutórios

Sem pretender ditar cátedra ou mesmo qualquer regra de convivência social, uma observação há de ser feita nesta oportunidade, visando a assimilação e compreensão por nós adotada neste espaço.

Temos observado e acompanhado com assiduidade o descaso do governo em relação à solução do problema presidial, ou penitenciário, em nosso país, onde os fatos provocam complicações e clamor público com velocidade acima do permissível e diante de tais circunstâncias, há de se supor que logo estarão fora do controle do Estado [329B]. Mas por que é ou está sendo assim? Simplesmente porque as soluções sugerem tão-somente quando os fatos já ocorreram e deixaram seu rastilho de sangue e de desordem social. São os administradores de ocasião, que somente elaboram um plano de ação para o *post factum*.

Doravante daremos início a um projeto de ruptura com todo esse arcaísmo que aí está, atravancando o desenvolvimento e a modernização do sistema presidial como um todo. Procuraremos demonstrar o que se pode, efetivamente, realizar em termos de legislação. Da mesma forma, haveremos de realçar os defeitos da legislação vigente, bem ainda forne-

---

[329B] Na cidade do Rio de Janeiro, o controle do Estado sobre a segurança é meramente formal, pelo menos nos morros, onde a marginalidade e a delinqüência, unidas, são o **"Poder"**.

cer aquilo que, a nosso juízo, poderá servir de norte para o reaparelhamento do sistema penitenciário, atualmente feito em frangalhos. Completamente desmoralizado e desacreditado tanto pela sociedade quanto pelo destinatário desse serviço de magnânima utilidade pública: o presidiário.

Não se espere do que vamos sugerir deste espaço do trabalho a panacéia para todos os males antes demonstrados e criticados. O que se pretende, realmente, é trazer para o questionamento aberto o problema e, se possível, apresentar algo que possa de alguma forma, ajudar a solucionar, ou minimizar, a crise hoje existente. Só uma posição é de nossa convicção absoluta: ou se faz alguma coisa rapidamente, ou se assume a responsabilidade histórica pelo cataclismo que irá se abater sobre todos nós[330].

Não nos empolga o espírito de contenda ou de alimentar pendengas despiciendas. Entretanto, pensamos sinceramente que muito há de ser dito, e muito mais a ser feito. Portanto, se acaso as idéias aqui expostas não refletirem o que de melhor se possa fazer pela sociedade, resta a certeza de termos tentado acertar, com honestidade de princípios e, principalmente, com idealismo. Se conseguirmos criar um mecanismo que transforme o ex-convicto em cidadão ao menos pacato, ainda que apático, já estará havendo recompensa pelo esforço desenvolvido. Pior que continuar achando difícil é ficar assistindo inerte à derrocada veloz pela qual passa o sistema presidial. Afinal, o *non facere*, nada produz. É preciso sair do marasmo.

Além do mais, há em nós a convicção de que este trabalho poderá ser, quando pouco, o ponto de partida para que o Estado, através dos seus múltiplos órgãos encarregados do problema carcerário, principalmente, adote uma política séria e pragmática sobre o assunto como um todo. Determinando imediatas e enérgicas providências legislativas e administrativas, no sentido de sanear os comprometedores vícios hoje existentes na legislação e na forma de administrar o cumprimento da pena e no espaço infracarcerário. Não é preciso muito, somente vontade política.

Como primeira e inadiável providência, desburocratizar para agilizar a liberação daquele recluso que faça jus a esse direito sagrado e inalienável: o da liberdade. Nesse sentido, há na Comissão de Constituição e Justiça

---

[330] Precisamente em 26 de agosto de 1996, às 8:30 horas, quando a Polícia comunicava a prisão dos criminosos daquilo que passou a ser denominado *"Crime do Bodega"* (alusão ao nome do bar onde ocorreu o latrocínio), o Delegado Titular do 15º DP declarou: *"São pessoas que vivem em estado de miserabilidade absoluta. A vida para eles não vale nada"*. Fonte CBN, ao jornalista Heródoto Barbeiro.

do Congresso Nacional, um projeto de autoria do deputado petista do Rio Grande do Sul, Luiz Mainardi, que pretende inserir um parágrafo no artigo 112 da Lei nº 7.210/84, acrescentando o seguinte: *"Parágrafo Único. A decisão será motivada e precedida, quando possível, de parecer da Comissão Técnica e Classificação e do exame criminológico, quando necessário"* (grifo nosso)[331A]. Haveremos de voltar logo mais ao tema, quando de uma análise mais profunda sobre a LEP, para dissecar as vantagens que o projeto tem em relação ao entrave burocrático.

No pertinente às *prisões cautelares*, que se aplique, com menos parcimônia e mais coragem, os preceitos contidos nos artigos 310/311/312 do Código de Processo Penal. Afinal, se os "presídios" estão superlotados, como justificar tanta rigorosidade, não raro inusitadas e por vezes descabidas, como é o caso da Lei nº 7.960/89, violadora por excelência do preceito constitucional contido no inciso LVII, do artigo 5º (norma jurídica constitucional de eficácia plena) da Lei Maior[331B].

Além do mais, e no mesmo diapasão, cumpre que os julgadores apliquem, com destemor e independência, as normas jurídicas cujas proposições (ou preceitos) se visualizem nos artigos 44, incisos, e parágrafo 2º do artigo 60, libertando desde logo, embora condenados, tantos quantos alcançados pelos benefícios da lei.

Para amenizar o angustiante problema, bastante será cumprir a lei com isenção, em ambas hipóteses acima. O recolhimento ao cárcere deverá ocorrer somente *in extremis*, e não como vem acontecendo de ordinário. Ao magistrado da Primeira Instância não deve recair qualquer forma de pressão produzida pelo malsinado *"clamor público"*, de regra teleguiado pela mídia sensacionalista, o que acaba obrigando-o a remeter a decisão para a instância superior.

Em seguida, abrir um diálogo franco, sincero e honesto com a sociedade, principalmente com a denominada *"classe produtora"*, visando a absorver parte da mão-de-obra daqueles que estão em vias de liberdade, antecipada ou definitiva. Se houver garantias firmes de segurança, e incentivos fiscais principalmente no pertinente à Previdência Social e áreas afins, haverá de vir pronta e positiva resposta de parte do empresariado, principal consumidor da *força de trabalho*; especialmente aquele segmento que terceiriza a mão-de-obra e a repassa para os órgãos públicos.

[331A] O Projeto de Lei tem o número 1.952, de 1996, e me foi fornecido gentilmente pela assessoria do ilustre Deputado, a quem se exclui do rol dos que somente pensam em si mesmos.

[331B] Conforme ensina o Prof. José Afonso da SILVA.

Mais adiante retomaremos o assunto, sugerindo uma solução concreta que, a nosso juízo, poderá ser a saída para a questão da garantia patrimonial do empregador.

Antecipa-se, entretanto, uma coisa: não adianta ficar criando *"comissões de estudo"*, pois já foi dito que: *"quando o governo não quer resolver o problema cria logo uma COMISSÃO DE ESTUDOS"*![332] Se verídica ou não, pouco importa; entretanto, constata-se empiricamente, a prática desse expediente no cotidiano: de regra, essas *"Comissões"* são tão inúteis quanto custosas ao bolso do contribuinte, esse coitado!

É preciso, acima de tudo, seriedade no trato do crucial problema. Se assim não for, que se aceite pacífica e tranqüilamente o recrudescimento da violência urbana nos seus vários matizes e formas de criminalidade[333]. Não resolvem os discursos empolados e recheados de frases de impacto. É preciso ação eficaz, não ação violenta da força repressora do Estado, que diz não ter contingente para combater a criminalidade, mas o tem para multar veículos que circulam com placas não permitidas para o dia[334], como se delinqüentes fossem os proprietários de tais veículos automotivos.

Recentemente tivemos a grata satisfação de assistir, na Universidade São Judas Tadeu, à palestra de um jovem professor de oitenta anos de idade, dessa magnífica Pontifícia Universidade Católica, que, citando o economista Samuelsen, disse: *"A guerra contra a pobreza terminou. Os pobres perderam"* [335]. Agora, hei por bem repetir o mesmo raciocínio, apenas que em outro contexto: no sistema presidial, a guerra não acabou ainda, mas se continuarem as coisas como estão, desgraçadamente, a grande derrotada será a sociedade como um todo.

---

[332] Frase que se atribui ao engenheiro Paulo Salim MALUF, quando era governador do Estado de São Paulo.

[333] Durante os meses de julho e agosto de 1996 a criminalidade demonstrou sua face mais cruel e brutal. Meliantes atiram e matam até o que não estão vendo. De regra, recém-saídos, pela porta da frente ou pelos muros e túneis, dos nossos cárceres.

[334] Nos dois primeiros dias do "rodízio", o Estado aplicou nada menos que 18.500 multas. Considere-se que somente a P.M. trabalhou, já que os agentes da CETESB estavam em estado de greve, e os "marronzinhos" não foram autorizados pela Prefeitura a realizar tal missão. Admitindo-se que cada policial tenha preenchido 25 autos de infração ao dia, ter-se-á um contingente de pelo menos 500 homens-dia desviados para esse serviço que, a rigor, não é da Segurança Pública, tampouco essencial à segurança do cidadão. Se trabalhando na sua finalidade primária, talvez até tivessem evitado algum crime.

[335] O jovem professor de oitenta anos é André Franco MONTORO, diante de cujas idéias, um dia, este país há de curvar-se. Falou no dia 9 de julho de 1996, no auditório da Universidade São Judas Tadeu, encerrando o ciclo de palestras que levou seu nome.

Consciente de que esta não é a melhor coisa que pode nos ocorrer, pensamos poder oferecer espaço para algumas reflexões àqueles que efetivamente detêm o Poder, podendo, se quiserem, resolver, ou pelo menos amenizar, esse caos por que passa o sistema penitenciário, que é uma *diferença especial*, espaço em que deve incluir também o sistema presidial, que é, inquestionavelmente, o *gênero próximo*[336].

Reitera-se ainda uma vez: já não resolvem os discursos de palanque ou palestras inflamadas para e por intelectuais de ocasião, que discorrem longamente sobre o *nihil* absoluto, para chegar com ênfase a lugar algum. Não há mais espaço para especulações e expedientes inflados de oportunismo. É necessário apresentar-se algo de concreto, de positivo. Não se pretenderá, por óbvio, declarar implantada qualquer apotegma, mas algo que, se trabalhado, então sim, será possível, em médio espaço de tempo, acreditar num câmbio que resulte benéfico a todos: cidadão delinqüente, de um lado, e a sociedade do outro.

Somos responsáveis por uma parcela de tudo o que vem acontecendo no sistema presidial, bem como do que vier a acontecer no futuro. Ao aceitarmos sem protestar que o governo transformasse Distritos Policiais em *depósito de presos* permitimos, inconscientemente, que as ruas ficassem desprotegidas. Ao permitirmos, sem protestar, que a lei não fosse cumprida quando deferia certos direitos aos condenados, aceitamos o recrudescimento da criminalidade, tal como a vemos hoje. Ao aceitarmos que a pena servisse tão-somente para segregar, trabalhamos em prol de uma criminalidade ainda mais nefasta e perniciosa do que aquela que gerou a prisão dos meliantes de antanho. Cumpre fazer alguma coisa, disso temos certeza, para evitar a reincidência, já que o reincidente se torna cada vez mais agressivo e mais habilidoso, desgraçadamente. É preciso, já se disse, fazer alguma coisa. Vamos tentar, no que nos seja possível.

Colocaremos a seguir a nossa modesta, mas bem intencionada colaboração. Se nada do que dissermos for aproveitável, ou aproveitado, então haveremos de reiterar o texto de Franz Kafka descrito em outra parte[337]. Nunca é demais raciocinar sobre as palavras de Nietzsche, colocadas magistralmente na boca de *Zarathustra*: *"Antes não saber nada*

---

[336] Linguagem invariavelmente empregada pela Professora Maria Helena DINIZ.

[337] "Colônia Penal", pág. 95: *"Sintetizando: de qualquer forma realizei o que me propusera a realizar. Mas não venham dizer-me que não valeu a pena todo este sacrifício. Em todo caso não estou apelando para qualquer julgamento humano, limito-me apenas a transmitir meus conhecimentos fazendo um relatório".*

do que saber muitas coisas por metade! Antes ser louco por seu próprio critério, que sábio segundo a opinião dos outros! Eu por mim, vou ao fundo"[338]. Afinal, compete às autoridades: públicas e privadas[339], implementar os meios necessários para o sucesso que se pretende da reinserção social. Entretanto, não se espere sucesso se não houver a perfeita assimilação da sociedade, principal e maior beneficiária nesse processo. Pensamos que o primeiro passo é catequizar os setores mais recalcitrantes desse mesmo grupo social, no sentido de desarmar os espíritos. Se isso não for possível, então todo o esforço estará baldado.

4.2. O Voto para o Preso

Despiciendo dizer da falta de vontade política da classe governante em melhorar, aprimorar, modernizar, dar conteúdo lógico e razão de ser à pena. Daí a situação caótica em que se encontra o sistema carcerário no geral e, em especial, o penitenciário, onde a pena tem longo percurso. Todos os autores que tratam do tema "direitos do preso", afirmam, entre tantos, os seguintes:

1 — Direito à vida, propriedade: caput do art. 5º da C.F.

2 — À integridade física e à honra: inciso XLIX, art. 5º da C.F.: à honra, etc.: art. 38, C.F.

3 — À cultura: art. 215 C.F.

4 — À liberdade de consciência e convicção religiosa: 5º, VI, C.F.

5 — À assistência juridiciária: LXXIV, C.F.

6 — À previdência social: art. 39, C.P.

7 — A tratar pessoal e reservadamente com advogado: art. 7º, II.

8 — Ao trabalho: 28 ao 37 da LEP.

9 — Outros tantos: art. 41 e incisos da LEP.

---

[338] NETZSCHE, Frederich Wilhelm. *"Assim Falava Zaratustra"*. Edições e Publicações Brasil Editora S.A., 1949, pág. 229.

[339] Alf ROSS define com precisão o que são autoridades pública e privada, dizendo: *"Se dice que una autoridad es pública cuando sirve a la comunidad soberana que llamamos Estado (y sus partes subordinadas, por ejemplo, sus cuerpos municipales). En cambio, la autoridad de los padres en el seno de la familia, y la de los órganos en las sociedades privadas y asociaciones diversas, se dice que és privada"*. "Sobre el Derecho y la Justicia", Editorial Universitaria de Buenos Aires, 1977, pág. 199.

Todavia, na prática, pouco ou nada se faz nesse sentido. É como se a lei não existisse para ser cumprida quando o destinatário-beneficiário é o condenado pela Justiça. Se não há, *in casu*, *anomia*, então estaremos diante de agressiva e lastimável paranomia. Como conseqüência, depara-se com o estado deplorável pelo qual passa o sistema presidial, cujo reflexo recai diretamente na sociedade e seus membros.

Seria o caso de se pretender a alteração do inciso 3º do artigo 15 da Constituição Federal[340], devolvendo aos presos essa parte da cidadania que fica prejudicada pela sentença criminal. Diz-se somente o trânsito em julgado, mas, na prática, vale desde o momento em que o cidadão delinqüente — habitual ou não, tanto faz — é recolhido ao cárcere.

A justificação de alguns constitucionalistas é de conteúdo ético. Alegam que não seria ética a concessão do direito de voto a alguém que não convive bem com a sociedade e, por isso, encontra-se segregado. Se for por questão ética o problema está solucionado, já que o Estado não dispensa qualquer tratamento ético ao cidadão delinqüente, a começar pelas acomodações que lhe impõe, passando pela falta de respeito e consideração mínimas no trato diário. Veja-se, por exemplo, o absoluto descumprimento de prazos garantidos também por lei[341], entre tantas outras mazelas, das quais o Estado lança mão sem um mínimo resquício de comportamento ético. Vale dizer: dois pesos e duas medidas.

Desgraçada e vergonhosamente, se o verdadeiro motivo é o alegado, então não há que falar-se nele, posto que a Ética não é coisa muito em voga na administração carcerária. De ordinário, principalmente quando há fugas ou rebeliões espetaculares, a imprensa traz o problema à tona e, aí sim, se constata claramente quão antiético ou aético e cínico é o Estado no seu comportamento ante situação tão calamitosa.

Se assim viermos a agir, liberando o direito de votar aos presos, não seremos os pioneiros, já que nos Estados Unidos o voto do preso já é realidade, conforme trabalho que vem sendo desenvolvido pela Comissão Nacional de Direitos Humanos da Ordem dos Advogados do Bra-

---

[340] É a seguinte a redação dos artigo 15 e seu inciso: *"É vedada a cassação de direitos políticos, cuja perda ou suspensão só se dará nos casos de ... III. condenação criminal transitada em julgado, enquanto durarem seus efeitos"*.

[341] Não é nossa intenção polemizar nesta oportunidade, mas é vergonhoso que o "Indulto Natalino", que todo ano tem decreto determinando o dia de encerramento de tais e quais penas, atrase até seis meses para ser cumprido. No ano de 1996, até maio não tinha sido cumprido o Decreto, por excesso de burocracia.

sil[342]. Respeitadas todas as condições: sociológica, econômica, cultural e educacional, nem seria necessário discorrer sobre o assunto. Se lá pode e ocorre, o que dizer daqui, onde os *delinqüentes tupiniquins*, conhecem o dia do início do cumprimento da pena, mas não têm certeza de quando é que serão libertados, embora saibam adrede o dia do vencimento da pena.

Tivemos oportunidade de conversar reservadamente com alguns membros do Conselho Penitenciário do Estado de São Paulo[343]. De maneira geral, também os com quem conversamos concordam com o voto do preso. Pensam que, somente assim, se chamará a atenção dos governantes para o crucial problema por que passa o *sistema*[344]. Também eles sabem que, sem vontade política, não haverá solução para o problema. Partindo-se dessa premissa, torçamos fervorosamente para que a proposição do Conselho Federal da OAB prospere.

Entretanto, o cepticismo nos domina. Não cremos que haja alguém no Congresso Nacional com tamanha coragem[345]. Seria muita modernidade para uma Casa tradicionalmente retrógrada[346], onde aproximadamente 60% do quadro tem cadeira cativa e não se sente com ânimo de abrir mão, salvo se for para algum parente e, ainda assim, somente *in extremis*. Quando alguém se propõe — ameaça — produzir algo novo é logo "rifado do *métier*". No campo específico do Direito Penal, tivemos a rara felicidade de ouvir notícia sobre um projeto, do qual já fizemos alarde um pouco antes [347]. Não fosse essa notícia perdida no tempo e no espaço, e não teríamos tomado conhecimento do quanto iremos discorrer logo mais adiante.

---

[342] A autora do projeto é a Dra. Maria da Graça Diniz BELOV, membro daquela Comissão.

[343] Por questão ética, hei por bem não citar nomes, já que a essas pessoas não interessa o confronto com os governantes. Reservo-me, destarte, o direito de sigilo da fonte.

[344] Recentemente, quando da assinatura do convênio entre o Estado e a União para desativar a Casa de Detenção de São Paulo, o ministro Nelson JOBIM, declarou para o repórter da CBN *"a pessoa que cumpre pena numa prisão como esta, só pode se tornar uma fera"*. O Senhor Ministro não teve oportunidade de inspecionar os xadrezes dos DPs!

[345] Exceção que se faz a um deputado do PT, Luiz MAINARDI, pessoa que não conhecemos, mas temos tido boas referências sobre seu trabalho.

[346] Recentemente, através de notícia da CBN, ficamos sabendo do trabalho do deputado federal pelo Rio Grande do Sul, Luiz MAINARDI, que, juntamente com uma minoria, representa a exceção.

[347] Há um outro deputado além do Dr. Luiz MAINARDI, preocupado com o Direito Penal, no geral; trata-se do Dr. Augusto NARDES, de cujo projeto haveremos de falar logo mais, e cujo relator é o primeiro mencionado.

4.3. Projetos em Tramitação

4.3.1. Projeto nº 1.952/96

Além do fecundo trabalho do parlamentar gaúcho antes mencionado, saliente-se o projeto que visa a agilizar a progressão dentro do sistema penitenciário, criando hipótese nova perante o artigo 122 da Lei das Execuções Penais, para cuja apresentação estamos repetindo a *"Justificativa"*, já que, no seu bojo, arrosta sem temor uma realidade a todo custo escamoteada pela classe governante incompetente. Ao texto: *"A Lei de Execução Penal, em seu artigo 7º, determina que cada estabelecimento prisional deverá possuir uma Comissão Técnica de Classificação composta, dentre outras pessoas, de um psiquiatra, um psicólogo e um assistente social. — Ocorre que como muitas vezes a distância entre o que está previsto na lei e a realidade, é fato bastante comum que as penitenciárias não possuam essa Comissão. Devido a isso, não é justo que a decisão que transfira o detento de um regime mais rigoroso para um menos rigoroso fique condicionada a uma comissão muitas vezes inexistente. — A presente alteração, acredito, agilizaria a progressão da pena privativa de liberdade, razão pela qual conto com o apoio dos ilustres Pares para a aprovação deste projeto. — Sala das Sessões, 22 de maio de 1996 — Deputado Luiz Mainardi"*.

Já anteriormente demonstrado o quão simples é a solução apresentada pelo nobre parlamentar. Se o Estado é impotente e inerte, que facilite a tramitação do processo de reinserção. O que não se concebe é o que vem ocorrendo: não tendo como progredir em busca da reinserção, os órgãos responsáveis regridem sem vacilar. Veja-se, por exemplo, o que ocorre em São Paulo, onde o Estado, não tendo as Casas de Albergados, para o cumprimento em regime aberto, transformam a vontade da sentença, regredindo para o regime semi-aberto. E o que é mais grave: alguns magistrados se curvam ante tal estado de coisas, lançando mão de um vergonhoso e desmoralizante, para não dizer indigno, *comodus disenso*[348].

Poder-se-ia adotar como norma imperativa o seguinte: *"Aquele que, recolhido sob a custódia do Estado, prestes a obter qualquer direi-*

---

[348] Veja-se, atualmente, a situação em que se encontra o C.O.C., feito depósito de presos em situação de presídio semi-aberto. Agora o C.O.C. não atende bem nem a sua finalidade primeira, que é realizar os exames criminológicos, tampouco se presta para presídio semi-aberto, como querem os detentores do Poder.

to à progressão, entrará em período de prova pré-decisória pelo menos noventa dias antes da data limite". Nesse lapso temporal, o Estado estaria obrigado a providenciar os pareceres compatíveis. Caso os órgãos responsáveis viessem a negligenciar, o remédio heróico seria aplicado com a garantia da liminar, sem prejuízo de possível ação privada de indenização. Neste caso, o Estado reservar-se-ia o direito de regressão contra o funcionário relapso, além de outras cominações de natureza administrativa e, quem sabe, até mesmo a apuração da responsabilidade criminal pela omissão ou má vontade.

Não é possível continuar a conviver com tais retardamentos, que afrontam muito mais que um direito subjetivo do cidadão delinqüente, mas a própria eficácia do sistema como um todo. Se o Estado é impotente ou inoperante, que confesse publicamente sua fragilidade, proporcionando ao preso o direito que lhe é devido. Não se trata de favor, mas de ética. Com isso, pensamos, será possível minimizar o nebuloso clima existente entre os encarcerados e o sistema presidial. Afinal, os reclusos não são responsáveis pelo excesso da população carcerária, já que não são estes que determinam a prisão de ninguém[349]. São, em realidade, *"vítimas"* de um perverso sistema carcerário que, sem escrúpulo algum, viola as leis tanto ou mais que os próprios meliantes, já que, estes, não raro são *"ocasionais"*, enquanto que o Estado, por seus antecedentes, pode ser taxado de *"habitual"*, conforme disse Enrico Ferri.

4.3.2. Projeto nº 1.680/96

Este é um outro Projeto de Lei que nos foi cedido pelo nobre deputado Luiz Mainardi, do qual é Relator[350]. Versa a pretensão sobre alteração em três normas jurídicas distintas: duas incrustadas no Código Penal, e a outra na Lei de Execução Penal.

Com efeito, o artigo 1º do retro-mencionado Projeto de Lei pretende a exclusão da exigência de primariedade para os casos de progressão no sistema penitenciário: precisamente nas alíneas *"b"* e *"c"*, do artigo 33. *In verbis*: *"Artigo 2º: Ficam suprimidas as expressões "não*

---

[349] No momento em que estávamos redigindo esta parte, estava acontecendo uma rebelião na Cadeia de São Bernardo do Campo (30/08/96), com capacidade para 108, mas com uma população de 338 presos, bem mais que 200%. Disse a reportagem (CBN) que, ali, muitos presos já se encontravam com penas vencidas, ou mesmo com o direito à progressão negligenciado. Este seria, a rigor, o motivo da rebelião. Mais um pelas mesmas razões. Até quando?

[350] De autoria do deputado Augusto NARDES.

reincidente", contidas nas alíneas 'B' e 'C' do Parágrafo 2°, do art. 33, do Decreto-lei n° 2.848, de 7 de dezembro de 1940 — Código Penal"[351].

A Justificativa está centrada na precariedade em que se encontram nossos presídios. Para facilitar a assimilação, resolvemos reproduzir *in totum* o documento neste particular: *"O Projeto de Lei ora submetido à consideração de meus ilustres Pares trata de dois aspectos fundamentais, no âmbito da execução penal. — O art. 33, parágrafo 2°, alíneas 'B' e 'C', do Código Penal, determina que o condenado não reincidente*[352] (grifo nosso), *cuja pena seja superior a quatro e inferior a oito anos*[353], *poderá desde logo cumpri-la em regime semi-aberto. No mesmo passo, dispõe que o condenado não reincidente, cuja pena seja igual ou inferior a quatro anos, poderá desde o início, cumpri-la em regime aberto. — Parece-nos que a exigência legal da não reincidência — é inoportuna, visto que, à luz da situação precária de nosso sistema penitenciário, é de se encorajar a concessão dos regimes semi-aberto ou aberto, mesmo se o condenado for reincidente. — Evidentemente, a determinação do regime inicial de cumprimento da pena será decidida pelo Juiz, de acordo com os critérios previstos no art. 59 do Código Penal (entre eles, os antecedentes, a conduta social e personalidade do agente). Tal, aliás, já é a orientação da lei, art. 33, parágrafo 3° do Código. — De outro lado, e sob o mesmo fundamento da precariedade do sistema penitenciário brasileiro, procuramos alterar a Lei de Execução Penal, quanto às regras do regime-aberto, para o fim de que, à falta de Casa do Albergado ou estabelecimento adequado, seja deferido ao condenado o benefício da prisão domiciliar. — Não se pode impingir ao condenado (regime aberto) o cumprimento da pena em regime fechado, quando se constata a inexistência de Casa de Albergado — como vem decidindo o Colendo Supremo Tribunal Federal. A lei deve ser aprimorada, para que se evite tamanha injustiça. — Os estabelecimentos penitenciários, que não reeducam ninguém, como deveriam, devem ser reservados tão-somente para os autores de crimes graves. — Certos de que estaremos, com as medidas aventadas, aperfeiçoando a legislação em vigor, contamos com o*

---

[351] Labora em erro a citação do artigo em relação à Lei n° 2.848, que tratava de doença mental: "Art. 33. O Sentenciado a que sobrevém doença mental deve ser recolhido a manicômio judiciário ou, à falta, a outro estabelecimento adequado, onde lhe seja assegurada a custódia". A alteração se deu com o advento da Lei nº 7.209/84.

[352] Se "não reincidente", portanto primário, em qualquer das suas formas.

[353] Não se trata de pena inferior a oito anos, mas não superior, o que não é a mesma coisa.

endosso de V. Exa. para a aprovação desta proposição. — Sala das Sessões, em 26 de março de 1996. — Deputado Augusto Nardes"[354].

No que concerne à alteração do Código Penal, a redação incorre no mesmo vício já remetido para o rodapé: *inferior*. Não se trata, bem de ver, de condenados cujas sanções seriam de três anos, onze meses e vinte e nove dias; mas de até quatro anos redondos. A mesma regra se insere nos casos que, no geral, o início do cumprimento da pena se dá em regime semi-aberto, que são aquelas penas superiores a quatro mas iguais ou inferiores a oito anos. Lamentavelmente, o Relatório vem com o mesmo pecado[355].

No cotidiano, o que se tem visto é um quase, ou quem sabe, um real *reformatio in pejus*. Tem-se reclamado quanto às condições sub-humanas dos DPs, alguns feitos, formalmente, *"prisão especial"*, mas que, materialmente, na realidade mórbida e perversa do mundo real, em nada se habilitam para o mister de serem, ao menos, dignos da denominação: "presídio"[356]. Poucos, raros mesmo, os magistrados que desfrutam do altruísmo de denunciar, nas sentenças, o estado calamitoso dos "depósitos de seres humanos", que alguns chamam de cárcere, quando *"masmorra"* seria mais adequado.

Mesmo o mais cruel e execrável dos facínoras deve ser tratado com respeito mínimo necessário por parte do Estado, se não for em sinal de respeito à pessoa humana, que seja então por imperiosa necessidade de se cumprir a lei estabelecida e imposta coercitivamente por esse mesmo Estado. Por outro lado, o Estado, ao não cumprir suas próprias normas, auto-impostas, enseja o desrespeito generalizado, tal como estamos vivenciando nesta quadra do tempo.

Se *"Jean Valjean"* tivesse sido figura real e tivesse passado pelos nossos presídios, muito certamente estaria feliz em ter sido tratado como

---

[354] Sobre a intenção e o raciocínio do autor do Projeto, vale a pena ler Michel FOUCAULT, em *"Vigiar e Punir"*, e Cezar Roberto BITENCOURT, na obra *"Falência da Pena de Prisão: Causas e Alternativas"*, editada em 1993, pela R.T..

[355] O Relator da matéria é o nobre parlamentar Luiz MAINARDI, a quem dirigimos os nossos sinceros agradecimentos pela ajuda espontânea. Não tem sido fácil obter informações, sobre isto voltaremos logo mais.

[356] Na condição de presidente da Comissão de Direitos e Prerrogativas da Seccional de São Paulo da Ordem dos Advogados do Brasil, temos nos insurgido com vigor contra tal estado de coisas, denunciando sempre o abuso que se comete e a burla que se pratica contra direitos garantidos. Não aceitamos sem protestos tal estado de coisas, que em muito atrapalham e em nada colaboram para a reinserção.

foi pelo maníaco-depressivo *"Inspetor Javert"*, já que, aquele, não teria sido tão cruel quanto o são os *"Javert"* de agora, vez que desprovidos de qualquer sentimento de solidariedade, sensibilidade ou espírito de humanidade para avaliar o quadro que aí está, e, por isto, minorar a aplicação da pena reclusiva. Agem como autômatos, mandando para o cárcere sem qualquer exercício axiológico do quadro reinante. Dizem estar cumprindo a lei! Desde sempre, lei injusta e perversa não apazigua, ao contrário, exacerba as relações sociais. O Direito é constituído de uma estrada de mão e contramão, em qualquer relação jurídica há sempre a contrapartida da obrigação. Não se trata de relação entre *coisas*, mas de relação entre *pessoas*[357]. Lamentavelmente, o condenado é tratado como *res*, não como pessoa humana. Daí o recrudescimento da criminalidade, notadamente quando agilizada por ex-convictos.

A razão de ser do Projeto, como bem diz o Relator, se encontra também na Constituição Federal, que entende como *"cláusula pétrea"* aquela norma jurídica contida no inciso XLVIII do artigo 5º, *in verbis*: *"A pena será cumprida em estabelecimentos distintos, de acordo com a natureza do delito, a idade e o sexo do apenado"*. Como explicar, por quem deveria fazê-lo, tanto desrespeito ao cumprimento da lei? Não se discuta, ademais, a competência da União para legislar sobre o assunto[358]. Critique-se, isto sim, sua inoperância em fiscalizar e fazer cumprir o preceituado. Não tendo como fazer cumprir a lei, a União cria, ao arrepio da Constituição Federal, duas leis violadoras do sagrado *princípio de presunção de inocência*[359], duas leis permitindo a prisão antecipada. E o que é teratológico: para o fim de facilitar as investigações?[360] Ao se criarem tais aberrações, forçou-se um conflito aparente de normas, já que existia medida própria para os casos que tais[361].

---

[357] Conforme ensinamento de Hans KELSEN, para quem as coisas não se relacionam senão que movidas, agilizadas, pelas pessoas. Estas têm "vontade", aquelas não. *"Teoria Pura do Direito"*, 3ª ed..

[358] Vide o inciso I do artigo 22, e o artigo 48, ambos da Constituição Federal.

[359] É o que determina o inciso LVII do art. 5º da C.F.

[360] As Leis nºs 7.960/89 e 8.072/90 inventaram as execráveis *"prisões temporárias"*, de conteúdo policial. A primeira marcando cinco dias, a outra, trinta dias. Ambas com autorização para a duplicação do prazo. Os srs. José Ribamar (SARNEY) e Fernando COLLOR, deixaram claro que nada conhecem de Direito Penal, mas demonstraram absoluta insensibilidade para com o caos por que passa o sistema penitenciário e, com muito zelo, quão reacionários são. Daí ficar exposto o despreparo dos homens públicos do País.

[361] Em verdade, o artigo 312 do Código de Processo Penal, está posto para tais casos. Este mesmo, que continha três hipóteses para sua decretação, agora foi ampliado com mais uma.

No corpo do Relatório um raciocínio que vimos dissecando reiteradamente. Trata-se da desnecessidade da pena privativa da liberdade na maioria dos casos, já que não produz qualquer efeito benéfico, quer ao apenado, quer à sociedade. In verbis: *"É insofismável o fato de que nossos estabelecimentos penais não recuperam, e não educam, salvo raríssimas exceções. E, mais grave ainda, acabam por tornar mais violentos, perversos e abjetos os segregados, especialmente em conseqüência da explosiva mistura de presos de alta periculosidade com novatos que sofrerão as piores influências."*

Os presos mais jovens são, como regra geral, os que mais se contaminam[362], já que postos à disposição dos mais experientes e habituados àquele universo perverso e prepotente. Torna-se necessário fazer valer uma *"coragem"* nem sempre possuída. Deve fazer-se forte para não se desmoralizar perante seus iguais. Para não virar *"mulher"*[363] de outro, ou de outros presos mais tarimbados e violentos. Além da *"escolaridade"* recebida por aqueles que, de alguma forma, escapam dessa forma de degradação e distorção moral.

Condenados por um furto simples, por exemplo, de pequena monta, *"crime de bagatela"*, dirá o professor Paulo José da Costa Júnior, ao saírem estarão habilitados e credenciados para "trabalhos" mais respeitados ante a criminalidade, como os assaltos e outros semelhantes. Deixam de ser o *"pé de chinelo"*, para serem considerados, reconhecidos e respeitados como *"linha de frente"* ou então como *"da pesada"*. Todos esses títulos visam demonstrar certa ascensão social no universo da criminalidade. Além de um novo relacionamento que lhes propicia o presídio com outros meliantes, cuja valia será inestimável quando recuperarem a liberdade. É a infra-estrutura criminal que não possuíam até então.

Por oportuno, cabe tecer a consideração que, não raro, sequer são condenados. Travam conhecimentos e amizades por ocasião daquela curta permanência no cárcere, mercê de prisão cautelar. Criminógeno congênito, com forte compulsão, assimila rapidamente. Eis por que, em outro momento, já se criticou a permanência desnecessária do processado, ou

---

[362] Neste sentido, veja-se D'ANTONIO, Hugo Daniel, em *"El menor ante el delito"*, Astrea, Buenos Aires, 1978, págs. 158 e seguintes. MORENO, Ciriaco Izquierdo, em *"Jovenes en la Carcel - Realidad y Reinserción Social"*, Ediciones Mensajero, Bilbao, Espanha, 1991, págs. 93 e seguintes.

[363] Reiteram-se as palavras do Ministro JOBIM: quem passa por um regime como esse *"vira uma fera"*. Não estaria aí a gênese da criminalidade violenta com a qual estamos nos defrontando? É preciso ter coragem e arrostar o problema em toda sua crueza.

mesmo averiguado, no presídio. Pior que a violação constitucional (princípio da presunção de inocência) pode ser a *contaminação*.

O artigo 2º do Projeto de Lei aqui dissecado, o de nº 1.680/96, versa sobre inserção de parágrafo único proposto ao artigo 117, da Lei nº 7.210/94, cuja redação preliminar é a seguinte: *"Art. 117...Parágrafo Único. A concessão do benefício de prisão albergue domiciliar será igualmente admitida quando houver comprovada indisponibilidade de Casa do Albergado ou de estabelecimento similar"*.

O ilustre deputado Relator Luiz Mainardi apresenta com muita propriedade uma Emenda Aditiva, onde acrescenta: *"na comarca de execução da pena"*.

Quanto ao projeto original, pensamos que nem seria necessário discutir, já que toda a doutrina se envereda por este caminho: o da aplicação sistemática *lex mitior*. A execução da pena deve seguir, sem vacilar, o mesmo princípio. Já que o Estado não tem como cumprir as suas próprias imposições, então que abrande os rigores da sentença condenatória[364]. Se assim agir, estará cumprindo o que determinou Bernardo Pereira de Vasconcelos, no seu monumental Projeto de Código Criminal do Império, tornado lei posteriormente[365]. Com efeito, ali dizia como agir em tais casos, vejamos: *"Enquanto não se estabelecerem as prisões com as commodidades e arranjos necessários para o trabalho dos réos, as penas de prisão com trabalho serão substituidas pela de prisão simples, accrescentando-se em tal caso a esta mais a sexta parte do tempo por que aquellas deverião impor-se"*. Fique claro que, para nós, qualquer acréscimo da pena é violento. Entretanto, vale para os dias de hoje no pertinente ao câmbio quanto ao regime, sempre para melhor.

Tristemente para nós, não é isso que vem ocorrendo. Muito pelo contrário: aplica-se, estranhamente, um princípio não previsto para tais casos, que é o da regressão. Vale dizer: não havendo onde cumprir a pena no regime semi-aberto, trancafia-se o apenado[366]. O mesmo ocorre em relação às chamadas "prisões temporárias", que vencido o prazo de

---

[364] Em tempos idos, o magistrado Eliezer de CARVALHO, que judicava no Rio de Janeiro, toda vez que se defrontava com casos de tóxicos envolvendo viciados, não tendo como fazer cumprir a lei, já que o Estado não dispunha de "estabelecimentos próprios para o tratamento do dependente", corajosamente absolvia.

[365] "Os Códigos Penais Brasileiros", artigo 49, íntegra na pág. 172.

[366] Exemplo vivo é o que se faz com o C.O.C., que, além de ter tido desvirtuada a sua função específica perante o sistema penal, é utilizado em quase que todas as suas dependências, para o cumprimento da pena de prisão semi-aberta. Uma aberração.

prisão policial, se transformam, quase que compulsoriamente, em prisão processual. Tal forma de proceder, longe de ajudar no labor da reinserção, dificulta-a sensivelmente. Sem contar o vergonhoso descumprimento da exigência legal de manter essa espécie de preso em compartimento apartado[367]. A esta altura vale lembrar a frase maldita que teria sido proferida pelo presidente Getúlio Vargas: *"A lei, ora a lei!"*.

A emenda proposta é boa, entretanto e com todo respeito, pensamos que poderia tornar-se mais objetiva. Mais objetiva naquela parte em que discute o local ideal de cumprimento da pena para fins de reinserção. Ao que parece, o digno parlamentar foi buscar inspiração no artigo 48, segundo parágrafo, do Código Criminal do Império, que determinava tal providência[368]. Atualmente, tem sido uma constante procurar manter o preso o mais perto possível das pessoas que a ele se dedicam, e que, de outro lado, ele tem manifesto interesse em não perder o contato. Constatamos pessoalmente que tal preocupação é geral, e é certo, ademais, que em alguns países se pratica tal labor, como é o caso da Nicarágua, cujo Ministro Tomás Borja, segundo homem na hierarquia do Poder de então, tivemos oportunidade de conversar[369], que muito nos elucidou sobre o sistema penitenciário do país. Voltaremos ao assunto mais adiante para melhores e maiores esclarecimentos.

Uma outra norma jurídica que deve ser alterada é a contida no inciso I, do artigo 83 do diploma substantivo penal. Duas exigências ali contidas atrapalham a reinserção do condenado[370]. Com efeito, cumpre que não se exija prova de antecedentes, salvo os considerados na dura-

---

[367] Esta a redação do artigo 3º da Lei nº 7.960/89: *"Art. 3º. Os presos temporários deverão permanecer, obrigatoriamente, separados dos demais detentos"*. Ninguém até agora teve a coragem, ou a dignidade, de se insurgir contra deslavado descumprimento da lei, sequer nós, os da OAB.

[368] Está assim redigida: "Art. 48. Estas penas de prisão serão cumpridas nas prisões públicas que offerecerem maior commodidade e segurança, *e na maior proximidade que for possivel dos lugares dos delictos*, devendo ser designadas pelos juízes nas sentenças. Quando porém for de prisão simples que não exceda a seis mezes, cumprir-se-ha em qualquer prisão que haja no lugar da residência do réo, ou em algum outro próximo; devendo fazer-se na sentença a mesma designação". Fonte: "Códigos Penais Brasileiros", PIERANGELLI, José Henrique, Editora Jalovi, 1980, Bauru/SP.

[369] Na verdade, meu encontro com o Ministro Tomaz Borja se deu em Havana, por ocasião da VIII Conferência da Associação Americana de Juristas, em 1987. Posteriormente, quando estive em Manágua, janeiro de 1990, para participar, como observador pela A.A.J. do sistema eleitoral, travei conhecimento com o Prof. Victor Manuel ORDOÑEZ, o qual reiterou o que eu já sabia: sempre que possível, não deslocar o preso do centro das atenções da família.

[370] Eis a redação do inciso I do artigo 83: *"I - Cumprida mais de um terço da pena se o condenado não for reincidente em crime doloso e tiver bons antecedentes"*.

ção do tempo de prisão. Se o agente se comporta dentro dos parâmetros toleráveis durante este lapso tempo de encarceramento, não há motivo razoavelmente lógico para voltar a perquirir assunto já analisado, do ponto de vista axiológico, de modo exaustivo por ocasião do artigo 59.

Paulo José da Costa Júnior citando o jurista e ex-governador do Rio de Janeiro, Nilo Batista[371], diz: *"Os bons antecedentes defluirão de uma apreciação globalizante da vida anterior do acusado, não se podendo cingir a um só aspecto (um eventual desajuste familiar, um eventual traço anti-social, um eventual precedente judicial, etc.)"*. Ainda que assim seja. Ainda que "globalizante" a análise, inquestionavelmente estará havendo um perverso e malsinado *bis in idem sui generis*, já que estes "antecedentes" já foram apreciados anteriormente, ocasião em que o magistrado, no momento dosimétrico, sobre ele emitiu seu juízo axiológico, e se quedou silente é porque não julgou necessário considerá-lo. O que não pode, é voltar, posteriormente, para avaliar a destempo, pressuposto subjetivo que, desgraçadamente, em existindo, agravou a pena.

É imperioso que se enxuguem certas normas jurídicas, desburocratizando o quanto possível a tramitação do prosseguimento liberatório. O uso de termos e locuções não devidamente explicadas implicam, desastrosamente, em tremendo prejuizo ao trabalho de reinserção social. Ainda recentemente, uma emissora que trabalha tão-somente com notícias[372] informava que, passados quatro meses da concessão do indulto coletivo, até a ocasião os órgãos responsáveis pelo cumprimento do Decreto Presidencial, ainda não tinham chegado a bom termo. Procede, então, o Projeto de Lei nº 1.595/96, do deputado Luiz Mainardi que diz: *"Se possível"* e *"Quando necessário"*. Não há nada mais indecoroso que o desrespeito do Estado, por seus órgãos, em relação à procrastinação da liberdade legitimamente conseguida.

Pior ainda é o silêncio cínico que se apossa das autoridades responsáveis nessas ocasiões. Denunciadas por suas negligências, que são, em realidade, tipo penal, não contestam. Nada respondem, preferindo trabalhar com o fator do esquecimento que o *fato novo* produz ante a mídia. Isto faz lembrar Milan Kundera: *"Uma pergunta sem resposta é um obstáculo que não pode ser transposto"* [373]. E, ainda, do grande romancista contemporâneo da antiga Tcheco-Eslováquia: *"É justo le-*

---

[371] Comentários ao *Código Penal*, vol. I, pág. 437, Saraiva, 3ª Ed., 1989.

[372] C.B.N., dia 02 de setembro de 1996.

[373] KUNDERA, Milan. "*A insustentável leveza do ser*", pág. 143, 35ª ed., Editora Nova Fronteira, 1986.

vantar a voz quando se tenta reduzir um homem ao silêncio?", e ele mesmo responde: *"Sim."* [374] Se a pretensão de asfixiar um só homem é bastante para que nos insurjamos, o que dizer quando se trata de violentar direitos inalienáveis de um amontoado de seres humanos? Não se pretende produzir proselitismo, mas chamar a atenção para o caótico quadro pelo qual passa o sistema presidial, principalmente na particularidade de retardar concessão material da liberdade conseguida legitimamente.

Sobre o *Exame Criminológico*, cumpre realçar sua utilidade durante todas as fases do processo. Desde antes mesmo de qualquer sentença, *"quando necessário"*, o Estado deverá determinar a sua realização. O que não se deve permitir é a demora na realização do exame, retardando ou procrastinando direitos líquidos e certos do preso. Se o cidadão se encontra custodiado pelo Estado, não há razão lógica para que esse exame não se realize com a presteza condizente. Se houver delongas, deve ser responsabilizado o funcionário relapso[375]. Sobre o exigido exame criminológico, há trabalho publicado pelo livreto anteriormente mencionado[376].

Ali, o autor da matéria afirma que os magistrados, como regra geral, aceitam sistematicamente a conclusão contida no laudo pericial: *"Por outro lado, o que se tem observado é que os Juízes têm utilizado tal Parecer como regra geral para suas decisões. Raríssimos são os benefícios concedidos a despeito de laudo desfavorável. O contrário, porém, tem-se visto com certa freqüência. — Para aqueles que atuam nas Varas das Execuções, é comum ver sentenças baseadas unicamente nas conclusões do Laudo Pericial"*. Não pretendemos ser cáusticos, mas decidir sobre a liberdade de um homem com base exclusiva numa única fonte é, pelo menos, absurdo. Além do que, conhecem-se vários casos de desencontro entre o exame e a decisão, já que o julgador mantém o princípio da *"livre convicção"*, que é subjetiva.

---

[374] Obra citada, pág. 222.

[375] Essa responsabilização deve ser de natureza civil e criminal. Civil para ressarcir o Estado e o prejudicado de eventuais prejuízos causados pelo atraso, e criminal porque há norma jurídica pertinente: prevaricação (art. 319 do C.P.) . Pouco importa se a conduta se deveu ou não a interesses pessoais ou egoísticos. Basta que o seja por indolência ou negligência, como tem sido uma constante na Administração Pública.

[376] Nas págs. 68/69, trabalho do Dr. Mohamed Ali SUFEN FILHO, que é Procurador do Estado, e exerce, na ocasião, a função de Coordenador do Serviço de Assistência Jurídica ao Preso da Procuradoria Regional de Presidente Prudente.

Assim sendo, ficamos a meditar sobre a quantidade de certos laudos[377] e o valor probatório de outras informações como, por exemplo, o relatório do Diretor do Presídio, que mais diretamente convive com o preso. Destarte, estamos conformes com o que pretende o nobre duputado Luiz Mainardi: esses exames somente serão exigidos quando absolutamente necessários.

4.3.3. A Problemática dos Antecedentes Criminais

Embora não seja este tema (antecedentes criminais) o cerne do assunto que aqui se aborda, não seria nada criterioso deixar de passar *in albis* a oportunidade, posto que, não solucionada esta pendenga, dificilmente se resolverá a outra (Reinserção Social), que é a questão de fundo. Portanto, não seja interpretada a postura aqui adotada como um *"detournement de finalité"* (desvio de objetivo), mas subsídio para explicar e tentar solucionar o tema central deste trabalho.

Já tivemos oportunidade, outras ocasiões, de externar nossa opinião sobre como o Estado trata a questão da publicidade desses registros. Com efeito, o artigo 202 da Lei de Execução Penal pretende garantir sigilo quanto ao passado do egresso, mas não consegue[378]. Esse é um problema a ser solucionado com relativa urgência, pois enquanto perdurar a situação reinante, a reinserção fica muito mais difícil do que já o seria sem tamanho obstáculo a transpor.

Ao autorizar a extração de informações, ainda que somente quando *requisitadas*, o legislador deixou aberto um flanco para a publicidade dos antecedentes do condenado. Veja-se o texto da norma jurídica: *"Art. 202. Cumprida ou extinta a pena, não constarão da folha corrida, atestados ou certidões fornecidas por autoridade policial ou por auxiliares da Justiça, qualquer notícia ou referência à condenação, salvo para instruir processo pela prática de nova infração penal ou outros casos expressos em lei"* (grifos nossos).

---

[377] No exercício profissional, convivi com uma situação *sui generis*. Um constituinte J.C.F.D., do Paraná, após aguardar por oito meses, foi transferido para o Anexo do Presídio AU, em Curitiba, onde passou pelo exame. Disse-me o rapaz que o exame fora realizado por uma moça e que teria durado menos que quinze minutos.

[378] De modo diferente pensa o Prof. Jair Leonardo LOPES, para quem o artigo 202 resolveu definitivamente o problema, não somente aqui quanto à Reabilitação Criminal, tratada no artigo 93 do Código Penal.

A publicidade do processo é da nossa tradição. Então, a autoridade que trata de instruir um novo processo, ao receber as informações haverá de mandar juntar aos autos. Disso resultará quebrado o sigilo da informação ali constante, já que qualquer pessoa do povo poderá solicitar cópias de tudo que nos autos exista, o que é direito constitucional do cidadão[379].

De *lege ferenda*, dever-se-ia pensar no acréscimo de um parágrafo para a retro mencionada norma jurídica, ocasião em que determinaria a clausura da certidão, ou qualquer que fosse a forma de informação solicitada e prestada. Esse documento ficaria apensado aos autos, em invólucro lacrado, sendo vedado o conhecimento e extração de cópia do seu conteúdo. Talvez até fosse o caso de se proteger melhor ainda, pontuando a existência dessa informação mediante codificação a que somente o diretor do cartório teria acesso nas mesmas condições: lacrado, evitando-se, destarte, mesmo que os funcionários do cartório tomassem conhecimento da existência e, quanto ao seu teor, sequer o cartorário poderia ter acesso.

Nesse sentido, temos exemplo do Código de Execução Penal do Peru[380], onde em duas oportunidades o legislador se preocupou com o problema, redigindo os seguintes textos: *"Art. 142. Os antecedentes penais, judiciais e policiais não poderão ser utilizados contra o liberado, salvo para efeito de determinar a reincidência." "Artigo 144. São atribuições das Juntas de Assistência 'post-penitenciária': a) Gestionar a anulação dos antecedentes judiciais, penais e policiais do liberado"*[381]. Mais forte que os nossos artigos 93 do Código Penal, e 202 da Lei de Execução Penal, já que a primeira, norma jurídica substantiva, é dependente de procedimento próprio: o processo de Reabilitação Criminal, enquanto a última porta consigo obstáculo de difícil transposição, salvo se por elaboração de *lex novus*, conforme se demonstrará a seguir.

O que se propõe aqui é, na realidade, uma forma de tentar amenizar o mal que causa esse nefasto sistema de informações adrede ao julgador. É certo que a lei diz que o juiz, ao decidir, levará em considera-

---

[379] Na alínea 'B', do inciso XXXIV, do artigo 5º da Constituição Federal, no específico e no geral inciso LX.

[380] Trata-se do Decreto Legislativo nº 330, de 1985, combinado com a Lei nº 24.388, de 5/12/1985, já com as alterações.

[381] Tradução literal realizada por nós.

ção uma série de fatores, sobre eles emitindo juízo axiológico[382]. Mas, não se pode negar que, com isso o *in dúbio pro reo*, sofrerá um câmbio radical caso o magistrado prolator da sentença esteja em dúvida. Tratando-se de pessoa humana, passível portanto de simpatias, antipatias, idiossincrasias, etc., será ele também influenciável. Tanto é assim, que o Ministério Público, ao oferecer a denúncia, requer desde logo a Folha de Antecedentes do denunciado[383]. Ademais, julga-se o fato, não a pessoa e sua vida. A nosso juízo, somente após ter firmada convicção é que o julgador deveria tomar conhecimento da vida anterior do cidadão posto sob avaliação judicial de matiz criminal.

Assim, após avaliado o caso em si, com efetiva comprovação da culpa lata, ter-se-ia contato com a vida anterior daquele que está sob julgamento. Uma pena provisória já estaria definida nos autos, como a pena base hoje mencionada em certas sentenças. A partir daí, a emissão de juízo axiológico sobre o homem em si. Se necessário, o magistrado elevaria a pena para o fim de servir de emenda, fundamentando e justificando como quer a Constituição Federal [384]. Tudo o que se colocou neste breve espaço tem como escopo primeiro e absoluto a facilitação da Reinserção Social do egresso[385A]. Se não cuidarmos desses detalhes, vistos sempre como insignificantes, não há como pretender-se sucesso em tão espinhosa missão, digna mesmo de idealistas utópicos, para alguns, que acreditam ainda e apesar de tudo, ser possível fazer alguma coisa pela sociedade, antes de tudo e para o ser humano que caiu em desgraça, como conseqüência natural do objetivo almejado e alcançado.

Vistas as coisas de um ponto de vista absolutamente pragmático, é possível afirmar que, se tentarmos e obtivermos sucesso na reintegração social de alguns delinqüentes, não importa o percentual, estaremos muito menos atendendo os interesses destes e muito mais os da sociedade, que se vê resguardada em relação àqueles que conseguirmos reinserir. É

---

[382] É o que exige o artigo 59 do Código Penal, que diz, entre outras coisas, dos antecedentes, da personalidade do agente e sua conduta social. Ora, quem está sendo processado não pode ter, por óbvio e como regra geral, boa conduta social ou personalidade compatível. É um tanto redundante pretender algo diferente.

[383] Essa *Folha de Antecedentes, F.A.*, não deveria chegar aos autos antes, para não influenciar o julgador e não proporcionar material subsidiário de acusação.

[384] Sobre a obrigatoriedade de fundamentação e motivação dos atos jurisdicionais, veja-se TUCCI, José Rogério Cruz e.

[385A] A LEP define que é egresso no artigo 26, *in verbis*: "Art. 26. Considera-se egresso para os efeitos desta Lei: I. O liberado definitivo, pelo prazo de um ano a contar da saída do estabelecimento; II. O liberado condicional, durante o período de prova".

possível que haja, para alguns, certa utopia ou mesmo excesso de idealismo. Assumimos desde logo tal postura, mas definitivamente não aceitaremos a responsabilidade histórica de termos cruzado os braços quando, de alguma forma, poderíamos ter tentado alguma solução, ainda que meramente no seu aspecto formal. Preferimos raciocinar e sentir como Horácio Ferrer, repetindo sempre: *"Viva los locos que inventaran el amor"* [385B]. Se demonstrarmos que possuímos *um pouco* de amor, certamente haveremos de produzir muito de sensibilidade naqueles que ainda nutrem um resquício de ilusão, esperança e crença na sociedade e seus componentes.

4.4. Os Patronatos

Nesse vai-e-vem em que se constitui o presente trabalho, já que não é possível ordenar um tema-hipótese após outro tema-hipótese, tal a grandiosidade do universo em que se labora, fazem-se incursões, não raro, em áreas já anteriormente mencionadas. Todavia, isto não deve ser considerado como dispersão, mas sim evidências claras da complexidade do problema presidial. Na medida do possível, temos forçado a convergência, entretanto, não sendo possível, não sacrificaremos a pesquisa em homenagem a uma perfeita e sistemática metodologia. Melhor informar bem[386], ainda que com certo comprometimento com o empírico, que informar com epistemologia correta, em nível de método, mas deficiente enquanto objeto de pesquisa e esclarecimento. Dada a arrepsia predominante sobre tudo que diga respeito ao tema eleito, estamos adotando um trabalho que mais se assemelha à heurística. Assim será, menos porque queiramos e mais porque precisamos.

O novo estatuto, ou o primeiro, regulamentador da execução da pena entre nós, chegou recheado de boas intenções. Lamentavelmente, não teve a ressonância prática por parte da classe política. Com efeito, em que pese sua absoluta necessidade para a reintrodução no convívio social, principalmente aqueles cujas penas foram ou são mais longas[387],

---

[385B] FERRER, Horácio, poeta argentino, *in "Balada para un loco"*.

[386] Dizia o Prof. André Franco MONTORO: "formado está todo aquele que estiver bem informado", foi o que sempre procurou incutir em nossas cabeças. Passado o tempo, só resta agradecer o sábio ensinamento.

[387] *"La carcelaría, sobre todo de largos años de prisión, ocasiona un fenomeno de DESOCIALIZACIÓN, que se manifesta en el momento de salir nuevamente a la vida libre, en una incapacidad para enfrentar situaciones y problemas propios de la interación social".* SPINOZA, Alejandro Solis, "Ciencia Penitenciaria", Editorial Desa S.A., Lima, Peru, 1986, pág. 452.

bem como os que perderam aquele resquício de contato que ainda mantinham com a família enquanto libertos, não foram implantados os "Patronatos" previstos nos artigos 77 e 78 da Lei de Execução Penal. Na Capital de São Paulo, nem um só em funcionamento, e não foi possível apurar se chegaram a ser implantados. Ao que parece, jamais saíram do terreno formal.

Em toda a problemática da reeducação/ressocialização/reinserção, será precisamente o imediato período do pós-cárcere quem sofrerá a maior carga danosa se não forem implantados os Patronatos, já que a eles compete a recondução material do *egresso*. Falando sobre a *Reinserção Social*, o autor peruano Alejandro Solis Espinoza[388] disse: *"Considerando la importancia da la liberación definitiva, se recomienda que se prevea la futura vida libre del recluso. De nada valdría se que encarcele al delincuente si al ser excarcelado luego de un tiempo, se le origina traumas penosos al devolverlo a la sociedad".*

Nem seria necessário argumentar mais sobre a atenção que se há de dispensar ao egresso, quer por livramento condicional, quer por liberdade definitiva, tanto faz. Se todos os esforços estão, em última análise, voltados para evitar a reincidência, torna-se imperioso que se dispensem cuidados especiais àquele que recuperou o bem sagrado da liberdade. Como premissa primeira, é necessário adotar-se o pensamento do magistrado português Dr. Manuel de Castro Ribeiro, que diz: *"O homem não nasce para o crime e se nele caiu, importa mais criar-lhe condições para não o repetir do que puni-lo"*[389].

Seguindo a mesma trilha, é proveitoso que se analise a escola do professor, também lusitano, Dr. João Figueiredo[390] quando diz da vinculação do egresso com o patronato: *"Para conseguir este objetivo é preciso debruçar-se sobre a miséria moral e material do preso, tomando parte nas suas preocupações e cuidados, interessando-se pela sua sorte e dos seus, preparando por fim a sua convalescença que, à saída da prisão, terá ainda de ser acompanhada em ligação com as obras do patronato: na fé e na certeza de que nunca o tempo será totalmente perdido, ainda que algumas desilusões venham a ser a conclusão de muito trabalho e esperança"* (grifos nossos). Não haveremos de passar

---

[388] "Ciencia Penitenciaria", cit. pág. 452.

[389] "Cidadão Delinqüente", edição IRS, Lisboa, 1983, pág. 51.

[390] Mesma fonte, pág. 45.

por qualquer processo de desmoronamento na busca do nosso ideal. Aqui, cumpre que se reitere o texto já transcrito de um livro de Franz Kafka: *"Colônia Penal"*. Se tudo for baldado, ainda assim dar-nos-emos por satisfeitos em ter tentado.

Os "Patronatos", a nosso juízo deveriam ser implantados pelas autoridades públicas e privadas[391]. Dever-se-ia sair do terreno formal e ingressar, imediatamente, no campo material de um projeto mínimo de atendimento tal como em Portugal, onde se cuida de averiguar com antecedência as possibilidades e compatibilidades humanas do futuro egresso em relação ao novo universo ao qual irá retornar. Tratar de alocar, direta ou indiretamente, essa nova força de trabalho que será inserida em um mercado de regra escasso.

A par do acima exposto, avaliar as condições econômicas da família do egresso. Se ele tem realmente para onde ir se for liberado. Ao mesmo tempo em que seja dispensado um trabalho de reintrodução material, ser-lhe-á proporcionado um acompanhamento psicológico, visando a evitar as "recaídas" que, conforme farta literatura, são normais. Esse trabalho servirá, também, para manter certa vigilância quanto ao procedimento e comportamento do egresso[392].

Para a constituição de Patronatos privados poder-se-ão alocar recursos pecuniários da verba destinada à manutenção do preso. Segundo a estatística já informada anteriormente, o Estado despende de R$ 16,00 (dezesseis reais) por dia para manter uma pessoa presa. Embora não se dê crédito a valor tão irrisório, poder-se-ia usar tal importância, durante algum tempo, para a manutenção da infra-estrutura do Patronato, principalmente para os casos excepcionais de hospedagem do recém-libertado.

Diz-se "casos excepcionais", tendo em vista que a presença constante da família deve ser articulada, agilizada e sempre que possível exigida, visando a desenvolver, ou devolver — quem sabe —, ao egresso o apego aos valores fundamentais da vida em sociedade, que passa, necessariamente pelo convívio familiar. Se desagregado da *célula mater* em que consiste esta, o egresso tende a voltar às antigas relações sociais, formatando e fomentando novamente as "súcias" que acabaram por levá-

---

[391] Essa conceituação de "autoridade" já a apresentamos anteriormente, arrimando nosso argumento na obra de Alf ROSS.

[392] Como há necessidade de repetir muito o termo "egresso", cumpre defini-lo, ainda que reiterando: por egresso tem-se aquele que saiu recentemente do presídio. O lapso temporal é de um ano.

lo para o cárcere. Às vezes, nem é a vontade livre e consciente do agente que o remete de volta ao meio nefasto, mas a própria necessidade de sobrevivência. Afinal, não foi por outra razão que o homem se tornou um *zoo politicum*.

Outra atividade que poderia trazer bons resultados, caso tivesse o Estado vontade política para solucionar o problema, seria agilizar a terceirização da mão-de-obra para os serviços públicos de menor relevância. Aliás, ao que foi dado apurar, o Estado já contrata o serviço de faxina com empresas terceiristas. Por que não estimular um empreendimento da mesma natureza via implantação de Patronato? Vale dizer: qualquer associação de beneficência que criasse um Patronato teria garantido serviço para os seus patronados. Em lugar de alimentar a exploração do homem pelo homem, com o fito exclusivo de fazer mais rico quem já o é, dar-se-ia de ganhar ao Patronato que, de forma mais salutar, estaria prestando o mesmo serviço do terceirista convencional. Aqui sim, um serviço de utilidade pública de primeiro grau.

Ainda na trilha do estímulo recíproco: empresa-patronato x egresso x sociedade, todos os segmentos da Administração Pública imunizariam tributariamente essas empresas. Essa forma de incentivo é muito mais criteriosa do que retirar dinheiro do erário, como tem sido a regra. O Estado-membro bancaria os encargos com a Previdência Social, caso aí não se pudesse criar norma jurídica que isentasse a empresa-patronato. Se alguns têm feito fortíssimo *lobby* visando a privatização dos presídios, por que não ingressar nesse filão?

Há uma questão crucial, que é a do preconceito contra o egresso. Trabalha-se ainda na máxima maldita do "uma vez bandido sempre bandido". Isto poderia desestimular algumas empresas privadas da contratação dessa mão-de-obra. Para esses, o Estado poderia oferecer uma apólice de seguro contra danos e outros prejuízos eventualmente causados por esse tipo de trabalhador. Isto devolveria, pensamos, a tranqüilidade ao empresário contratante de trabalhador originário do Patronato[393].

Uma experiência bem sucedida de aproveitamento da mão-de-obra egressa nos vem de Israel. Com efeito, quando lá estivemos, fomos como que bafejados pela sorte ao travarmos conhecimento com o professor

---

[393] Criar-se-ia um sistema de seguro contra danos e prejuízos afins, que pudessem ser causados pelo trabalhador egresso, contratado nessa condição. Essa apólice seria bancada pela COSESP, sem custo algum ao empresário-empregador.

Dan Phillip[394]. Foi através desse homem sensível, quanto nós mesmos em relação à problemática da criminalidade e, principalmente, com a utilidade, ou não, da prisão, que tivemos uma verdadeira aula sobre a prisão na sua parte mais crítica: o dia-a-dia no interior do cárcere. Poucos intelectuais poderiam, como ele, transmitir tanto, já que trabalha diretamente com os reclusos[395].

Alguns *Kibutzes* estavam, em 1987[396], empregando em suas indústrias a mão-de-obra egressa. Ali tudo era mais fácil porque não havia o problema mais crucial que existe em outros centros: o preconceito e a discriminação[397]. Fazia-se apenas uma ressalva: que o egresso não fosse viciado em drogas ou que seu delito não fosse de matiz sexual. Mas, apesar da abertura, diz-nos o professor Dan Phillip, não havia integração entre os criminosos e a população *kibutziana*. De qualquer forma, dava-se a oportunidade de reinserção ao menos no trabalho convencional, o que já significa um avanço.

Mas, de tudo o que soubemos, uma coisa chamou nossa atenção: as razões pelas quais grande parte dos delinqüentes ingressam no crime: *"A razão pela qual eles se rebelaram e se tornaram criminosos não foi a ausência de oportunidade de trabalho, mas sim lares desfeitos, e inabilidade de convivência com outras pessoas. Em outras palavras, se você conseguir mudar a atitude deles para com os outros, e ajudá-los a conviver melhor, eles conseguirão mais tarde, sozinhos, um lugar para trabalhar"*[398] (grifo do autor). O quadro exposto é alguma coisa sobre a qual já falamos ao referirmo-nos à Nicarágua e ao *Documento Base Para La Reeducación Penal*[399A]. Pensamos que haveremos de voltar ainda para apresentar e discutir referido documento.

---

[394] Dan PHILLIP é professor de Criminologia Clínica na Universidade de Jerusalém, ao mesmo tempo que trabalha na Penitenciária de Dame, como criminologista clínico.

[395] Na Penitenciária de DAME, em Tel-Aviv, tratando de um grupo de 20 condenados. Iguais a ele, outros trinta profissionais cuidam pessoalmente dos problemas individuais dos presos, adentrando nas respectivas intimidades de cada um.

[396] Ao que estamos informados, não houve alteração até agora. Entretanto, com a mudança dos rumos da política de Israel, há de se esperar um pouco para avaliar o novo quadro.

[397] A população kibutziana é, em sua maioria, pessoas vindas de outras terras e com profundo espírito comunitário. Foi bom saber como eles vivem.

[398] Reproduzi tópico de uma carta que me foi remetida em 22/06/87. Escrita em inglês, traduzida por gentil amigo.

[399A] Trata-se da Ordem nº 069/86, assinada pelo Comandante Tomas Borges MARTINEZ, Ministro do Interior do governo sandinista sob a presidência de Daniel ORTEGA.

Para as empresas prestadores de serviços que aproveitassem a mão-de-obra egressa, a Municipalidade abriria mão do I.S.S.[399B]. Assim, esse segmento do mercado de trabalho não mais precisaria ficar fazendo anúncios chamando mão-de-obra, pois se socorreria dos Patronatos, com inúmeras vantagens. Amparados por uma apólice de seguro[400], protegidos por uma legislação tributária, sem caráter paternalista, que lhes proporcionasse retorno imediato, um sem-número de empresas passariam a usar parte da mão-de-obra que, inegavelmente, deverá ser alocada com toda urgência possível.

Poder-se-ia propor também o ingresso do Poder Público nesse segmento, para o aproveitamento da mão-de-obra egressa. Mas, como já sobejamente constatado, o Estado tem sido mau patrão. Consegue perder dinheiro em atividades em que todos os particulares fazem verdadeiras fortunas[401]. Aqui não seria diferente: em muito pouco tempo teríamos mais "funcionários" do que "trabalhadores egressos". Então, melhor será mesmo a terceirização pela via dos Patronatos, se possível, com contratos que obriguem a alocação de parte da mão-de-obra menor oriunda do contingente egresso que, convenhamos, não é tão grande assim e não teria força suficiente para concorrer com o trabalhador sem vida pregressa. Se assim não fosse, ter-se-ia uma prática injusta, já que não é ético privilegiar uns poucos em detrimento de uma maioria, seja qual for a razão.

4.4.1. Normatização, Possível e Desejável

Quando lecionávamos na Faculdade de Direito da Universidade Mackenzie, em 1993, tivemos oportunidade de travar conhecimento com o Professor Tyuichi Hirano, titular da Cadeira de Direito Penal da Universidade de Tóquio. Foi altamente proveitosa a conversa com aquele mestre, posto que nos forneceu subsídios sobre o que ali se pratica, informações essas aqui não encontráveis. Por exemplo: a pena de morte ali adotada, de regra não é executada, já que o reflexo social é muito mais

---

[399B] ISS — Imposto Sobre Serviços.

[400] Isto, nos parece, não seria difícil ao Estado, já que possui uma Companhia de Seguros, a COSESP.

[401] Veja-se, por exemplo, o caso dos transportes coletivos. Nas mãos do Estado dão prejuízo, enquanto nas mãos de particulares, constituem verdadeira "galinha dos ovos de ouro". Prova disso a deficitária C.M.T.C. que, privatizada, foi adquirida por quem já estava no mercado e pagava *royalties* para ela.

danoso que o cumprimento da sentença em si mesma[402]. Disse-nos que a doutrina dominante também é contrária. Ainda uma outra posição exteriorizada foi a questão da miserabilidade como fator da criminalidade. Na ocasião, caiu-nos às mãos algumas leis sobre o que chamam de *reabilitação*, mas que para nós é precisamente a *Reinserção Social*. Apartamos algumas coisas que, a nosso juízo, poderiam ser implementadas no Brasil, acaso houvesse vontade política.

Sem muita preocupação em articular corretamente, vamos colocar algumas proposições abstraídas do sistema japonês[403]. Estaremos plenamente gratificados se, algum dia, alguém da classe governante puder ler e aproveitar algo do que abaixo se colocará. Uma coisa é certa: há previsão legal para a criação de ONGs para esse fim[404].

A lei a ser criada deve ter por escopo garantir efetiva ajuda ao ex-convicto na sua reinserção, pouco importando se a libertação é definitiva ou temporária. Se houve ou não efetivo cumprimento da pena imposta, ainda que sua execução haja sido suspensa. Pouco importa a natureza do delito praticado, já que não é o crime que deve ser corrigido, mas o criminoso. Se o egresso manifestar vontade sincera de reinserção, deve o Estado, através dessas instituições a serem implantadas[405], cuidar para que ele seja encaminhado. Esse auxílio não há de ser tido como *favor*, mas atitude de *solidariedade* desinteressada. Enfim, uma verdadeira oportunidade de reingressar na sociedade, ali adotando outros parâmetros para a vida em comum. Ademais de tudo, devem os responsáveis pela reinserção do ex-recluso no contexto social, ter consciência da delicadeza e cuidado no trato com essa gama de indivíduos. *"Como é sabido, é nesta fase, do ex-recluso libertado, que há mais risco de reintegração no antigo grupo de delinqüentes"* [406]. São, como diz o autor aqui menci-

---

[402] Segundo o Professor Tyuichi HIRANO, cumpre ao Primeiro Ministro determinar a execução da pena capital e, politicamente surgem problemas imediatos de conteúdo social e humano.

[403] Textos extraídos das Leis n° s 203, de 1952, que é emenda à de n° 203, de 1950, bem ainda às de n° s 195, de 1953, 58, de 1954, 16, de 1958, 98, de 1966 e 94, de 1968, formando o todo maior com a denominação: *"The Law for Aftercarce of Discharged Offenders"*.

[404] Trata-se tão-somente de agilizar a aplicação dos artigos 77 e 78 da Lei n° 7.210/84, criando lei suplementar para tal fim.

[405] Logo mais se dissertará sobre as APACs, já implantadas e funcionando com sucesso absoluto. Resta agora que se cumpra a lei, implementando o funcionamento dos *Patronatos*. Não haverá conflito entre ambos, posto que, finalisticamente, pretendem alcançar o mesmo objetivo.

[406] É como orienta o psicanalista e professor da Faculdade de Letras de Lisboa, Francisco ALVIM, *"O Problema da Reintegração Social nos Delinqüentes"*, publicado pelo IRS, pág. 95.

onado, pessoas que chegam a esse estágio profundamente violentadas, por força das *"terríveis provas do julgamento das penas prisionais, etc."*. Disso resulta um certo desequilíbrio psíquico, embora quando adentraram no sistema fossem perfeitamente iguais a qualquer pessoa, exceção que se faz aos *lombrosianos*.

A *lege ferenda* ora colocada não deve se afastar da filosofia que a norteia: dar ajuda incondicional aos destinatários dela. Se assim for, tendo o Estado, direta ou indiretamente, cumprido sua parte, torna-se mais fácil pretender que os beneficiários se tornem membros efetivos e úteis à sociedade, também eles respeitadores da lei. O campo aqui é bem mais abrangente que a mera profissionalização, ressocialização, etc.. Há que se ter em mente as excelentes orientações doutrinárias postas à disposição[407], prática não muito utilizada pelos que mais deveriam saber sobre a prisão, do que *"vigiar e punir"* de que fala Foucault.

A reinserção passa, necessariamente, pelo aprimoramento sociocultural do condenado, enquanto naquela condição. Ali, deverá receber tratamento para as eventuais doenças psicossomáticas, treinamento profissional e condicionamentos elementares à vida em uma sociedade aberta. Quando libertado, deverá ter à sua disposição ampla e eficaz infra-estrutura para que, materialmente, se realize tudo aquilo que, formalmente, lhe foi transmitido. Para tanto, nunca é demais repetir, torna-se imperiosa a criação material desses órgãos já previstos, mas não devidamente implantados, quando não é o caso de sequer iniciado o programa de implantação, como é o caso dos Patronatos.

Já disse em outra oportunidade, ao Estado deve caber a responsabilidade de implementar a implantação desses órgãos, custeando financeiramente o desenvolvimento deles. Fornecendo edificações ociosas de que dispõe, e não são poucas. Transferindo recursos pecuniários[408], deslocando alguns funcionários como "Assistentes Sociais", "Psicólogos", Psiquiatras, "Pedagogos", etc.[409], os quais trabalharão sob as ordens da administração da respectiva instituição, de preferência ONG, para evitar-se transformar em *cabide de empregos* um local onde deve estar presente, acima de tudo, o idealismo. Esses investimentos serão sempre de melhor retorno, em relação aos feitos do falido sistema.

---

[407] Entre tantos, citem-se ARNANZ, MAPELLI, CAFFARENA, Licínio BARBOSA, Arminda MIOTTO, GARCIA VALDEZ, GOULART, MALÇA CORREIA.

[408] Aqueles mesmos R$ 16,00 (dezesseis reais) que disseram custar cada preso ao dia.

[409] Nas penitenciárias de DAME, em Tel Aviv, tudo isso é substituído por um *Criminologista Clínico*, conforme já dito em outra parte.

A lei japonesa dispensa um prazo de seis (6) meses, contados da data de libertação. Aqui, diz-se que a condição de *egresso* dura por um ano. Entendemos seja este o prazo que devemos adotar normativamente. De qualquer forma, tanto lá quanto aqui, essa permanência há de ser espontânea e nunca contra a vontade do liberto[410]. Aliás, qualquer forma de relacionamento entre a sociedade e o ex-convicto deve estar pautada no princípio da reciprocidade. Determina a lei nipônica que se use o *Escritório Público de Empregos*, se necessário para a alocação da mão-de-obra originária dos presídios. De nossa parte, defendemos a adoção da obrigatoriedade de contratação terceirizada pela via das ONGs afins, principalmente os Patronatos e as APACs. Se o Estado tem de contratar, que contrate junto ao setor em que ele estará normativamente obrigado a absorver a mão-de-obra.

Ainda da lei nipônica uma outra orientação que acreditamos de muita valia para o nosso escopo. É responsabilidade do diretor da prisão, quando da soltura do indivíduo, dizer-lhe sobre seus direitos e oportunidades que lhe serão proporcionadas quando em liberdade. Claro está que, a esta altura, a *Assistência Social* já deverá ter cuidado de todos os detalhes, mas a advertência se faz necessária para evitar o desleixo e o desmando do funcionário responsável. No Japão, o órgão do Ministério Público deverá policiar o fiel cumprimento da lei nesse particular. Entre nós a FUNAP, sobre a qual iremos discorrer logo mais.

Aqui, pensamos, será necessário criar um quadro próprio e preparado para esse fim, com poderes até mesmo de propor *sindicâncias* e *processos administrativos* contra o funcionário relapso. Em casos tais, o funcionário será afastado, sem vencimentos ou outros quaisquer benefícios — inclusive a cessação da contagem de tempo para aposentadoria —, caso haja formal imputação contra sua atividade laboral. Essa responsabilização será, ademais, de caráter administrativo, civil e criminal. Aqui, admitimos e apoiamos o princípio da *prevenção geral* de que tanto se fala na teoria da pena.

Para alcançar o escopo almejado, não se deve e não se pode dispensar qualquer forma de ajuda privada. Toda colaboração que advier graciosamente será benfazeja. O que não se deve admitir é a criação de formas compensatórias, salvo aquelas já mencionadas em outra parte

---

[410] Sobre o trabalho do preso, por exemplo, é sempre bom ouvir o ensinamento do professor Dirceu de MELLO, para quem qualquer trabalho que se imponha ao preso sem sua anuência se tornará *"trabalho forçado"*, e isto é inconstitucional. Não somente ao preso, mas também ao ex-preso.

que consiste em estímulo como incentivos fiscais, portanto de natureza jurídica tributária. O trabalho do homem e a sua individualidade não podem ser viciados por qualquer forma de acordos aéticos e espúrios. Se assim não for, melhor não aceitar a "ajuda". A lei nipônica trata de proibir o *fim lucrativo*, visando a evitar que a filantropia se transforme em negócio lucrativo e, como via de conseqüência, os administradores façam disso uma forma cruel de exploração do homem que ostenta antecedentes criminais. Porque, ao estigmatizá-lo, estar-se-á a reconduzi-lo ao caminho do crime.

Outra coisa de que o Estado não pode descuidar é a rigorosa fiscalização das atividades dessas ONGs. Tanto no que concerne ao desenvolvimento sociocultural do programa posto em desenvolvimento, quanto na parte financeira, cujos recursos, mesmo não sendo originários do erário público, precisam ser rigorosamente controlados. No Japão, ficam essas organizações obrigadas a prestação de contas, bem como se submetem à fiscalização sem prévio aviso. Para cessarem suas atividades, essas ONGs precisam comunicar com antecedência[411]. A prestação de contas ocorrerá no máximo em 60 dias após o encerramento das atividades. Além disso, poderá o Ministro da Justiça cancelar a autorização de funcionamento, ou suspender as atividades por certo tempo, se houver suspeitas de *ganhos pessoais* nas operações da sociedade.

O governo, no caso do Japão, poderá socorrer a ONG, caso julgue necessário, mas apenas nos dois itens seguintes: *I. despesas com pessoal; II. melhoria das instalações*[412]. A regra adotada é boa porque fala em ressarcimento, portanto, se o gasto não for salutar, esse ressarcimento poderá não ser realizado. Uma coisa é perceber adiantado para gastar, outra muito diferente é desembolsar e ficar na expectativa de reposição, na dependência, destarte, de comprovação sadia da despesa.

Muito boa também é a norma jurídica que regulamenta as punições pecuniária e privativa de liberdade para o administrador. Com efeito, a multa gira ao redor de US$ 2.000, a US$ 3.000 (dois a três mil dólares). São passíveis da pena de multa aqueles administradores que: *a) deixarem de manter a escrituração ou a fizerem incompleta ou falsa; b) fizerem comunicações falsas ou omitirem comunicações sobre contribuições arrecadadas*. Serão punidos com pena de seis meses de prisão e

---

[411] O órgão fiscalizador é o Ministério da Justiça, e a regulamentação vem posta nos artigos 6º, 7º e 8º.

[412] É o que determina o artigo 12. Aliás, a lei fala em ressarcimento, não em adiantamentos. De qualquer forma, a verba entra como "subvenção".

trabalhos forçados os que operarem em serviço de reabilitação sem autorização ou que permanecerem nele operando após terem tido a autorização revogada. A mesma coisa ocorre em relação às arrecadações não autorizadas e aos que fizerem mau uso das contribuições arrecadadas para o fim especificado na lei, ou mesmo das propriedades da referida sociedade.

Pensamos que, com as necessárias adaptações peculiares da nossa sociedade, poder-se-á elaborar uma lei que defina e regulamente as atribuições dos Patronatos, tendo-se por parâmetro o que se pratica no Japão, em Portugal, onde o instituto tem o mesmo nome, na Espanha, etc.. Não há maiores problemas na elaboração da norma jurídica pertinente. Todavia, se não houver a tão decantada vontade política, serão baldados todos os esforços. Não nos intimidamos em correr o risco de sermos considerados repetitivos, seguiremos clamando por vontade política do Estado.

4.5. A FUNAP

Com a denominação de *Fundação Estadual de Amparo ao Trabalhador Preso*, foi a instituição criada enquanto era Secretário dos Negócios da Justiça do Estado de São Paulo, o pranteado professor doutor Manoel Pedro Pimentel[413]. Já em 30 de agosto do ano seguinte, sancionava-se o Decreto nº 10.235, publicado no dia imediato, que nada mais era que os "estatutos" da FUNAP. Teve efetiva participação no sistema penitenciário enquanto tomou parte ativa no governo aquele que foi um verdadeiro monumento do Direito Penal pátrio, já que idealista com os pés no chão. Humanista de alto coturno, foi-se, deixando uma lacuna irreparável.

Durante o governo *Fleury* foi criada a Secretaria de Administração Penitenciária[414], deslocando a administração do sistema penitenciário da Secretaria da Segurança Pública[415]. Com o advento da nova Secretaria de Estado, a FUNAP passou a ser parte desta, porém como órgão

---

[413] O então governador Paulo Egydio MARTINS assinou a Lei nº 1.238, de 22 de dezembro de 1976, que foi publicada no dia imediato.

[414] Conforme Decreto nº 36.463, de 26 de janeiro de 1993.

[415] Conforme já aludido, também a Secretaria de Segurança substituiu, anteriormente, a de Justiça, nas funções de administrar presídios. Foi, a nosso juízo, um erro crasso praticado pelo governo estadual de então, já que a teleologia daquela não é tomar conta de presos, mas prevenir o crime, se possível.

de administração descentralizada: *"Capítulo III — Da Estrutura e das Relações Hierárquicas — Seção I — Da Estrutura Básica — Artigo 4º — A Secretaria da Administração Penitenciária tem a seguinte estrutura básica: I....; II. na Administração Descentralizada, Fundação Estadual de Amparo ao Trabalhador Preso — FUNAP*[416].

Logo no artigo quinto do Estatuto da FUNAP, algo de que já tratamos anteriormente: a competência da autoridade para transacionar com as instituições públicas ou particulares[417]. Poder-se-á criar uma infra-estrutura para o fim de fiscalizar a administração dos Patronatos antes mencionados, e que, para tristeza nossa, não foram implantados, embora a lei faculte ao órgão poderes para tanto e, além do mais, lhe proporcione o *status* de "administração descentralizada", o que lhe granjeia muito mais espaço de manobra. Entre outras coisas, os contratos de prestação de serviços e outros ônus ou créditos estão liberados de licitação, se entre o Poder Público e a FUNAP. Só não fará se não quiser, ou se faltar capacidade gerencial, profissional, a quem a administra, o que, lamentavelmente, parece da vocação dessa instituição. Grassa a incapacidade e a má vontade.

Teleologicamente, o artigo 3º da lei 1.238/76 e o Decreto nº 10.235/77, indicam a trajetória da FUNAP, que veio para preparar a reinserção social do recluso. Fundamentalmente, o escopo da lei que, posteriormente, foi trasladado para o Estatuto, salvo uma alínea, vez que vetada na aprovação da lei, é o seguinte: melhorar o rendimento do trabalho do preso; oferecer novas perspectivas de trabalho ao preso; estimular a formação profissional do preso; seleção vocacional do preso, como método laborterápico; assistência médica, etc., em colaboração com o D.I.P.E.[418], visando a atenuar os males causados pelo delito à família e das vítimas; dar ao trabalho do preso um sentido profissional, ou empresarial como diz a lei, etc[419].

---

[416] É o que se lê no art. 4º, do Decreto nº 36.463, de 26 de janeiro de 1993.

[417] "Artigo 5º. A Fundação atuará diretamente ou por intermédio de instituições públicas ou privadas, nacionais, estrangeiras ou internacionais, mediante convênios, contratos ou concessão de auxílio."

[418] Atualmente funciona com o nome de COESPE. "Coordenadoria dos Estabelecimentos Penitenciários do Estado". Esta não controla, como já dito, todas as prisões do Estado, somente aquelas inseridas no sistema.

[419] *In verbis* o artigo 3º: "A fundação terá por objetivo contribuir para a recuperação social do preso e para a melhoria de suas condições de vida, através da elevação do nível de sanidade física e moral, do adestramento profissional e do oferecimento de oportunidade de trabalho remunerado, propondo-se, para tanto, a: I. concorrer para a melhoria do rendimento do trabalho executado pelos presos; II. oferecer ao preso novos tipos de trabalho, compatíveis com sua situação na prisão; III. proporcionar a formação profissional do preso, em atividades de desem-

Não seria necessário dizer que o projetado não pôde ser executado. Não pôde porque não houve, como reiteradamente se disse, vontade política. Se tivéssemos tido a felicidade de agilizar alguns tópicos do projeto inicial, fatalmente teríamos, hoje, uma reincidência infinitamente menor. Mas não. Não houve a tão necessária vontade de resolver o problema, e aí estão as conseqüências.

Seria muito bom se pudéssemos falar um pouco mais sobre a FUNAP. Infelizmente, nem sempre somente a boa vontade resolve. Tentamos reiteradamente fazer contato pessoal com a atual diretora daquele órgão que, não fosse o descaso, poderia ser de muito proveito para o trabalhador preso. Lamentavelmente, vimos baldados nossos esforços, eis que referida funcionária não se dignou em nos receber. Sequer por telefone. Sempre muito ocupada, não pôde nos prestar as informações de que tanto necessitávamos. Se alguém que está pesquisando e pode usar a influência do seu órgão de classe para facilitar o seu trânsito em certos locais, ainda assim não consegue o mínimo de sucesso, imagine-se o recluso como será tratado caso tenha necessidade de contato direto e imediato com tão importante pessoa, autoridade pública![420] Há de ironizar para não exasperar, para não chorar, diante de tamanha indiferença e desinteresse para com a *coisa pública*, tratando-a como se *res privatum* fosse[421].

---

penho viável, após sua libertação; IV. concorrer com a laborterapia, mediante seleção vocacional e o aperfeiçoamento profissional do preso; V. colaborar com o Departamento dos Institutos Penais do Estado - DIPE, e com outras entidades, na solução dos problemas de assistência médica, moral e material ao preso, à sua família, bem como à família da vítima do delito; VI. concorrer para o aperfeiçoamento das técnicas de trabalho, com vistas à melhoria, qualitativa e quantitativa, da produção dos presídios, com a elaboração de planos especiais para as atividades industriais, agrícolas e artesanais, promovendo a comercialização do respectivo produto, com sentido empresarial; VII. promover estudos e pesquisas relacionados com seus objetivos e sugerir, se for o caso, aos poderes públicos competentes, medidas necessárias ou convenientes para atingir suas finalidades; VIII. apoiar as entidades públicas ou privadas que promovam ou incentivem a formação ou aperfeiçoamento de pessoal penitenciário; IX. desempenhar outros encargos que visem à consecução de seus fins; X. vetado." (Somente na lei, já que não figura no Decreto).

[420] Trata-se da Dra. Sandra Amaral de Oliveira FARIA, diretora executiva da FUNAP. Tratamos durante longos vinte e tantos dias com a Sra. Jô, secretária, que sempre ficava de nos telefonar marcando a "audiência". Em contrapartida, quando estivemos em Lisboa, para visitar o IRS, demoramos menos de meia hora para aprazarmos a primeira visita. E, ali, sem qualquer apoio logístico. Durante uma semana inteira pudemos trabalhar, recebendo o apoio de todos os funcionários, principalmente da Senhora Diretora. Coisas de um Brasil que queremos porque precisamos mudar.

[421] Esta é uma frase que ouvi e aprendi do professor Michel TEMER, em 1986.

4.6. O Conselho Penitenciário

4.6.1. Gênese

Segundo documentação de que dispomos, gentilmente fornecida pelo atual presidente do Conselho[422], tomamos conhecimento da origem desse órgão opinativo sobre a política de liberdade antecipada de presos recolhidos no sistema COESPE. Com efeito, diz-se que o Conselho Penitenciário do Estado foi criado pela Lei n° 2.168-A, de 24 de dezembro de 1926[423]. Em 1955, no dia 26 de agosto, surgiu a Lei n° 3.121, em cujo inciso XI, do artigo 7°, determinava a restruturação funcional formal do Conselho, tendo sido aprovado por unanimidade de votos, o Regimento Interno[424], vigente, em parte, ainda hoje.

O artigo 1° daquele Regimento Interno aprovado estava assim redigido: *"Art. 1° — O Conselho Penitenciário do Estado criado pela Lei n° 2.168-A, de 24 de dezembro de 1926, e reorganizado pela Lei n° 3.121, de 26 de agosto de 1955, e pela Lei n° 3.165, de 28 de setembro de 1955, exercerá sua atividade em obediência aos termos do presente Regimento"*[425].

Desde logo se percebem algumas falhas técnicas em matéria de elaboração legislativa. Com efeito, no artigo segundo lê-se o seguinte: *"Art. 2° — O Presidente é o órgão que dirige e fiscaliza os Trabalhos do*

---

[422] Trata-se do Dr. Tarcizo Leonce Pinheiro CINTRA, que prontamente atendeu à solicitação e a quem se agradece nesta ocasião.

[423] Portanto, já com a Penitenciária do Estado funcionando, visto ter sido ela inaugurada em 1921, segundo informações obtidas ali mesmo.

[424] Esse documento foi aprovado em 11 de novembro de 1955, e presidiu a sessão o Professor Flamínio Fávero. Compunham o Conselho, o Professor Gofredo da Silva Telles Filho, que foi o Relator, além do Professor Noé Azevedo*, Aureliano Roberto Duarte, Boaventura Nogueira da Silva, Antonio Ferreira de Almeida Jr., Otto Cyrillo Lehman, Mario de Moura e Albuquerque, Joaquim Justino Ribeiro**, André Teixeira Lima, todos Conselheiros, e mais os Drs. João Carlos da Silva Telles, Fernando José Fernandes *** e Aureliano Nascimento.

* Então presidente da O.A.B.

** Sobrinho de Benedito Valadares, todo poderoso governador de Minas durante a primeira era Vargas, tendo sido Prefeito Municipal de Poços de Caldas por longa data;

*** Então diretor da Casa de Detenção, onde reinou por longo tempo, tendo sido substituído por João Tavares da Silva, quando Adhemar de Barros voltou a governar São Paulo, em 1963.

[425] Fonte: Empresa Gráfica da "Revista dos Tribunais" Ltda., Rua Conde Sarzedas, 38 - São Paulo, 1956.

Conselho". Salvo melhor juízo, órgão será a Presidência, não a pessoa física do presidente. No artigo seguinte, o terceiro, nada menos que quarenta e três incisos, sendo que o XXX se desdobra em quatro porções (não alíneas, como seria o correto), já que as hipóteses vêm ditadas em numeral: 1, 2, 3 e 4. Daí por que nossa crítica. Até parece que, para os assuntos pertinentes ao sistema penitenciário nada passa por revisão alguma.

No artigo 1º, as atribuições dos Conselheiros. Fica ali muito clara a posição do órgão: opinativo. No inciso VIII, duas constatações sobre as quais vale a pena refletir, *in verbis*: *"VIII — Visitar, quando possível e com as devidas cautelas, os presídios do Estado, trazendo ao Conselho parecer sobre o que lhes foi dado observar".* É pelo menos estranho o *"quando possível".* Isto deveria ser obrigação, e com periodicidade estreita. Só assim poderiam esses senhores emitir juízo axiológico sobre a penitenciária no seu universo *interna corporis*.

A outra: *"com as devidas cautelas".* Denota-se desde sempre o preconceito contra o preso. É como se todo preso estivesse comprometido com a periculosidade física. Se considerarmos que o documento posto em debate foi elaborado em 1955, pense-se no que seriam capazes esses pseudolegisladores nos dias de hoje. Além do mais, se iniciada uma Política Criminal, voltada para a reinserção, com mentalidade preconceituosa dessa forma, o fracasso é a única coisa que se pode esperar. Talvez esteja aí a raiz de todos os malefícios do sistema e suas conseqüências nefastas não somente para o recluso, mas, principalmente, para o principal beneficiário: a sociedade como um todo.

Evidencia-se ainda mais essa postura de *casta privilegiada*, ao se ler o artigo 46: *"Art. 46 — Referindo-se ou dirigindo-se a um colega, durante a sessão, o Conselheiro lhe dará o tratamento de Senhor e o de Excelência".* Isto faz lembrar a divisão de classes existente na Índia, dividida em quatro grandes castas[426] e, por isso mesmo, vivendo sempre em constantes e infinitas contendas entre si. Tal era o distanciamento entre eles, que era proibido que um membro de casta inferior dirigisse a palavra a outro de estirpe superior.

---

[426] A Índia, segundo Catherine BUSCH, esteve desde há milênios dividida em quatro castas: os brâmanes (sacerdotes); os xátrias (guerreiros); os vaixás (mercadores e agricultores) e os sudras (artesãos). Porém, com o passar dos tempos, ao invés de melhorar as relações, aumentou o número de castas e apareceram as subcastas, inclusive uma com a denominação de herijans (povo de Deus) chamada também de "intocáveis", à qual pertencia Mohandas Karamchand Gandhi, o "Mahatma" (Grande Alma). Editora Nova Cultural, 1987.

Entre os documentos que recebemos, diga-se por excepcional cortesia e gentileza da Presidência — atenção em desuso em outros setores –, um outro texto, sem identificação, nos chamou a atenção, versando sobre o mesmo tema, porém mais retrógrado que o primeiro. Vamos reproduzi-lo para melhor análise: *"3 — Tratamento e traje — Considerando-se que as sessões se constituem em atos solenes e formais, funcionando em moldes de Tribunal Administrativo os Senhores Conselheiros deverão dispensar aos seus pares e membros informantes respectivamente, o tratamento de Excelência e Senhor. — Os Senhores membros Informantes deverão, igualmente, dispensar a todos os Conselheiros o tratamento de Excelência. Pelos mesmos motivos, o traje será o social compatível com a majestade e dignidade dos Tribunais"* (grifos nossos).

Não fosse a comicidade e teríamos a tragédia, sem dispensar, em qualquer das hipóteses, a teratologia que aqui se pratica. É um verdadeiro absurdo que um grupo de pessoas decida em causa própria tratamento reverencial e diferenciado. E mais. Arvoram-se a si mesmos o *status* de magistrados. Deveriam voltar a ler, se é que já leram, a alínea "e", do artigo 4°, do Decreto n° 36.463, de 26 de janeiro de 1993. Aí, então, entenderiam o que realmente são e a que vieram. Salvo raríssimas exceções, trata-se ali de massagear o ego e alimentar a vaidade de algumas pessoas, que vivem a perseguir um outro *status* social que não o seu originário.

Serve essa comparação para que se constate que as relações sociais e o convívio profissional daquele grupo (os membros do Conselho Penitenciário) eram impessoais, fazendo questão de se diferenciar, criando-se até mesmo norma jurídica *interna corporis* para tal escopo. A etiologia dessa postura fica acobertada, possivelmente, pela falsa importância de um cargo público *pro tempore*. A própria empáfia já deixa clara a burocratização fatal que haveria de vir, corrompendo ainda mais a sua já ínfima importância para o aperfeiçoamento do sistema penitenciário.

4.6.2. A Atualidade

Há neste momento um projeto de alterações, ou melhor: de um novo Regimento[427]. Entrementes, vige o Decreto n° 26.372, de 4 de de-

---

[427] É o que nos informou o MD Presidente do Conselho em correspondência que acompanhava a documentação posta à nossa disposição.

zembro de 1986, que reestruturou o Conselho Penitenciário, dando-lhe roupa nova[428].

Antes de adentrarmos no cerne do atual diploma, cumpre que se realce uma peculiaridade: ao que tudo indica, a reestruturação ocorreu, até agora, de trinta em trinta anos. Vejamos. Criado em 1926, somente em 1955 passou por uma reformulação. Depois, com o advento do governo Montoro, em 1986, a última reforma[429]. Esperemos para ver se a que está em andamento prospera, quebrando assim uma escrita que dura já 70 anos. Se considerarmos a velocidade com que o mundo moderno se desenvolve, haveremos de perceber o quão vagarosos somos no pertinente aos ajustes e aprimoramento dos órgãos relativos ao sistema penitenciário.

Rigorosamente, o trabalho do Conselho Penitenciário é emitir pareceres[430] sobre a oportunidade ou não da concessão de livramento antecipado ao recluso. Seu trabalho consiste em analisar prazos, cumprimentos de tempo, cálculos de remição, comportamento carcerário e outros requisitos. Mas, seja como for, essa atribuição é meramente opinativa, já que a decisão ficará sempre a critério do magistrado da Vara das Execuções, como não poderia deixar de ser, pois os atos jurisdicionais não podem e não devem ser prorrogados, a pretexto algum. Essa é uma posição dogmática da qual não abrimos mão.

Disso resulta, todavia, um fato digno de questionamento: se não resolve nada, por que existir? Está claro que é órgão vinculado à Secretaria dos Negócios da Administração Penitenciária[431]. A questão é reiterada no artigo quarto, alínea 'e', definindo também a vinculação, o que não ocorre com a FUNAP. Então, absolutamente dependente. Assim sendo, presta-se tão-somente para emitir parecer sobre documentação que, a rigor, já vem de outros setores onde foi triada e vistoriada.

Existe no presídio um "prontuário", onde consta tudo sobre a vida do apenado. É exigência legal que o diretor do presídio expeça certidão e

---

[428] Tanto no governo de QUÉRCIA quanto no de FLEURY, algumas poucas alterações, sem grande relevância para o aprimoramento do sistema penitenciário.

[429] Publicado no D.O.E. em 05 de dezembro de 1986.

[430] Esta a redação do artigo 69 da LEP. "Artigo 69. O Conselho Penitenciário é órgão consultivo e fiscalizador da execução da pena". No artigo 70, fica muito clara a posição de órgão opinativo. "Artigo 70. Incumbe ao Conselho Penitenciário: I. emitir parecer sobre livramento condicional, indulto e comutação da pena".

[431] É como está posto na alínea "e", do artigo 3º da Lei nº 8.209, de 4 de janeiro de 1993.

relatório sobre a vida carcerária do recluso. De outra parte, antes mesmo de mandar essa documentação, em si mesma à disposição permanentemente do diretor, o Juízo de Execuções determina que o futuro liberado seja examinado criminologicamente, o que ocorre no C.O.C.[432] ; após toda essa burocracia, ainda vai o processo de liberdade ao Conselho Penitenciário, onde nada acontece em menos de quatro meses, se não houver pedido de vista. Somente após passar pelo Ministério Público é que o pedido chega até quem pode e deve decidir.

Conversamos o suficiente com alguns membros titulares do Conselho Penitenciário. Percebemos claramente que a maioria não acredita na eficácia do papel que vem desempenhando a instituição, já que muito burocratizada e sem estímulo para inovar. Perguntamos qual o critério de visitas de fiscalização aos presídios, já que uma das duas atribuições é precisamente a de visitar os presídios sob a responsabilidade da COESPE. Nem uma só vez tinham exercitado essa missão qualquer dos dois entrevistados. Ficam no campo formal da burocracia, não desenvolvendo o trabalho material necessário, acima de tudo, e legal por definição.

Em síntese, trabalha-se naquele Conselho apenas com o elemento formal, dispensnado-se o aspecto material do cumprimento da pena. Sem querer atribuir responsabilidade a quem quer que seja: não seria o caso de se indagar como se sentem, como racionam os presos diante de tanta e reiterada falta de respeito à lei? É certo que o Regimento diz da visita *"quando possível e com as devidas cautelas"*[433], mas não se pode abusar, a ponto de não cumprir uma vez sequer a lei.

Conversando reservadamente com um certo Conselheiro, este manifestou abertamente o seu desencanto, ou desilusão, com o trabalho ali desenvolvido. Disse-nos com todas as letras: *"Não vejo razão para que se mantenha o Conselho"*. Eis por que, logo no início, desejamos sorte nas alterações que, segundo sabemos, estão em marcha. A primeira delas deverá ser na mentalidade dos componentes do Conselho. Esse deverá ser um serviço ao nível de *múnus público*, não sendo concebível o pagamento de *jetons*, ainda que esses valores sejam simbólicos. Da mesma forma, lemos um documento em que se pretende o recebimento do "recesso remunerado". *"Fica instituído no Conselho Penitenciário*

---

[432] Esses exames criminológicos, dos quais já falamos em outra parte, têm demorado até oito meses, nunca menos de quatro. O que constitui verdadeiro absurdo. Pessoalmente, temos um caso de "direito vivo" (Montoro), em que o exame ficou pendente por sete meses. E o que é mais irônico: o rapaz estava cumprindo pena nas dependências do C.O.C..

[433] Sobre este documento já se teceram comentários em outra parte. Todavia, para não deixar sem fonte, trata-se do inciso VIII, do artigo 10, do Regimento Interno.

do Estado de São Paulo, como norma regimental, o recesso anual remunerado, obedecidas as regras seguintes"[434].

É deplorável que pessoas de suposto "notável saber jurídico", homens com pendores e auto-afirmação de "públicos" acima mesmo do bem e do mal, disputem o cargo, cuja nomeação é *pró-tempore*, menos por idealismo e mais por interesse pecuniário ou mais mesquinho ainda: vaidade pessoal. E pensar que o pagamento dos *jetons* é simbólico! Se essa instituição viesse a ser fechada, com certeza a população nem sequer desconfiaria, e a sociedade em nada sairia prejudicada. De repente, o que deveria ser um exercício de idealismo e demonstração de espírito cívico, torna-se um cabide de empregos para uns, e conduto de ascensão social para outros[435]. *Senza Parole*.

Ressalvem-se, com todo vigor, aquelas muitas personalidades, de caráter ilibado, homens de bem acima de tudo, que ali estão em homenagem aos valores nos quais acreditamos e, por isso, apregoamos. A estes, o nosso respeito e nossa admiração, aos outros, a nossa tristeza[436].

É pelo menos indecoroso que os próprios interessados votem seus interesses diretos, como é tradição de parte da Administração Pública no Brasil. É deveras estranho que um grupo crie uma "norma jurídica" *interna corporis*, é verdade, para se equiparar a um outro setor da Administração, desconsiderando todo o sistema normativo vigente[437]. É, em

---

[434] Embora apócrifo, tenho em mãos tão inusitado documento, datilografado em papel timbrado do Conselho Penitenciário.

[435] Segundo fontes fidedignas, o Conselho se reúne uma vez por semana, cada Turma.

[436] Para que não fique a impressão de alarmismo, reproduzimos abaixo a Justificativa: "Minuta de Norma Regimental (Institui o recesso remunerado). O conselho Penitenciário do Estado, CONSIDERANDO que os Conselheiros, apesar de não terem vínculo empregatício e não receberem vencimentos ou salários fixos; apesar de exercerem o mandato temporário de demissibilidade *ad nutum*; apesar de assumirem um *múnus público*, contudo vêm exercendo a função ininterruptamente durante o ano; CONSIDERANDO que Vereadores, Deputados Estaduais, Deputados Federais, Senadores, no exercício de mandatos eletivos temporários e, pois sem vínculo empregatício, não deixam de receber vencimentos durante os dois períodos de recesso ao ano; CONSIDERANDO o Princípio da Isonomia, ser de Justiça e Eqüidade que os Conselheiros também gozem recessos durante o ano para que também possam usufruir férias juntamente com sua família; RESOLVE APROVAR A SEGUINTE NORMA REGIMENTAL" (*ipsis literis*) ...

[437] Ao pretenderem confundir o sistema de ascensão ao cargo eletivo com o nomeado, cometem visível má-fé e espírito de oportunismo, ou que não vai bem para quem quer falar e agir em nome do Estado. Tentem uma eleição, se querem toda a mordomia. Há, entre as duas atividades públicas, o problema do Q.I. — de quem indica. Os primeiros estão legitimados por quem pode: o povo. Enquanto estes últimos de regra saem do bolsinho do colete de alguém com poderes.

síntese, vergonhoso tudo isso que aí está. E são essas pessoas que irão emitir juízo de valor sobre o comportamento de outras tantas que praticaram um ilícito penal qualquer. Eis aí a grande diferença entre o Direito e a Moral. O que fazer com as condutas desviantes da Ética e os bons costumes diuturnamente exigidos?

A propósito, a esta altura, é a extinção do Conselho Penitenciário do Estado de São Paulo, já que outros órgãos realizam o mesmo trabalho. Para tanto, que se reforce o quadro do Ministério Público nas Varas das Execuções Criminais, que continuaria a examinar a documentação contida no prontuário do apenado, fazendo as contas e dando parecer pela concessão ou não da liberdade antecipada. De outra parte, os presídios remeteriam diretamente aos respectivos prontuários os documentos de antecedentes carcerários, contagem do tempo de prestação de serviços, para os efeitos da remição, etc.

Nesse sentido, pensamos a formulação de um plano de ação que possa, de alguma forma, estimular em aspecto amplo a solução do crucial problema da reinserção social. Trata-se de premiar com algumas regalias os presos que se dispuserem a aceitar a sua *formação profissional*, criando-se, destarte, uma corrente que envolva essa necessária formação profissional, a garantia de emprego e a conseqüente liberdade, ainda que seja apenas para trabalhar fora do presídio, num primeiro momento, evoluindo a seguir até o estágio final, que é a proposição que virá a seguir.

Como primordial necessidade inclua-se a elaboração da lista do que será o público alvo desse trabalho. O segundo ponto a ser atacado, dada sua vulnerabilidade, é a parceria extra-muros, de onde há de vir o indispensável respaldo logístico para implementação deste plano de trabalho que, diga-se, é de longo prazo, já que o problema também não é novo e tem profundos vínculos com tudo que há de nefasto no sistema presidial.

Esse público alvo há de ser aquele contingente que tenha desde logo manifestado a vontade e interesse ao labor. Com efeito, já o artigo 126 da LEP oferece vantagens ao preso trabalhador. Dentro desse quadro, eleger-se-ia, por merecimento e por habilidade, aqueles que passariam, se quisessem, a freqüentar cursos profissionalizantes[438]. Não se trata de

---

[438] Para se ter idéia do que representa o despreparo do trabalhador preso, neste momento a OAB/SP, por nosso intermédio, está em gestões com a direção da Penitenciária do Estado, a reforma do "Parlatório". Serão necessários sofás, cadeiras, banquetas, máquina de escrever e o serviço de pintura. Como se trata de "banquetas próprias e adequadas a um tal local, torna-se necessário que sejam feitas sob medida". Serviço simples de marcenaria. Pasmem: a Casa não tem quem possa fazer tais banquetas! Quase dois mil presos e nem um só marceneiro!

querer por querer, mas até mesmo por necessidade imperiosa de manutenção do próprio conjunto de edifícios que compõem o sistema. A Penitenciária do Estado[439], por exemplo, tem um conjunto de "pavilhões" que, por sua envergadura e arquitetura, ocuparia diuturnamente pelo menos uma centena de trabalhadores medianamente especializados. A solução está aí mesmo, somente ausente a vontade política de realizar.

O segundo ponto acima mencionado é o envolvimento do público alvo que vive no exterior do presídio e, por interesses vários, deverá ser estimulado pelo Estado a absorver essa *mão-de-obra especializada*. Algumas empresas locam serviços desses internos conquanto nessa condição permaneçam: de internos. Ora, então é somente uma questão de proporcionar alguma forma de recompensa em contrapartida e a "troca" estará se concretizando. O empresário é, por excelência, um capitalista convicto. O "capital", sabemos todos, somente permanece onde possa ser reproduzido em maior quantidade e em menor espaço de tempo. Daí a facilidade que se nos afigura essa composição, de resto interessante às três partes: Estado, recluso e empresário. Sobre isto já falamos em outra parte, inclusive dando ênfase à questão da segurança patrimonial do contratante pela via de uma apólice de seguro, que seria bancada pela COSESP, entre algumas outras vantagens.

Concluídas estas primeiras duas etapas, haver-se-ia de perquirir os objetivos do empreendimento como um todo. Possuidor de aptidões profissionais iguais ou mesmo superiores às já existentes na "rua", estaria o cidadão delinquente/trabalhador habilitado a melhorar sua vida no aspecto material, bem ainda a da sua família, que tomaria a si a responsabilidade de estimular o recluso, visando a sua futura reinserção no mundo do qual ele foi desligado e ao qual, para regressar, deverá passar por um processo de adaptação, não podendo ser, como vem ocorrendo, de maneira abrupta e empírica.

Tanto antes, como durante a prisão, e mesmo depois da liberdade, o ex-convicto deverá ser assistido por pessoal habilitado e, principalmente, idealisticamente voltado para missão de tamanha envergadura. Como bem colocou Francisco Alvim[440]: *"Como é sabido, é nesta fase, do ex-recluso libertado que há mais risco de reintegração no antigo grupo de delinquentes. São estes, de facto os únicos amigos que um*

---

[439] Inaugurada em 21 de abril de 1920, pelo então governador *Altino Arantes*, não tem recebido a conservação que lhe é devida.

[440] Francisco ALVIM é psiquiatra e professor da Faculdade de Letras de Lisboa. Trabalho publicado pelo IRS.

recluso pode encontrar ao sair da prisão". O dito vale por tudo quanto já foi afirmado e pelo que adiante se irá dizer. Sem esse apoio logístico de todo um sem-número de pessoas, nada será possível.

Não cremos que um trabalho sério e comprometido com um idealismo sadio seja descartado pela sociedade. Bastará, para tanto, que a imprensa dê o mesmo espaço que dá aos casos que ela promove ao *status* de fatos alarmantes, principalmente quando se trata de noticiar o crime. Chega-se a mentir e torcer a verdade, como foi o caso do *"Bodega"*. Que se mostre ao público em geral, não somente a conseqüência negativa da conduta criminosa, mas também o que pode ser feito aos que estão para sair do cárcere e os benefícios que advirão de uma tal postura: a de dar a oportunidade ao ex-recluso, que assim pretenda, de reconstruir uma vida nova, digna e honrada, sem preconceitos e sem pré-condições aviltantes.

4.7. Prisão Junto à Família

Por ocasião de nossa visita à Nicarágua[441], tivemos a oportunidade de travar alguns contatos com pessoas do *"métier"*, entre estes o Professor Victor Manuel Ordoñez[442], que nos orientou em muita coisa sobre nosso interesse atual. Naquela ocasião estava conosco em Manágua, e especialmente na oportunidade, o Professor Ricardo Molinas[443]. Também ele tinha curiosidade sobre a aplicação e execução da lei penal naquele país. Era, para todos nós, um paradoxo: um país com tantas dificuldades estar preocupado com a execução da pena em termos humanitários[444]. Pessoalmente, o que mais impressionou foi, evidentemente, a

---

[441] Fato ocorrido em janeiro de 1990. Visitamos aquele país na condição de "observador", pela Asociación Americana de Juristas: A.A.J., da qual éramos o presidente da "rama" de São Paulo, dos preparativos para as eleições presidenciais, que resultaram na vitória de *Violeta Chamorro*.

[442] Então Vice-Decano da Faculdade de Ciências Jurídicas e Sociais da "Universidad Centroamericana", situada em Manágua e professor titular de Direito Penal da "Escuela de Derecho".

[443] Don Ricardo MOLINAS, foi o Procurador *General de la Fiscalia Argentina* e responsável pelos vários processos que se instauraram contra os militares envolvidos na "Guerra Suja". Uma monumental figura humana, com quem pude aprender e apreender sobre a essência da democracia e o exercício do Poder. Humilde, tal como todo grande sábio.

[444] Para se ter idéia, a inflação do ano anterior (1989) tinha sido de 2.680% e em 1988, 37,500%. Os "Contra" agiam em todo o norte do país, usando até mesmo artilharia de médio porte. Juntamente com um grupo de professores americanos, também o Professor Ricardo MOLINAS, estivemos na cidade de Somoto, a 10 km da divisa com Honduras, onde estavam sediados os "Contra".

inovação em que se constitui o *"Regimen de Convivencia Familiar"*, método sobre o qual iremos nos alongar um pouco mais. Entretanto, seria pelo menos injusto, insensato e desleal se não fizéssemos alguns comentários sobre o sistema penal como um todo. É o que faremos, ainda que *en passant*.

A lei principia por preocupar-se com a colocação dos presos em espaço material compatível, resguardo dos direitos e aplicação de correta política penitenciária[445], tendo o artigo 5º a responsabilidade de garantir uma possível correta distribuição de espaço físico conforme seja a situação processual do preso, bem como seu delito e sua pena. Assim é que o artigo seguinte diz das modalidades de prisão às quais está sujeito o delinqüente: *"Centros Penitenciarios de Seguridad. Centros de Mínima Seguridad. Centros Penitenciarios sin Previsiones de Seguridad. Lugares de Residencia bajo el control y vigilancia policial"*[446]. Usam a expressão "mínima", mas não a "máxima", como fazemos nós, procurando exteriorizar uma abertura no relacionamento entre o preso e a sociedade. Excluiria o termo *"policial"*, já que o Estado procura transmitir a idéia de confiança. Assim, não necessário frisar a *"diferença especial"* contida na vigilância, que é a policial.

Com efeito, o artigo 11 do *"Documento Base para la Reeducación Penal — Sistema Penitenciario Nacional"*[447] deixa claro o escopo do trabalho que ali se desenvolvia no sentido de melhor aproveitar a pena. Vejamos: *"El sistema progresivo en el tratamiento al recluso, pretende optimizar los resultados del trabajo reeducativo y garantizar asi su rápido reintegro a las tareas de la sociedad. Para estos fines se establecen cinco modalidades o regímen diferente a través de las cuales progesarán los internos hasta obtener su libertad. Estos son: (a) Regímen de Adaptación; (b) Regímen Laboral; (c)Regímen Semi-Abierto; (d) Regímen de Convivencia Familiar"* (grifos nossos).

---

[445] Eis a redação do artigo 5º da referida lei: *"Para los efectos de ubicación de los reclusos, los derechos de los mismos y la aplicación de la política penitenciaria, se habilitarán centros o lugares de reclusión donde los internos del Sistema Penitenciario cumplirán su condena o estarán a la orden de las autoridades judiciales mientras sea tramitada su causa".*

[446] Estas as alíneas que complementam o artigo 6º, que resolvem a problemática do cumprimento da pena conforme a classificação do delito e do delinqüente. Vê-se que, ali, estão preocupados com a individualização da pena muito mais que aqui.

[447] O exemplar aqui usado, foi-me presenteado pelo Ministro do Interior Tomas Borja MARTINEZ, quando o conheci em Havana, em 1987, por ocasião da VIII Conferência da Associação Americana de Juristas.

O primeiro dos regimes imposto é precisamente aquele que tratamos entre nós de *"regime fechado"*, estando regulamentado na alínea (a) do parágrafo primeiro do artigo 33 da Lei nº 7.209/84. Neste se dispensa pouca consideração pessoal ao condenado, de uma forma genérica. Tanto é assim que a norma jurídica regulamentadora é deveras rigorosa[448]. Se pudéssemos alterar alguma coisa, seria tão-somente na parte concernente às atividades culturais, ali bloqueadas. Cremos, tanto quanto Paulo José da Costa Júnior, que a remição explicitada no artigo 126 da LEP poderia ser estendida também à atividade cultural, talvez não com tanta elasticidade, mas privilegiando aqueles que quisessem estudar. Dar-se-ia a remição em termos de *seis por um*. Vale dizer: para cada seis dias de estudos, um de remição. Se o cidadão estudar durante o longo tempo de ociosidade, será possível a ele refletir melhor sobre o que fazer quando sair da cadeia.

Interessante é a atenção que dispensam ao *"Regímen Laboral"*. Para os reclusos que optarem pelo regime de trabalho, que abarca todos os regimes, excetuando-se o primeiro. Diz o artigo 14 que, aqueles presos que trabalham, ainda que recolhidos nos *"Centros Penitenciarios de Seguridad"*, já podem participar das atividades culturais e recreativas, além do que: *"gozan de mayores prerrogativas"*[449]. Veja-se o valor que se empresta, na Nicarágua, à laborterapia[450]. Não que isso seja fato novo na epistemologia carcerária. Isto tem sido uma constante na luta do I.R.S. de Portugal[451], bastando ler o que diz João Figueiredo: *"Mais fácil será colocar um preso trabalhador que um ocioso, ou a quem a ociosidade forçada na cadeia roubou o hábito do trabalho"* (grifos nossos).

Sobre o sistema de cumprimento da pena junto à família, têm-se no artigo 17 da lei aqui discutida a seguinte relação: *"Artigo 17. El Regímen de Convivencia Familiar es aquel donde el interno se integra a su nú-*

---

[448] Diz o artigo 12, na sua parte final, o seguinte: *"Tiene una limitada participación en las actividades culturales y recreativas, y sus derechos se ajustan a lo estrictamente establecido en las normas internacionales"*.

[449] Essas prerrogativas, na verdade direitos convencionais, vêm regulamentadas no artigo 43 e suas alíneas. Ali encontramos o direito a um dia de descanso semanal, alimentação melhorada, além de vestimenta e tratamento preferencial nas demais atividades. A remuneração está prevista, e ainda sua racional distribuição, conforme dispõe o artigo 44.

[450] Essa mudança do regime de "adaptación" para o "laboral" é opção do condenado, salvo em casos de alta periculosidade do agente. Nesse sentido, as regras se encontram inseridas nos artigos 23 e 24.

[451] João FIGUEIREDO, escrevendo a apresentação da edição de setembro de 1983 da Revista do IRS, pág. 37.

cleo familiar, desarolla actividades comunes de todo ciudadano, mantiéndose bajo del control policial y con sus derechos ciudadanos suspensos". Somente após ter sido promovido para o regime semi-aberto é que poderá receber o benefício do *"Regímen de Convivencia Familiar"*. Extingue-se a pena no que falta a cumprir, em que pese ficar sob vigilância, conforme bem explica a norma jurídica pertinente. Não fica muito clara a questão da cidadania, já que a pena foi extinta.

Em todo caso, cumpre que se compare com o nosso *"regime aberto"*, disposto no artigo 36, *caput*, e regulamentado pelo parágrafo primeiro[452], a legislação nicaragüense, S.M.J. de melhor enfoque social e humanístico. Todos os estudiosos asseveram a necessidade de manter o condenado vinculado às suas raízes. Sabe-se de sobejo que os laços familiares são o que mais impulsiona o delinqüente à reinserção, isto quando esses laços não foram ainda completamente destruídos. Claro que o delinqüente, maioria das vezes ou em certa medida, se desliga do convívio familiar, criando outro núcleo onde passa a gravitar. Se ali permanecer, voltará ao crime. Reincidindo, torna-se muito mais difícil a próxima etapa de um trabalho que, na primeira oportunidade, foi baldado.

De regra, os tóxicos têm muito a ver com esse distanciamento, já que o viciado, ainda quando permanece no lar, junto da família, essa presença é tão-somente física, nunca social, moral ou espiritual. Não fala das suas coisas, dos seus amigos, ou das suas atividades. Quando fala, como regra geral, mente ou dissimula o fato real. Principalmente aos pais, que serão sempre os últimos a saber de tudo quanto vem ocorrendo com ele, filho. Cria-se um clima de inimizade onde, de regra, não existe. A esses muito mais que mera aproximação, há que se costurar um extenso lençol de confiança recíproca.

Sem sombra de dúvida, é o reflexo do *"social"* a influenciar na problemática do crime. Não se trata de querer eleger um "bode expiatório" para arcar com o ônus caríssimo do ingresso de alguém na senda da criminalidade. Os pais nem sempre podem acompanhar o dia-a-dia dos filhos e, não raro, são apanhados de surpresa com a notícia da prisão[453]. Esse regresso ao seio da família é, sem dúvida, muito importante, mas de

---

[452] Eis a redação atual do parágrafo primeiro: *"O condenado deverá, fora do estabelecimento e sem vigilância, trabalhar, freqüentar curso superior ou exercer outra atividade autorizada, permanecendo recolhido durante o período noturno e nos dias de folga"* (grifo nosso).

[453] Nesse sentido, leia-se publicação de 1983, escrito de Luis de Miranda PEREIRA: *"normalmente só se acorda quando o filho, o familiar, o amigo - já raramente o vizinho - nos choca com a novidade de estar preso"*.

difícil sucesso, já que o delinqüente desse jaez "elegeu" como grande responsável pelos seus insucessos e fracassos um dos membros mais próximos da família: o pai ou a mãe. Isto quando não ocorre o contrário: elege um parente para "confiar" e exclui o resto.

De qualquer forma, deixadas de lado as ilações filosóficas, seria bem-vinda uma alteração na legislação pátria, adotando-se com mais ênfase a "convivência social" para aqueles que tiveram penas de prisão aberta desde logo. Não destruir o resquício de espírito familiar ainda existente no ser delinqüente, principalmente nos primários e aqueles que chamamos habitualmente de "criminoso eventual". Ao invés de pernoitar na cadeia, sempre que possível, que isto ocorra na própria casa do apenado. Nos finais de semana, apenas deveriam ficar à disposição do Estado durante o expediente convencional, voltando à noite para casa, como se fosse mais um dia de trabalho.

Sempre que possível, não afastar o delinqüente da família. Se for o caso, trabalhar no sentido de, antes de qualquer outra providência, forçar, sem violentar, a reaproximação. Talvez seja esta a grande e boa trilha a seguir. Afinal, tanto quanto o delinqüente encarcerado, sofre a família deste. Se assim agirmos, estaremos saneando alguns problemas, tidos por aporéticos, mas que, na realidade, não são. São apenas relegados a plano inferior, em evidente falta de interesse na solução da questão. O primeiro desses problemas a ser resolvido seria a diminuição da população carcerária, aliviando a superpopulação. Tenha-se em mente o seguinte: por motivos óbvios, é sempre mais barato manter um condenado fora do cárcere do que dentro dele.

4.8. APAC — Associação de Assistência ao Condenado
4.8.1. Uma Idéia, Um Ideal, Um Sucesso

É sempre uma maneira muito cômoda essa de repetir os malsinados chavões: *"uma vez meliante, sempre meliante"*, ou *"criminoso bom é criminoso morto"*, ou ainda *"lugar de delinqüente é na cadeia"*. De ordinário, são pessoas que pouco ou nada entendem da criminalidade e do criminoso, e que procuram demonstrar um falso saber sobre as coisas de uma sociedade doente e comprometida. De regra, criticam as instituições que estão comprometidas com os Direitos Humanos[454]. Somente se

---

[454] Vive-se constantemente o problema na OAB, cuja Comissão de Direitos Humanos está sempre exposta às críticas dos recalcitrantes e reacionários. Lamentavelmente, não somente os alienígenas, às vezes até mesmo os aborígenes da nossa instituição tecem críticas ao trabalho sério que ali se desenvolve diuturnamente.

lembram da utilidade desse maravilhoso instituto denominado *"Direitos Humanos"* quando dele necessitam e dele se socorrem[455]. Poucos acreditam ser possível realizar um trabalho sério. Não é que não acreditem na reinserção social, apenas é mais prático negar essa possibilidade e permanecer na prática reacionária e preconceituosa de negar o mínimo de oportunidade àquele que, um dia, delinqüiu.

Mas nem somente de pessoas cépticas e desinteressadas está composta a sociedade. Existem uns poucos bem-intencionados em todos os setores da atividade humana, que são responsáveis, não raro, por mutações de tal porte que passam a ocupar lugar proeminente dentro daquele determinado grupo social a que pertencem. Conforme seja sua agilidade em elaborar e desenvolver suas estratégias idealistas, refletem seus ideais para além dos limites físicos a que estão habituadas a agir. Este é o caso do Dr. Mario Ottoboni[456], que liderou e estimulou a fundação da *Associação de Proteção e Assistência ao Condenado — APAC*[457].

Tudo começou quando esse homem fenomenal, liderando um grupo de cristãos, dispôs-se ao trabalho de estudar o Sistema Penitenciário, procurando de alguma forma minorar as agruras do cárcere. Era necessário, todavia, que se localizassem primeiramente as causas da criminalidade. Sem esse ajuste, seria deveras difícil cuidar do aprimoramento de qualquer terapia que visasse a reinserção social do condenado. E diz o Dr. Ottoboni: *"Dificuldades, incredulidade, desconfiança e uma série enorme de obstáculos antepuseram-se aos nossos ideais, mas absolutamente nada serviu de desânimo que pudesse interromper essa jornada de trabalho"*[458].

Algumas informações contidas no documento antes mencionado devem ser pensadas, para que se possa avaliar e valorar o quão eficiente vem sendo o trabalho dessa gente abnegada. Como primeira e elementar

---

[455] Caso típico foi o ocorrido no 42º DP, onde morreram asfixiados 19 presos. Os policiais, quando tiveram suas prisões cautelares decretadas, bradaram aos quatro ventos pelos seus direitos constitucionais; suas "liberdades públicas" estavam sendo violadas. Portanto, violentados estavam sendo os seus direitos humanos.

[456] O Dr. Mário OTTOBONI foi um dos fundadores da APAC, de São José dos Campos, no dia 18 de novembro de 1972.

[457] O exemplar que temos do ESTATUTO da entidade é datado de 15 de junho de 1974, e assinado pelo presidente e fundador Dr. Mário OTTOBONI. Conforme consta do documento, o primeiro registro se deu com a denominação *"Associação de Proteção e Assistência Penitenciária"*.

[458] Texto publicado por ocasião do IV Congresso Nacional das APACs, em julho de 1995, assinado pelo Dr. Mário OTTOBONI.

providência, decidiu-se desprezar tudo quanto era feito até então em matéria de assistência e proteção ao condenado. Abre-se aqui um hiato para dizer que esta é a proposta deste trabalho: não se aproveita quase nada do que aí está. Fugas, rebeliões, corrupção de todos os matizes, superpopulação, doenças contagiosas e índice de reincidência autorizam a ruptura com tal passado[459]. Destarte, aqueles que acompanharam nosso trabalho durante os dois anos de redação final sabem o que e como pensamos. Há mesmo que agir, infelizmente, como Michael Bakunin[460], no que seja pertinente ao sistema presidial brasileiro. Para se pretender sucesso, há que começar do nada, já que impossível aproveitar minimamente o que aí está posto.

Quando se diz *"assistência e proteção aos condenados"*, não se está oferecendo conforto e atenção especial, que chegam mesmo a faltar ao homem médio comum, trabalhador e de bons costumes. À evidência preocupa-se com que a sociedade não seja outra vez molestada pelo mesmo indivíduo. Esse é um trabalho de longo percurso, que implica, entre outras coisas, alterar o comportamento social do cidadão delinquente, máxime aquele que adquiriu a habitualidade. Dessa forma, procurar devolver a esse segmento a crença na existência de um *Ser Superior*[461] serve como guia para iniciar um trabalho que se desdobrará em várias partes[462].

Ainda na mesma linha de raciocínio, tem-se a crença em dois outros pressupostos: *"diálogo como entendimento"* e *"o trabalho como essencial"*. Nada será possível em qualquer atividade humana se não

---

[459] Diz o documento que a reincidência era da ordem de 75%, tendo caído, na APAC, para 5%. Visitando recentemente a Penitenciária do Estado, ficamos sabendo estarem internados 73 presos na "ala de isolamento" do hospital penitenciário, portadores do vírus H.I.V. e passageiros terminais. Não tivemos o número aproximado dos reclusos contaminados, sequer se conhece a extensão da doença, logo ali, onde as pessoas estão à mercê da autoridade penitenciária. Se ali é assim, o que pensar, então, da situação aqui na "rua"?

[460] BAKUNIN, Michael (1814 - 1876). O mais importante militante anarco-comunista do século passado, que foi descartado por Karl MARX, precisamente por suas idéias radicais de transformação em todo o sistema político, inclusive com a destruição pura e simples do Estado. Presente em quase todos os grandes movimentos revolucionários de sua época, inclusive no "Movimento Dezembrista de 1825", gênese da Revolução Russa cujo sucesso ocorreu em 1917, já sob o comando de Wladimir Ilitch Ulianov - LENIN.

[461] É indiferente o nome que se lhe dê: Deus, Adonai, Chadai, Álah, etc., importante é crer firmemente.

[462] No mesmo sentido vejam-se: Enrique ARNANZ, Mapelli CAFFARENA, Alejandro Solis ESPINOZA, Santiago REDONDO, Alfonso Serrano GOMEZ, Carlos Garcia VALDEZ, Arminda Bergamini MIOTTO, Antonio MALÇA CORREIA, para mencionar somente alguns penitenciaristas.

houver o diálogo. Esse entendimento deverá ser sempre franco, direto e sincero. É preciso considerar, ademais, que esse tipo de material humano com o qual se trabalha é, essencialmente, desconfiado. Até mesmo em razão de sua maneira de vida anterior, onde sempre predominaram o receio, a desconfiança sistemática, a dissimulação e, por que não, a deslealdade como mecanismo de defesa até.

Sobre o labor já se discutiu exaustivamente em mais de uma oportunidade, mas o tema não se exaure, por mais que sobre ele se tenha tratado. Tal como pensam: Paulo José da Costa Jr. e Dirceu de Mello[463], pela via do trabalho, desde que espontâneo, ocupar-se-á a mente do homem segregado. O tema não é novo, tampouco se esgotará por aqui. Ontologicamente, o trabalho é direito garantido ao preso e o Estado não vem cumprindo sua parte, o que é deveras lamentável. Ainda uma vez, há que surgir uma *ONG*[464] para suprir as deficiências estatais que, diga-se, são inúmeras. Portanto, aqui neste espaço, como em tantos outros, se houver vontade política haverá solução pronta e imediata. Se a atividade privada consegue espaço, o que dizer da pública, cujo poder de barganha, e mesmo de persuasão, é infinitamente maior.

Diz-nos a APAC que atualmente mais de um milhar de ex-reclusos trabalham nas empresas da cidade[465] *in verbis: "Hoje, somente em São José dos Campos, mais de 1.000 (um mil) ex-recuperados, trabalham em conceituadas firmas, exaurindo o círculo vicioso do prende-solta, tirando assim de circulação, ponderável número de marginais*[466] *que intranqüilizavam a cidade"*. Como conseqüência natural de um trabalho realmente admirável, dizem que a reincidência caiu do altíssimo percentual de 75% (setenta e cinco por cento) para a minúscula cifra de 5% (cinco por cento), e ainda: *"fato altamente significativo e suficiente para garantir o aplauso senão a gratidão de uma sociedade acomodada e que*

---

[463] Para o Professor Paulo José da COSTA JR., a laborterapia é, quiçá, a maneira mais eficiente da reinserção social. Não é muito diferente o pensamento do Professor Dirceu de MELLO, apenas que, para este último, o trabalho não deve ser imposto ao preso, senão que pretendido por ele. Concordamos no gênero, no grau e na espécie com o Mestre da PUC, porque de outra forma, poder-se-ia criar uma nova forma de pena: a do "trabalho forçado", o que é, entre outras coisas, inconstitucional.

[464] ONG: Organização Não Governamental.

[465] Trata-se de São José dos Campos, onde funciona a APAC analisada. A informação, conforme já asseverado, é de 1995.

[466] Percebe-se o quanto confunde o homem médio comum a figura do "marginal" com a do "delinqüente". O primeiro, maioria das vezes é inofensivo, enquanto o segundo, não. Sobre o tema, volte-se ao Capítulo I deste trabalho.

se contenta apenas em ver o homem preso, esquecendo-se de que cumprida a pena, o teremos de volta, muito mais perigoso, pelos malefícios que o ambiente penitenciário propicia". Honestamente, não sabemos por que continuar a pesquisar mais. Tudo fica resumido na filosofia do trabalho desses idealistas, que deveria ser adotada e guindada ao *status* de *norma jurídica constitucional de eficácia plena*[467].

Outros fundamentos fazem parte da estrutura filosófica, ao todo dez. Deve-se realçar, entre todos, e além dos já mencionados, aquele sobre o qual já se discorreu anteriormente, a família[468] : *"A família como suporte"*. Aí está outra questão que não pode, jamais, ser relegada a um segundo plano. Se conseguirmos manter a família junto, ou próxima, do delinqüente cumprindo sua pena, é quase certo que as chances de sucesso na *reeducação, ressocialização* e posterior *reinserção social*, terão maiores e melhores possibilidades. Não somente entre nós o tema vem à baila, conforme já asseverado em outra oportunidade. Na primeira delas, o Estado, demonstrando preocupação com o distanciamento entre o condenado e sua família, trata de aproximá-lo, ou mesmo reaproximá-lo. Entre nós, uma instituição cuja natureza jurídica não é pública, trata de estimular essa prática salutar no labor da *Reinserção Social*.

4.8.2. Os Números

Não tem sido fácil a pesquisa no Brasil, já que as autoridades ou não têm os dados corretos, ou não os podem fornecer, visto que comprometedores, ou, em última análise, exibem um descaso total cruzado com a prepotência de quem nunca teve poder e, tendo-o temporariamente, o exercita de forma inadequada[469]. Por ocasião da nossa visita a Lisboa, fomos atendidos prontamente pela Senhora Diretora do *I.R.S. — Instituto de Reinserção Social*. Ao todo três reuniões, todas com assistência pronta e precisa. Na última delas, regalaram-nos com farto mate-

---

[467] Conforme o Professor José AFONSO DA SILVA, a norma jurídica constitucional tem quatro classificações: *eficácia contida, eficácia limitada, eficácia plena e normas programáticas*. A aqui referida tem vigência e eficácia (KELSEN) *ex tunc*, não dependendo de nenhuma outra.

[468] Precisamente quando discorremos sobre o sistema nicaragüense, onde existe um regime de "convivência familiar", de que falamos.

[469] Amostra maior que tivemos versou a FUNAP, de cuja diretora até agora não tivemos a confirmação de audiência solicitada reiteradamente, quer como professor, quer como pesquisador, quer como membro e conselheiro da OAB/SP. Disso resultou pouco ou nada podermos falar. De qualquer forma, a desinformação sobre aquele órgão rendeu alguma vantagem à sua dirigente: foi poupada da crítica em nível administrativo.

rial literário elucidativo disponível, sem qualquer custo. E o que mais impressionou: com boa vontade e espírito público utilitário. Afinal, lá fomos tratados como pesquisador.

Entretanto, cá entre nós, se o Poder Público não foi tão, ou minimamente, eficaz, nem sequer simplesmente atencioso como seria de se esperar, o inverso aconteceu com a APAC, de São José dos Campos, que nos municiou com todas as informações acima e mais a estatística que iremos comentar em seguida. Uma ONG abre seus arquivos porque nada tem a esconder, tampouco vive a se prestar para *cabide de empregos*[470], não precisa escamotear a verdade, nem *embonecar*[471] as informações que libera ao público.

Os dados que nos foram fornecidos são deveras animadores. Com efeito, em 23 anos de existência, o sistema implantado pela APAC, unidade de São José dos Campos, cuidou de 1.614 (um mil e seiscentos e quatorze) *recuperandos*. Desse total, apenas 74 (setenta e quatro) reincidiram, o que eqüivale a 4,58% (quatro vírgula cinqüenta e oito por cento)[472]. Os números demonstram o absoluto sucesso em que se constitui a nova instituição posta à disposição do Estado. É só ter vontade política e adotar como órgão institucional oficial o que ali se pratica. Aí está *uma lei a fazer*, e cumprir.

No que concerne às *fugas*[473], aconteceram 7 (sete), das quais 4 (quatro) retornaram. Disso resulta o percentual de 0,18% (zero vírgula dezoito por cento). Não cabe sequer comentário elogioso, salvo se este trabalho permitisse aplaudir em pé. No item *evasões*, ocorreram 17 (dezessete), que equivalem a 1,05 (um vírgula zero cinco por cento).

---

[470] Talvez estejamos sendo um pouco duros e amargos, mas este trabalho não deixa outra sensação. Para um universo de 30.899 presos, manter um quadro da ordem de 14.500 funcionários, é pelo menos teratológico. Corrobora nossa convicção o fato de, na Comissão Técnica da Penitenciária do Estado, para a elaboração dos "exames criminológicos", trabalham apenas oito funcionários. Acresça-se o seguinte: aqui, o mais bem aparelhado presídio do Estado, e por isso mesmo, o melhor do Brasil. Cada Comissão é composta de um psicólogo, um psiquiatra e um assistente social. Existe uma equipe para o exame preliminar, de onde haverá de sair a individualização da pena e uma outra que cuidará de avaliar a "reabilitação" (termo aqui empregado no sentido laico).

[471] Termo empregado no Mercado Financeiro, que significa engrossar as informações para o fim de engodar os menos avisados.

[472] Na estatística por eles fornecida aparece 4,62%. Correta, entretanto, é a nossa conta.

[473] Aqui surge um problema, ou confusão, quanto ao termos "fuga" e "evasão". Criaram duas modalidades mas não as definiram. Por isso vamos repetir o que consta na estatística que nos foi fornecida.

Desse montante, 88% (oitentae oito por cento) retornou, ou seja: 15 (quinze). Ao todo, quer dizer dos dois itens, apenas cinco não regressaram para a APAC, o que representa um percentual de 0,31% (zero vírgula trinta e um por cento). Ao nosso juízo, esse número pode muito bem se creditado à teoria de Cesare Lombroso, e mesmo assim com grande vantagem, posto que, epistemologicamente, o percentual de desajustados na senda do crime é infinitamente maior, podendo mesmo alcançar uma centena de vezes do que aí se constatou.

Nesse espaço de tempo, foram concedidas 246.367 (duzentas e quarenta e seis mil e trezentas e sessenta e sete) saídas. Todas elas com retorno normal. Foram realizados 8.951 (oito mil e novecentos e cinqüenta e um) atendimentos médico-odontológicos. Ainda 44.115 (quarenta e quatro mil e cento e quinze) *escolas próprias*, sem qualquer incidente. Aqui cumpre salientar o quão despiciendo é, na maioria das vezes, aquele estardalhaço que se faz nos corredores do Fórum para o transporte de presos que vão assistir à instrução de seus processos. Na realidade, pretendem passar aos menos avisados, e passam, a imagem de altíssima periculosidade de todo preso. Tanto é assim, que a APAC concedeu, até 1994, 4.379 (quatro mil e trezentos e setenta e nove) benefícios de saídas no Natal, Ano-Novo e Páscoa. Desse total apenas 6 (seis) não regressaram. Percentualmente: 1,37% (um vírgula trinta e sete por cento), número perfeitamente absorvível mesmo em presídios com outra estrutura, mormente se considerarmos que a situação de fugas no sistema convencional paulista está absolutamente fora de controle, embora o Estado não admita tal situação.

Atualmente[474] a APAC tem aos seus cuidados 791 (setecentos e noventa e um) *recuperandos*. Realizando embasamento profissional e cultural, temos os seguintes números: fazendo o *supletivo*: 3 (três); no *1º grau*: 22 (vinte e dois); em fase de *alfabetização*: 7 (sete); *letristas*: 3 (três); *cabeleireiros*: 14 (quatorze); *serigrafia*: 1 (um); *datilografia*: 6 (seis); *artesanato*: 60 (sessenta) e, *violão*: 3 (três). No total, 119 (cento e dezenove), o equivalente a 15,04% (quinze vírgula zero quatro por cento) da população carcerária — pessoas procurando aprender como ganhar a vida honestamente, ou mesmo embasando-se para esse fim. Há de se supor que grande parte dos *recuperandos* tenha ali chegado já com alguma atividade economicamente ativa definida.

Interessante demonstração sobre os custos nos apresenta a APAC de São José dos Campos. Com efeito, ela tem custo-preso inferior em

---

[474] Faz-se referência ao meado do ano de 1995.

relação a todas as outras modalidades de presídio. Em relação às Penitenciárias, onde a APAC informa um custo mensal de R$ 350,00 (trezentos e cinqüenta reais)[475]. Para os presos acantonados nas Cadeias Públicas, R$ 300,00 (trezentos reais) mês, valor que também se questiona. Enquanto isso, a ONG gasta R$ 200,00 (duzentos reais) mês por preso. Tal fato é possível considerando-se uma série de fatores. O primeiro deles é a seriedade com que se administram os recursos; o outro poder-se-á contabilizar ao idealismo que é emocional e desinteressado na auferição de vantagens outras que não o bem-servir. Enquanto aquele outro é profissional, frio e desinteressado no sucesso da empreitada; uns contando prazo para a aposentadoria, outros tratando de manter-se no "emprego" e ainda outros, mais perniciosos, que elevam a função ao *status* de veículo eficiente para o enriquecimento rápido e, por isso mesmo, ilícito.

Segundo estamos informados, existiam no ano de 1995[476], em todo o Brasil, cento e vinte e duas (122) APACS. Assim distribuídas: Ceará, Tocantins, Brasília, Mato Grosso do Sul, Pernambuco e Espírito Santo: 1; Rio Grande do Sul: 9; Minas Gerais: 34; São Paulo: 53; Rio de Janeiro e Santa Catarina: 3; Alagoas: 6; Goiás, Bahia, Paraná e Maranhão: 2[477-478]. Tem-se a contabilizar tamanho crédito a essa plêiade de idealistas de São José dos Campos que, com seu trabalho e espírito de abnegação, sem descartar a obstinação, poderá forçar radical câmbio nos critérios de avaliação e valoração sobre o sistema presidial e seu escopo perante o contexto social. Salvo melhor juízo, esses nobres cristãos deram ao Estado o caminho a seguir, agora é só pôr a mão na massa, coisa difícil à classe política pátria, que tem outros interesses — sempre imediatos e personalíssimos — manter o poder a qualquer custo[479-A]. Mas, se não com o apoio deles, então haverá de ser sem eles. O caminho está aberto, é só trabalhar em cima do já produzido, melhorando sempre e mais, no

---

[475] Ouso discordar, já que recebi da Secretaria de Estados dos Negócios Penitenciários outro valor: R$ 16,00 (dezesseis reais) dia, equivalendo a R$ 480,00 (quatrocentos e oitenta reais) mês. Valores relativos ao sistema COESP.

[476] A informação nos chega com a seguinte linguagem: *"constituídas ou em formação"*. Não se sabe, ao certo, quantas efetivamente funcionando e quantas em fase de organização.

[477] Recebemos da APAC de São José dos Campos, alguns exemplares de nºs 31, 32 e 33 da revista "APAC em Revista".

[478] Além do órgão acima, há, no Rio de Janeiro, um jornal denominado *"Jornal da Ressocialização"*.

[479-A] Nesse sentido, sugere-se a leitura da obra de Piero ROCCHINI, *"La Neurosis Del Poder"*, editado para o espanhol pela Alianza Editorial, 1993. O título original é *"Le nevrosi del potere"*. Trata-se do relato de um psiquiatra que trabalhou durante nove anos na Câmara de Deputados da Itália.

que seja possível e necessário, posto que a sociedade é dinâmica, ao revés do Estado, que se mostra sempre inerte, estático e sonolento.

A propósito da criação de novas APACs, o Professor Mário Ottoboni oferece subsídios em seu livro *"Ninguém é irrecuperável"* [479-B], proporcionando aos neófitos modelos de *"Provimento"* e *"Regimento Interno"*. Pensamos seja este livro de grande valia às Bibliotecas Públicas da interlândia, principalmente para que o leiam os Senhores Alcaides, que poderão, se tiverem vontade política, iniciar o trabalho, criando ONG para isso.

É claro que cada cidade tem peculiaridades próprias, o que implica em fazer-se adaptações inerentes. Mas, o fundamental já está lançado pelo livro ora indicado. E mais. Se houver necessidade, estaremos prontos a colaborar na parte jurídica da implantação. Falo por mim, e penso que posso fazê-lo também pelo Professor Ottoboni, a quem por seu idealismo pragmático e pela dedicação exemplar rendo minhas mais sinceras homenagens. Muito obrigado, Dr. Mário, pela força que me transmitiu nesta luta, embora sequer nos conhecêssemos pessoalmente.

4.8.3. APAC de Bragança Paulista

4.8.3.1. *Apresentação e Considerações*

A APAC de Bragança Paulista assumiu foros de parceira do Estado de São Paulo na administração do presídio local, mediante convênio assinado com o Governo do Estado em 1º de janeiro de 1996, cujo inteiro teor do documento será reproduzido em seguida, quando se transcreverá também o Regimento Interno. Por ora, interessa demonstrar a eficiência dessa forma de parceria entre particulares e o Estado. Coibir e desviar de certas formas de parcerias, danosas ou mesmo lesivas aos interesses coletivos, como por exemplo as que versam sobre as rodovias federais, é obrigação improrrogável dos governantes. Lamentavelmente, isto não vem ocorrendo. Aqui, felizmente, mercê do idealismo que imbui os que se dedicam à essa atividade, o Estado pode ficar tranqüilo. Afinal, são homens de bem e não "de bens" que estão à testa da empreitada, que nada rende ao executor, salvo o imenso prazer de sentir-se útil à sociedade à qual pertence e com quem compartilha os espaços.

[479-B] Editorial Cidade Nova, 1997, págs. 123 e seguintes.

Quando da pesquisa realizada, a APAC de Bragança Paulista cuidava de 165 (cento e sessenta e cinco) presos. Desse total, 88 (oitenta e oito) condenados e 77 (setenta e sete) provisórios. Convenhamos, o número de presos provisórios preocupa. Principalmente se considerarmos o preceito constitucional contido no inciso LVII, do artigo 5º, que versa sobre a *presunção de inocência*.

Os números que reproduzimos e prosseguiremos citando, darão o perfil do material humano com que trabalha aquela ONG. Do total de presos, apenas 7 (sete) possuem advogados contratados. Vale dizer: 4,24% (quatro vírgula vinte e quatro por cento). Permanece mesmo a convicção de que, entre nós, a prisão é mesmo feita para os *"Jeans Valjeans"*. Não se desmerece o trabalho do "advogado dativo", de regra verdadeiros *"Dons Quixotes"*, ou quem sabe *"Cyranos de Bergerac"*, mas deixa muito claro o problema social sobre o qual já se tratou no início deste trabalho.

Conforme Relatório da Comissão de Direitos Humanos da OAB/SP, sob a brilhante presidência do Conselheiro Dr. Jairo Gonçalves da Fonseca, outros números podem ser valorados. Entre os presos, 52 são pardos; 107 brancos; e 7 negros. Aqui, cai por terra o preconceito a que estamos acostumados. O quadro de atividades profissionais não merece comentários, já que o preso procura sempre não informar corretamente, ou mesmo desinformar. Apenas um dado chama atenção: para uma cidade interiorana, apenas 12 pessoas são campesinas, ou seja: 7,2% (sete vírgula dois por cento), o que evidencia nossa posição céptica quanto à atividade profissional que o preso informa, notadamente a habitual.

A faixa etária é outro componente de boa valia. Segundo o documento, a maioria está entre os 21 e 25 anos de idade. Os delitos são, como regra geral, os furtos, os homicídios e os tráficos de drogas. A escolaridade é baixíssima, posto que quase todos não completaram o primeiro grau. Ainda uma vez, salta aos olhos o problema social.

Nem um só preso desocupado. Entre eles, 114 (cento e quatorze) trabalham nas oficinas, aproveitando-se os demais para os trabalhos internos, de manutenção, conservação, funções burocráticas, etc. A *laborterapia* vem sendo a tônica de todo tratamento reabilitador. Sem ela não há que falar em *Reinserção Social*. Com relação à remuneração do preso, cumpre-se a lei pertinente, que regulamenta o valor: três quartos (75%) do *"salário mínimo vigente"*. De qualquer forma, não deixa de ser um estímulo.

Além do quadro funcional convencional, que é de 8 (oito) funcionários, existem outros tantos, *especialistas*, conforme se especifica: 1 (um) assistente social; 1 (um) psicólogo; 2 (dois) médicos; 1 (um) gerente; 1 (um) professor de educação física, 1(um) auxiliar de escritório. Se comparado com o quadro da COESPE, há de se perceber quão mais inteligente será passar a administração dos presídios para as *ONGs*, do estilo ou método APAC. De imediato, ver-nos-emos livres do "cabide de empregos" em que se constitui quase toda a máquina administrativa do Estado.

Para concluir, nunca é demais dizer da proliferação dessas ONGs, quando escrevíamos esta parte, fomos informados de experiências que vinham ocorrendo nas cidades adjacentes de Bragança Paulista: Atibaia e Bom Jesus dos Perdões, onde já estava funcionando uma unidade para condenados do sexo feminino, contando com 20 (vinte) presas. Para o mesmo fim está sendo preparado espaço em Bragança.

4.8.3.2. Convênio

Ipsis literis:

Estado de São Paulo

Convênio que entre si celebram o Estado de São Paulo, a Secretaria da Segurança Pública, e a Instituição Privada "Associação de Proteção e Assistência Carcerária — APAC", de Bragança Paulista.

Pelo presente instrumento, o *Estado de São Paulo*, neste ato representado por seu Governador, *Mário Covas*, a Secretaria da Segurança Pública, neste ato representada pelo seu Titular José Afonso da Silva, a instituição privada "Associação de Proteção e Assistência Carcerária — APAC", de Bragança Paulista, neste ato representada, na forma do artigo 35, combinado com o artigo 40 de seus Estatutos, por seu Presidente, Antonio Pedro Marques, concordam em celebrar o presente Convênio, mediante as Cláusulas e condições que se seguem:

Cláusula Primeira

Do Objeto

Constitui objeto do presente Convênio a prestação, pela "Associação de Proteção e Assistência Carcerária — APAC" de Bragança Paulista, de assistência material, à saúde, jurídica, educacional, social, religiosa, psicológica e ao trabalho aos presos da Cadeia Pública de Bragança

Paulista, na forma prevista no artigo 11 da Lei de Execuções Penais — LEP, tal como especificada na Cláusula Terceira, item II.

Parágrafo único — A alteração ou adaptação, total ou parcial, do prédio da Cadeia Pública e do anexo, para qualquer finalidade, dependerá, sempre, de prévia autorização do Secretário da Segurança Pública.

Cláusula Segunda
Da Execução

São executores do presente Convênio:

a) pelo Estado, a Secretaria da Segurança Pública, doravante denominada "Secretaria", através da Delegacia Geral de Polícia;

b) pela Instituição, a "Associação de Proteção e Assistência Carcerária — APAC", doravante denominada simplesmente "APAC".

Cláusula Terceira
Das Obrigações

Para a execução do presente Convênio, a Secretaria e a APAC terão as seguintes obrigações:

I — Compete à Secretaria:

a) repassar à APAC, os recursos alocados em parcelas, de acordo com a Cláusula Sexta do presente Convênio;

b) acompanhar e supervisionar, através da Delegacia Geral de Polícia, o fornecimento da alimentação aos presos da Cadeia Pública de Bragança Paulista, com fiel observância das normas pertinentes, assim como da assistência aos mesmos presos;

c) fiscalizar a execução dos serviços referentes à manutenção e adaptação do prédio do anexo da Cadeia Pública de Bragança Paulista, de responsabilidade técnica da APAC;

d) analisar e aprovar a documentação técnica da obra, a documentação administrativa para formalização do processo, as prestações de contas dos recursos repassados e os laudos de vistoria técnica;

II — Compete à APAC:

Empregar integralmente a verba do Convênio no fornecimento, aos presos da Cadeia Pública de Bragança Paulista de assistência, na forma prevista no artigo 11 da LEP, compreendendo estas: assistência material, assistência à saúde, assistência jurídica, assistência educacional, assistência social, assistência religiosa, assistência psicológica, assistência ao trabalho, competindo-lhe, ainda, a manutenção e adaptação do prédio e a aquisição de equipamentos, assim discriminados:

1. Assistência Material, que consistirá:

a) no fornecimento de alimentação aos presos, com estrita observância do cardápio mínimo utilizado pela Secretaria da Segurança Pública, incluída a alimentação dos carcereiros, quando não beneficiados pela Lei Complementar nº 660, de 11 de julho de 1991;

b) no fornecimento de vestuário aos presos pobres, com obediência às regras mínimas da O.N.U., apropriado ao clima e suficiente para manter a boa saúde (Regra n. 17.1), mudadas e lavadas com a freqüência necessária;

c) no fornecimento de instalações higiênicas, possibilitando meios para que o preso possa apresentar-se convenientemente, conservando o respeito próprio, com os cuidados de cabelo e barba (Regra nº 16);

d) na manutenção de local para atendimento ao preso em suas necessidades pessoais, com fornecimento (aos presos sem trabalho) e venda (aos que têm renda) de produtos de higiene pessoal, saúde e limpeza (art. 13 da LEP e Regra nº 15 da ONU).

2. Assistência à Saúde, que consistirá, além do atendimento médico e odontológico prestado pelo Sistema Único de Saúde — SUS, na manutenção de serviço farmacêutico, com fornecimento de medicamentos e materiais para atendimento odontológico aos presos pobres, com caráter preventivo e curativo (art. 14 da LEP).

3. Assistência Jurídica, que, além daquela fornecida pelo Estado, por meio de Convênios, será prestada por advogados e estudantes de direito, voluntários ou contratados, propiciando orientação jurídica, com atendimento pessoal aos presos sem recursos financeiros.

4. Assistência Educacional, de forma que:

a) todos os presos analfabetos recebam curso de alfabetização e ensino de primeiro grau, com no mínimo três aulas semanais;

b) por meio do trabalho artesanal e industrial, recebam formação profissional, em nível de iniciação (art. 19 da LEP);

c) seja mantida biblioteca provida de livros instrutivos, recreativos e didáticos (art. 21 da LEP).

5. Assistência Social, por serviço de assistência social, através de profissionais voluntários ou contratados, aos quais caberá:

a) conhecer os resultados dos diagnósticos e exames;

b) relatar, por escrito, ao diretor do estabelecimento, os problemas e dificuldades enfrentados pelo assistido;

c) acompanhar o resultado das permissões de saídas e das saídas temporárias;

d) promover, pelos meios disponíveis, a recreação;

e) promover a orientação do assistido, na fase inicial do cumprimento da pena, de modo a facilitar o retorno à liberdade;

f) auxiliar e orientar na obtenção de documentos, dos benefícios da previdência social e do seguro por acidente no trabalho;

g) orientar e amparar, quando necessário e possível, a família do preso e da vítima;

h) promover encontros familiares dos presos, com incentivo à formação de associação de mães e esposas, visando a conscientização e participação na ressocialização;

i) coletar dados estatísticos junto à população carcerária, para apurar as causas da criminalidade e da reincidência, sugerindo medidas preventivas.

6. Assistência Religiosa, que:

a) assegurará a liberdade de culto e de crença, assegurando a participação de todas as religiões interessadas, observadas as normas de segurança e programas preestabelecidos;

b) sem obrigatoriedade, assegurará participação em missas, cultos mensais e orações semanais, confissões, orientação para batismos e eucarísticas;

c) fornecerá livros de instrução religiosa.

7. Assistência psicológica, cabendo ao psicólogo, voluntário ou contratado:

a) realizar avaliação psicológica, utilizando-se de técnicas específicas a cada caso, fornecendo relatórios escritos às autoridades competentes, sugerindo medidas adequadas de tratamento;

b) coordenar e supervisionar grupos terapêuticos, mantendo trabalho integrado com outros profissionais, visando a reintegração do preso ao convívio social.

8. Assistência ao Trabalho, observando-se:

a) que o trabalho do preso, como dever social e condição de dignidade humana, tenha finalidade educativa e produtiva, com observância das precauções relativas à segurança e higiene (art. 28 da LEP);

b) que a remuneração obedeça prévia tabela, assegurando-se o mínimo de três quartos de sua produção e, dentro das possibilidades, três quartos do salário mínimo (art. 29 da LEP);

c) que o preso provisório não seja obrigado ao trabalho (Regra nº 89 da ONU);

d) que a jornada normal do trabalho não seja inferior a seis e nem superior a oito horas, com descanso nos domingos e feriados, com horário especial aos designados para os serviços de conservação e manutenção do estabelecimento (art. 33 da LEP);

e) o gerenciamento do trabalho, com promoção e supervisionamento da produção, observando-se critérios e métodos empresariais, incluindo contato junto às empresas, na comercialização dos produtos artesanais e pagamento de remuneração adequada e possível (art. 34 da LEP).

9. A manutenção e a adaptação do prédio da Cadeia Pública terá por finalidade:

a) a realização de obras de manutenção, com periódica verificação dos sistemas de segurança, elétrico e hidráulico;

b) obras de adaptação às novas necessidades, observado o parágrafo único da Cláusula Primeira.

10. Aquisição de equipamentos necessários à realização dos serviços, com utilização de verba pública, os quais não serão onerados ou alienados, sob qualquer forma, sem prévia autorização dos órgãos competentes, condicionada, nesse caso, à devolução atualizada dos recursos, podendo ser autorizada a venda para substituição por novos e mais adequados.

Cláusula Quarta

Do Valor

O valor estimado do presente Convênio é de R$ 540.000,00 (quinhentos e quarenta mil reais), de responsabilidade do Estado, com liberação em doze parcelas mensais, observando-se o número de presos assistidos.

Cláusula Quinta

Dos Recursos

Os recursos necessários à execução do presente Convênio serão originários do Tesouro do Estado e irão onerar o elemento econômico 3.1.3.0 — Serviços de Terceiros — 3.1.3.2 — Outros Serviços e Encargos do Orçamento Programa para 1996, da Secretaria.

Parágrafo 1º — Os recursos transferidos pela Secretaria à APAC, em função deste Convênio, serão depositados em conta vinculada, no Banco do Estado de São Paulo S.A., ou na Nossa Caixa — Nosso Banco S.A., devendo ser aplicados exclusivamente, na execução do objeto deste Convênio.

Parágrafo 2º

a) no período correspondente ao intervalo entre a liberação das parcelas e a sua efetiva utilização, deverá a APAC aplicar os recursos em cadernetas de poupança de instituição financeira oficial se a previsão de seu uso for igual ou superior a um mês, ou em fundo de aplicação financeira de curto prazo ou operação de mercado aberto lastreada em títulos da dívida pública, quando a utilização dos mesmos verificar-se em prazos menores que um mês;

b) as receitas financeiras auferidas serão obrigatoriamente computadas a crédito do Convênio e aplicadas, exclusivamente, no objeto conveniado, devendo constar de demonstrativo específico que integrará as prestações de contas;

c) quando da apresentação da prestação de contas, tratada da Cláusula Nona, parágrafo único, a APAC anexará o extrato bancário, a ser fornecido pela instituição financeira, contendo o movimento diário (histórico) da conta, juntamente com a documentação referente à aplicação das disponibilidades financeiras no mercado de capitais;

d) o descumprimento do disposto neste parágrafo obrigará a APAC à reposição ou restituição do numerário acrescido da remuneração decorrente da aplicação prevista na letra "a", até a data do efetivo depósito;

e) as notas fiscais/faturas ou comprovantes de despesas efetuadas serão emitidas em nome da APAC, devendo mencionar CONVÊNIO SSP, seguido do número constante no preâmbulo deste instrumento.

Cláusula Sexta
Da Libertação dos Recursos

Os recursos de responsabilidade do Estado serão repassados à APAC no montante de até R$ 45.000,00 (quarenta e cinco mil reais) ao mês, mediante ordem de crédito para a APAC, até o dia 20 de cada mês seguinte ao vencido, para fornecimento de alimentação e prestação de toda a assistência especificada na Cláusula Terceira, para um mínimo de 150 (cento e cinqüenta) presos por mês.

Parágrafo 1º — Constitui requisito indispensável ao repasse a apresentação, até o dia 5 seguinte, da relação discriminada dos presos assistidos no mês anterior, com especificação da natureza da assistência prestada e informação quantificada da assistência material consistente de refeições, peças de vestuário, medicamentos, etc., fornecidas a cada um deles, tudo de forma a permitir o crédito especificado no "*caput*" desta Cláusula, sem prejuízo da apresentação de relatório circunstanciado de cada uma das atividades e da apresentação de prestação de contas à Secretaria por meio da Delegacia Geral de Polícia.

Parágrafo 2º — O atendimento de um número de presos menor que o estipulado nesta Cláusula implicará crédito proporcional à APAC, para o mês seguinte e assim sucessivamente, até o final do Convênio. Nos últimos 3 (três) meses do prazo, as partes efetuarão compensação entre débitos e créditos oriundos de número maior ou menor de presos assistidos, podendo o Estado reter o repasse ou exigir a devolução das quantias não utilizadas, calculada com observância da exata proporção entre os presos efetivamente assistidos e o número mínimo fixado e atualizadas desde a data das respectivas liberações, respondendo os diretores da APAC, pelo recolhimento da diferença eventualmente verificada, aos Cofres Estaduais, no prazo de 30 (trinta) dias do vencimento deste.

Cláusula Sétima
Da Denúncia e da Rescisão

Este Convênio poderá, a qualquer tempo, ser denunciado, mediante notificação prévia de 30 (trinta) dias, ressalvada a faculdade de rescisão, desde que comprovado o não cumprimento de quaisquer de suas Cláusulas.

Cláusula Oitava

Dos Saldos Financeiros Remanescentes

Quando da conclusão, denúncia, rescisão ou extinção do Convênio, os saldos financeiros remanescentes, inclusive os provenientes das receitas obtidas das aplicações financeiras realizadas, serão devolvidos através de guias de recolhimento, no prazo improrrogável de 30 (trinta) dias do evento, sob pena da imediata instauração de tomada de contas especial do responsável, providenciada pelo Delegado Geral de Polícia.

Cláusula Nona

Responsabilidade da APAC

Obriga-se a APAC, nos casos de não utilização dos recursos para o fim conveniado ou aplicação indevida destes recursos, a devolvê-los, acrescidos da remuneração devida pela aplicação estabelecida na letra "a", Parágrafo 2º da Cláusula Quinta, contada a partir da data de seu repasse.

Parágrafo Único — Obriga-se a APAC a apresentar, até o dia 15 de cada mês, o relatório circunstanciado e a prestação de contas a que alude a parte final do parágrafo 1º da Cláusula Sexta deste instrumento.

Cláusula Décima

Compromisso da APAC

Compromete-se a APAC a não alienar ou onerar, por qualquer forma e sem prévia autorização do órgão concessor, condicionada esta à devolução atualizada dos recursos, os bens adquiridos com os auxílios concedidos, ainda que incorporados ao seu patrimônio.

Parágrafo Único — Fica facultada a reutilização dos recursos em obras, serviços e/ou aquisição de bens pela APAC, desde que haja interesse público e prévia autorização do Senhor Governador, obedecidas as disposições do Decreto nº 22.965, de 13/09/1984.

Cláusula Décima-Primeira

Do Prazo

O prazo para a execução do presente convênio será de 1 (hum) ano, com início em 01 de janeiro de 1996.

Parágrafo Único — Havendo motivo relevante e interesse dos partícipes, o presente Convênio poderá ter seu prazo prorrogado, mediante Termo Aditivo e prévia autorização do Secretário da Segurança Pública, observadas as disposições da Lei Federal n° 8.666, de 21 de junho de 1993 e Lei Estadual n° 6.544, de 20 de novembro de 1989, e respectivas alterações.

Cláusula Décima-Segunda

Do Foro

Fica eleito o Foro da Comarca da Capital, para dirimir dúvidas oriundas da execução deste Convênio, após esgotadas as instâncias administrativas, reservando-se a Secretaria da Segurança Pública por meio da Delegacia Geral de Polícia, o direito de reter a dotação de recursos que eventualmente for objeto de discussão.

E por estarem de acordo, assinam o presente Termo em 3 (três) vias de igual teor e forma, na presença das 2 (duas) testemunhas também abaixo assinadas.

São Paulo, 1° de janeiro de 1996.

(assinaturas)

MÁRIO COVAS
GOVERNADOR DO ESTADO
SECRETARIA DA SEGURANÇA PÚBLICA

JOSÉ AFONSO DA SILVA
ANTONIO PEDRO MARQUES
PRESIDENTE DA ASSOCIAÇÃO DE PROTEÇÃO E ASSISTÊNCIA CARCERÁRIA DE BRAGANÇA PAULISTA — APAC

Testemunhas: *Nabi Abi Chedid/Nagashi Furukawa/* e outras.

4.8.3.3. — *Estatuto da APAC*

Associação de Proteção e Assistência Carcerária

— ESTATUTO —

CAPÍTULO I

Da denominação, Sede, fins, Duração e Organização

Artigo 1º — A Associação de Proteção e Assistência Carcerária — APAC, fundada em 20 de abril de 1978, nesta cidade de Bragança Paulista, Estado de São Paulo, com sede no Edifício do Fórum local, é uma sociedade sem fins lucrativos, com patrimônio e personalidade jurídica próprios, nos termos do Código Civil.

Artigo 2º — A Entidade, cujo tempo de duração é indeterminado, se destina a auxiliar as autoridades judiciárias e policiais do Município, em todas as tarefas ligadas à readaptação dos sentenciados, presidiários, egressos dos presídios, exercendo suas atividades especialmente através da Assistência:

a — à família;

b — à educação;

c — à saúde;

d — ao bem-estar;

e — à profissionalização;

f — à reintegração na sociedade;

g — às pesquisas psicossociais;

h — à recreação; e,

i — espiritual.

Artigo 3º — A Associação de Proteção e Assistência Carcerária será regida de acordo com o que dispõe o presente Estatuto, o qual constitui a sua lei orgânica, de conhecimento e observância de todos os seus associados.

CAPÍTULO II
Dos sócios

Artigo 4º — O quadro social, de número limitado, será constituído de pessoas de ambos os sexos, a juízo da diretoria, sem distinção de cor, nacionalidade, política e religião.

Artigo 5º — Os associados são classificados nas seguintes categorias:

a — Sócios Fundadores — todos aqueles que assinaram a ata de fundação da Associação;

b — Sócios Natos — o juiz que tiver, segundo a lei de organização judiciária, o encargo da corregedoria dos presídios da Comarca; o promotor público que estiver prestando serviço na mesma Vara; o diretor do presídio; e um representante da Ordem dos Advogados do Brasil, secção local;

c — Sócios Beneméritos — todos aqueles que, a juízo do Conselho Deliberativo, pela própria iniciativa desta ou mediante proposta da diretoria, se tornem dignos desse título;

d — Sócios Contribuintes — todos aqueles que, admitidos de acordo com estes estatutos, concorram com a mensalidade estabelecida pela diretoria.

Artigo 6º — Os sócios de que tratam as letras "b" e "c", do artigo anterior, ficam isentos de qualquer contribuição pecuniária em caráter permanente.

Artigo 7º — O não pagamento de três (3) mensalidades consecutivas, salvo por motivo de força maior, importará na perda dos direitos sociais e conseqüente exclusão do quadro associativo.

Artigo 8º — Para ser admitido como sócio, deverá o interessado:

a — preencher e assinar a respectiva proposta, conforme modelo e condições aprovados pela diretoria;

b — estar expressamente autorizado pelo seu pai ou tutor, quando contar com menos de dezoito anos de idade.

Artigo 9º — Não poderão ser readmitidos ao quadro social:

a — os sócios eliminados por atraso no pagamento de mensalidades à Associação, se não as solverem previamente;

b — os sócios eliminados por falta grave que implique em desabono da Entidade.

Artigo 10 — São direitos dos sócios:

a — tomar parte nas Assembléias gerais, votando e sendo votado;

b — representar, por escrito, ao Conselho Deliberativo, contra atos da administração, reputados danosos e prejudiciais aos interesses da APAC;

c — propor admissão e readmissão de sócios;

d — representar a Entidade em reuniões e solenidades, por delegação da diretoria;

e — recorrer ao Conselho Deliberativo de decisão da diretoria que impuser pena de eliminação do quadro associativo.

Artigo 11 — São deveres dos sócios em geral:

a — integrarem-se nas atividades assistenciais de que trata o artigo 2°, tomando interesse por todos os problemas carcerários afetos à Entidade;

b — acatar e zelar pelo cumprimento deste Estatuto e quaisquer regulamentos;

c — contribuir para que a APAC realize sua finalidade, cooperando para seu progresso e engrandecimento;

d — comportar-se, sempre que estiver em causa a sua condição de sócio, de modo a manter o bom nome da Entidade, procedendo com urbanidade no trato com os demais consócios;

e — abster-se, nas atividades da Entidade, de qualquer manifestação de caráter político;

f — respeitar e cumprir as determinações do Conselho Deliberativo e da diretoria;

g — pagar pontualmente suas mensalidades;

h — apresentar, quando solicitado, a carteira de identidade social;

i — zelar pela conservação dos bens da APAC;

j — respeitar os membros do Conselho Deliberativo e da Diretoria, quando estes estiverem no exercício de suas funções; e,

k — comunicar à diretoria qualquer mudança no estado civil e de residência.

Artigo 12 — Os sócios que infringirem as disposições deste Estatuto e dos regulamentos, serão passíveis das seguintes penas:

a — advertência;

b — censura; e,

c — eliminação do quadro social.

CAPÍTULO III
Dos Poderes Sociais

Artigo 13 — São órgãos da Associação de Proteção e Assistência Carcerária:

a — Assembléia Geral;

b — Conselho Deliberativo;

c — Diretoria Executiva; e,

d — Conselho Fiscal.

CAPÍTULO IV
Assembléia Geral

Artigo 14 — As reuniões ordinárias e extraordinárias serão sempre convocadas por ordem do presidente do Conselho Deliberativo, por meio de edital ou aviso publicado na imprensa local afixado na sede da Entidade.

Parágrafo Único — A convocação será sempre feita com antecedência mínima de oito dias, contados da data de publicação do edital.

Artigo 15 — As Assembléias Gerais, ordinárias ou extraordinárias, considerar-se-ão legalmente constituídas, em primeira convocação, desde que se verifique a presença da maioria absoluta dos associados, e, em segunda convocação, trinta minutos após, com qualquer número de sócios.

Artigo 16 — A Assembléia Geral reunir-se-á:

a — ordinariamente, de quatro em quatro anos, na primeira quinzena de junho, para o fim único de eleger e empossar os membros do Conselho Deliberativo e respectivos suplentes; e,

b — extraordinariamente, a qualquer tempo quando devidamente convocada, exclusivamente para o fim de preencher cargos de Conselheiros, ocorrido em caso de renúncia ou vacância, se os suplentes tiverem sido chamados a servir.

Parágrafo 1º — A assembléia poderá ser convocada por Conselheiros e aprovado pelo Conselho Deliberativo.

Parágrafo 2º — Será nula e de nenhum efeito qualquer deliberação estranha ao objeto da convocação.

Artigo 17 — As Assembléias Gerais serão abertas e presididas pelo presidente do Conselho Deliberativo, cabendo a este designar os secretários e os fiscais escrutinadores, quando necessários.

Artigo 18 — A eleição será feita por escrutínio secreto e a elas só poderão concorrer os candidatos em chapas previamente registradas, exigindo-se, para o registro, requerimento assinado por dez sócios no mínimo.

Parágrafo 1º — Os requerimentos de inscrição serão endereçados à diretoria executiva.

Parágrafo 2º — Não poderão votar e nem ser votados nas Assembléias Gerais os sócios que não estiverem quites com os cofres sociais.

Parágrafo 3º — Os sócios menores de 21 anos de idade não poderão ser votados para membros do Conselho Deliberativo.

Artigo 19 — Realizada a votação e procedida a apuração, o presidente proclamará eleitos e desde logo empossados os membros do Conselho Deliberativo, bem como os candidatos à suplência mais votados.

Parágrafo único — Havendo empate na votação, serão considerados eleitos os sócios mais antigos no quadro social. Permanecendo, ainda, empate, será considerado eleito o mais idoso.

Artigo 20 — Os trabalhos de cada Assembléia serão registrados em ata, em livro próprio, redigida por um dos secretários e assinada pelos membros da Mesa, submetida, desde logo, à consideração dos presentes.

CAPÍTULO V

Do Conselho Deliberativo

Artigo 21 — O Conselho Deliberativo é órgão soberano, agindo e deliberando em definitivo, dentro de sua alçada, com rigorosa observância destes Estatutos, sendo constituído de onze membros efetivos.

Parágrafo único — A Assembléia Geral, além dos Conselheiros Efetivos, elegerá três Suplentes, que serão chamados a servir na ordem de maior votação, aplicando-se o disposto no Parágrafo Único do artigo 19, em caso de empate, para preenchimento de vaga temporária ou definitiva no Conselho Deliberativo.

Artigo 22 — O mandato do Conselho Deliberativo será de quatro anos.

Artigo 23 — A mesa diretora do Conselho Deliberativo será composta:

a — Presidente, que será sempre o Juiz Corregedor da Comarca;

b — Vice-Presidente, primeiro e segundo Secretários, que serão eleitos pelo Conselho Deliberativo, com mandato de quatro anos.

Artigo 24 — Ao Conselho Deliberativo compete, privativamente:

a — Eleger, de dois em dois anos, o presidente da Diretoria Executiva da APAC, dando-lhe posse na época legal;

b — Julgar as contas anualmente prestadas pela Diretoria, devidamente acompanhadas de parecer do Conselho Fiscal e de relatório do presidente, encaminhando esclarecimentos;

c — Conceder, por proposta da Diretoria ou sua própria iniciativa, título de sócio-benemérito;

d — Licenciar o presidente da APAC;

e — Licenciar, demitir ou conceder demissão, a pedido, aos membros do próprio Conselho Deliberativo;

f — Deliberar sobre qualquer transação de compra e venda de bens imóveis, em sessão especialmente convocada para esse fim;

g — cassar o mandato do presidente da APAC, nos casos previstos, em sessão especialmente convocada para esse fim, por votação nunca inferior a dois terços;

h — Deliberar e votar a reforma do presente Estatuto; e,

i — Conhecer e julgar, em grau de recurso, os atos da Diretoria.

Artigo 25 — O Conselho Deliberativo reunir-se-á ordinariamente:

a — anualmente, na segunda quinzena de julho, para discutir e votar o relatório e balanço financeiro do exercício findo;

b — bienalmente, na primeira quinzena de junho, para eleição do presidente da Entidade, vice-presidente, primeiro e segundo secretários do Conselho Deliberativo; e,

c) bienalmente, no dia quinze de junho de cada ano, com qualquer número de conselheiros, para dar posse, em sessão solene, aos membros da Diretoria Executiva e da mesa do Conselho Deliberativo.

Artigo 26 — O Conselho Deliberativo reunir-se-á extraordinariamente:

a — quando julgue necessário o presidente da APAC, o presidente do Conselho Deliberativo e o Conselho Fiscal;

b — dar posse ao presidente da Diretoria Executiva e conceder licença, caso em que o Conselho Deliberativo poderá reunir-se com qualquer número; e,

c — para cassação do mandato do presidente da Diretoria Executiva da APAC.

Artigo 27 — As reuniões ordinárias e extraordinárias do Conselho serão realizadas desde que os Conselheiros recebam aviso por escrito, com antecedência mínima de três dias, sem prejuízo do edital.

Artigo 28 — Salvo exceções estatutárias, o Conselho Deliberativo reunir-se-á:

a — em primeira convocação, com metade mais um dos seus membros; e,

b — em segunda convocação, trinta minutos após, com qualquer número.

Artigo 29 — O Conselho Deliberativo será convocado pelo seu presidente ou a pedido do presidente da Diretoria Executiva ou por cinco membros do próprio Conselho.

Artigo 30 — O presidente do Conselho Deliberativo em seus impedimentos, será substituído pelo seu vice-presidente.

Artigo 31 — As deliberações do Conselho Deliberativo, serão tomadas por maioria de votos, salvo nos casos previstos neste Estatuto e as votações serão nominais.

Parágrafo único — Não serão admitidas procurações para votações e deliberações no Conselho Deliberativo.

Artigo 32 — Os Conselheiros que, sem causa justificada, faltarem a três reuniões consecutivas perderão automaticamente seus mandatos, o que deverá constar da ata da reunião respectivamente.

Artigo 33 — Nas votações, serão considerados eleitos os que obtiverem maioria de votos e, em caso de empate, proceder-se-á a novo escrutínio, no qual só poderão ser votados os candidatos empatados; ocorrendo novo empate, será considerado eleito o sócio com matrícula mais antiga e ou o mais idoso.

Artigo 34 – Os trabalhos de cada sessão serão registrados em ata, em livro próprio, redigida por um dos secretários e assinada pelo presidente, pelos secretários e, se houver eleição, pelos fiscais escrutinadores.

CAPÍTULO VI
Da Administração Geral

Artigo 35 — A Associação de Proteção e Assistência Carcerária será administrada e dirigida por uma diretoria, com mandato de dois anos, composta de:

a — Presidente;

b — Vice-Presidente;

c — Primeiro Secretário;

d — Segundo Secretário;

e — Primeiro Tesoureiro;

f — Segundo Tesoureiro;

g — Diretor de Patrimônio; e,

h — Consultor Jurídico.

Parágrafo único — A Administração da APAC poderá, ainda, ser auxiliada por comissões e departamentos, sempre que a diretoria o julgar conveniente, as quais serão criadas pelo presidente, que lhes dará denominação e nomeará seus membros, cujo número fixará.

Artigo 36 — A Diretoria, que exercerá todos os poderes que são conferidos por este Estatuto, reunir-se-á, no mínimo, uma vez por mês, em dia que será previamente designado pelo presidente.

Parágrafo 1º — Os trabalhos de cada reunião da Diretoria serão registrados em ata, em livro próprio, redigida por um dos secretários, devidamente assinada, após aprovação, pelo presidente.

Parágrafo 2º — O Diretor que, sem justa causa, faltar a três reuniões consecutivas perderá automaticamente seu mandato, o que deverá constar da ata da reunião respectiva.

Artigo 37 — Sem prejuízo das responsabilidades individuais de cada diretor, o presidente será responsável perante o Conselho Deliberativo pela Administração e orientação geral da APAC.

Parágrafo único — Para resguardo deste responsabilidade, poderá previamente exonerar qualquer diretor.

Artigo 38 — Em caso de impedimento, o presidente, será substituído pelo vice-presidente e pelos demais diretores, em exercício, na ordem estabelecida no artigo 35.

Artigo 39 — A renúncia, demissão ou morte do presidente implica na renúncia automática de toda a Diretoria, a qual, entretanto, terá seu mandato prolongado, no máximo por trinta dias, para a posse da Diretoria que for organizada pelo novo presidente eleito.

Parágrafo único — Ocorrendo vaga de presidente, quando faltar menos de 90 dias para o término do mandato da Diretoria, será seu cargo ocupado pelo vice-presidente, independentemente de qualquer formalidade, além da comunicação que o vice-presidente fará ao Conselho Deliberativo.

CAPÍTULO VII

Da Competência dos Diretores

Artigo 40 — Competirá ao presidente:

a — representar a Entidade ativa e passivamente, em juízo ou fora dele, em todas as suas relações para com terceiros;

b — convocar as reuniões da Diretoria, solicitar reuniões do Conselho Deliberativo e da Assembléia Geral, presidindo a primeira;

c — contratar e dispensar empregados da APAC;

d — rubricar todos os livros necessários à escrituração da Entidade;

e — escolher dentro do quadro social os membros da Diretoria, assim como exonerá-los a pedido, ou não, dando conhecimento desses atos ao Conselho Deliberativo;

f — assinar contratos e convênios, diplomas honoríficos, cheques, duplicatas, títulos de crédito, cauções, e ordens de pagamento e quaisquer outros documentos de ordem financeira;

g — autorizar despesas previstas e ordenar seus pagamentos;

h — apresentar ao conselho deliberativo, semestralmente, relatório circunstanciado das atividades da APAC, e, anualmente, o respectivo balancete financeiro; e,

i — empossar diretores quando ocorrer vaga durante o mandato.

Artigo 41 — Ao vice-presidente competirá substituir, o presidente, em suas faltas e impedimentos legais.

Artigo 42 — Ao primeiro-secretário competirá:

a — dirigir e superintender os trabalhos da secretaria;

b — redigir as atas das sessões da diretoria; e,

c — assinar carteiras de identidade social.

Artigo 43 — Ao segundo-secretário competirá substituir o primeiro, em suas faltas e impedimentos, e auxiliá-lo em suas funções.

Artigo 44 — Ao primeiro-tesoureiro competirá:

a — superintender e gerir todos os serviços da tesouraria, cujos fundos, valores e escrituração ficam sob sua guarda;

b — assinar recibos, fiscalizar recebimentos, arrecadar receita da Associação e, juntamente com o presidente, assinar cheques, ordens de pagamento e quaisquer títulos de responsabilidade;

c — efetuar pagamentos de contas, fornecimentos e despesas com o "pague-se" do presidente;

d — fornecer ao Conselho Fiscal todos os informes solicitados;

e — organizar os balanços e demonstrações de receitas e despesas da APAC;

f — verificar sócios quites e atrasados da Associação; e,

g — efetuar todo o movimento financeiro da Entidade em banco designado pelo presidente.

Artigo 45 — Ao segundo-tesoureiro compete substituir o primeiro em suas faltas e impedimentos legais.

Artigo 46 — Ao diretor do patrimônio compete zelar pela guarda de todos os bens da Associação, mantendo escrituração competente.

Artigo 47 — Ao consultor jurídico compete prestar assistência jurídica à Entidade, a critério do presidente.

CAPÍTULO VIII
Do Conselho Fiscal

Artigo 48 — O Conselho Fiscal será composto de três membros a saber:

a — Promotor Público da mesma vara do Juiz Corregedor;

b — Delegado de Polícia, diretor do presídio; e,

c — Membro da OAB.

Parágrafo único — A Presidência do Conselho Fiscal será ocupada pelo Promotor Público.

Artigo 49 — Competirá ao Conselho Fiscal:

a — examinar todas as contas, balancetes, balanços, dando seu parecer sobre os mesmos; e,

b — solicitar da tesouraria ou da presidência todos os esclarecimentos necessários à elaboração de seus pareceres.

Artigo 50 — As deliberações do Conselho Fiscal serão tomadas pela maioria dos seus membros.

Parágrafo único — As reuniões do Conselho Fiscal, serão realizadas em qualquer época, por convocação de seu presidente.

CAPÍTULO IX
Do Patrimônio e do Fundo Social

Artigo 51 — O patrimônio social constitui-se da

Artigo 52 — A receita da APAC será constituída de:

a — contribuições de todo o gênero a que são obrigados todos os sócios;

b — donativos que não tenham fins determinados; e,

c — rateios e subscrições destinadas às necessidades extraordinárias.

Artigo 53 — Constituirão títulos de despesas:

a — o pagamento de impostos, taxas, salários, gratificações, etc.;

b — os gastos com as atividades discriminadas no artigo primeiro deste Estatuto;

c — os gastos com aquisição e conservação do material e bens da APAC; e,

d — despesas eventuais devidamente autorizadas.

CAPÍTULO X
Dos Regimentos, Regulamentos e Avisos

Artigo 54 — A Diretoria baixará e divulgará, se necessário, regimento interno, regulamentos e avisos complementares às disposições estatutárias.

Parágrafo único — As medidas transitórias serão sempre expedidas em forma de avisos assinados por quem de direito e afixados com devida antecedência em quadro próprio.

CAPÍTULO XI
Disposições Gerais

Artigo 55 — Os sócios não respondem, mesmo subsidiariamente, pelas obrigações sociais.

Artigo 56 — A dissolução da APAC só se dará, se o Conselho Deliberativo, em sessão convocada para esse fim, assim o deliberar por dois terços de seus membros. Esta deliberação, entretanto, somente terá efeito definitivo, se confirmada em assembléia geral posterior, por deliberação de metade mais um dos seus membros.

Artigo 57 — Confirmada a dissolução da APAC, o seu patrimônio, depois de satisfeitos os compromissos sociais, será doado a instituição congênere ou assistencial designada pela própria assembléia.

Artigo 58 — O Estatuto poderá ser alterado pela assembléia geral, desde que a proposta de alteração seja apresentada por, no mínimo, quatro membros do Conselho Deliberativo, pela Diretoria ou por 50 (cinquenta) associados quites com os cofres sociais e em pleno gozo de seus direitos estatutários, com a devida justificação.

Artigo 59 — De todos os impressos da APAC constará a seguinte inscrição: "Amando o próximo, amarás a Cristo".

Artigo 60 — Todas as funções que forem exercidas em benefício da APAC serão consideradas relevantes e gratuitas.

Artigo 61 — A Associação de Proteção e Assistência Carcerária está adstrito à Corregedoria dos Presídios da Comarca de Bragança Paulista.

Artigo 62 — Os casos omissos ou não previstos neste Estatuto serão resolvidos pela Diretoria Executiva ou pelo Conselho Deliberativo, de acordo com os princípios de direito.

Artigo 63 — Revogam-se as disposições em contrário.

Bragança Paulista, 15 de maio de 1978.

ATA DA ASSEMBLÉIA GERAL EXTRAORDINÁRIA REALIZADA EM 15 DE JUNHO DE 1980

Em primeira convocação, às 9:00 horas não foi possível iniciar-se por absoluta falta de número.

Em segunda convocação, às 9:30 horas, o presidente Carlos Alberto Maia, convocou os presentes: João Sperandio, Lício Moraes Leme, Paulo Finamor, Lúcia Barletta Finamor e Miguel A. Brandi Jr.

Foi lido pelo secretário o Ofício enviado pela Diretoria Executiva pedindo reunião do Conselho Deliberativo para apreciar as mudanças estatutárias necessárias e após lida a Ata de Reunião Extraordinária do Conselho Deliberativo que deliberou e aprovou as mudanças, nos artigos 23, 57 e 60.

Deliberados pelos presentes, foram APROVADAS POR UNANIMIDADE as alterações passando os artigos mencionados à seguinte redação:

Artigo 23 — A MESA DIRETORA DO CONSELHO DELIBERATIVO SERÁ COMPOSTA:

a) Presidente;

b) Vice-Presidente; e

c) Primeiro e Segundo-Secretários, todos eleitos pelo Conselho Deliberativo, com mandato de quatro anos.

Artigo 57 — Confirmada a dissolução da APAC seu patrimônio, depois de satisfeitos os compromissos sociais, será doado a instituição congênere ou assistencial que esteja registrada no Conselho Nacional do Serviço Social — CNSS-MEC — designada pela Assembléia Geral.

Artigo 60 — Todas as funções que forem exercidas em benefício da APAC serão consideradas relevantes e gratuitas, não havendo distribuição de lucros ou dividendos aos seus associados, mantenedores ou diretores, sob nenhuma forma.

Após a deliberação, votação e a revisão das mudanças mencionadas, foi esta lida e achada conforme por todos os presentes.

Bragança Paulista, 15 de junho de 1980

CARLOS ALBERTO MIOTO MAIA

Presidente do Conselho Deliberativo

Miguel Angelo Brandi Jr.

Secretário Assembléia

JOÃO SPERANDIO

Secretário Assembléia

Registro de Títulos e Documentos

Bragança Paulista

Apresentado hoje para registro apontada sob n° 3.287 no Protocolo n° A.

Bragança Paulista, 24 de 06 de 1980.

O oficial Mauro Fonseca.

Leia-se, ainda, a reportagem "Iniciativa Exemplar", da Revista Isto É, edição n° 1449 de 9/7/97 à pág. 42, sobre a APAC de Bragança Paulista, cujo texto se reproduz na sua íntegra.

4.9. Das Leis a Fazer

4.9.1. Breve Introdução

Não haverá de ser sem críticas que o conteúdo deste trabalho passará, senão agora, imediatamente após, quando o seu inteiro teor se tornar público. Principalmente o que se irá colocar de agora em diante. Não faltarão aquelas vozes de sempre para bradar alto e bom som: *"usurpação de competência?" "dono da verdade?"*, etc., para deixar barato. Mas, pouco importa o que possam pensar ou dizer aqueles que nada fizeram, nada fazem e nada farão, nunca. Aceitarei sim, as críticas sempre benfazejas dos que sabem mais do que eu, sendo por isso mesmo meus examinadores e, por que não dizer, meus eternos *orientadores*. Diante destes curvar-me-ei humildemente, aceitando como dogma os conceitos axiológicos sobre a pesquisa aqui trazida à colação. Fora disso, desde sempre exijo poder exercitar o direito à exceção da verdade, em relação a qualquer contestação quanto ao aqui colocado.

Não se pretende por óbvio, ditar regras gerais sobre o falido sistema presidial, principalmente o que denominam *"penitenciário"*, ou mesmo criar normas jurídicas utópicas, sem qualquer possibilidade real de aplicabilidade. Também não está inserido no espírito deste capítulo o caráter de epítome. Apenas, e se possível, uma colaboração desinteressada para tentar minimizar as agruras do cárcere e, como conseqüência natural, preparar o cidadão delinqüente para o pós-cárcere. Isto é, realmente, o que se pretende com a filosofia da *Reinserção Social*. É a vontade de expungir o que aí está que nos empolga à luta, quiçá inglória, mas nem por isso digna de ser relegada ao menoscabo.

4.9.2. Enxugamento de Órgãos

Sem pretender fazer tábula rasa, cumpre extinguir alguns organismos hoje em funcionamento, precário é bom que se diga, que somente servem para burocratizar o sistema presidial, transformando-o não raro, em verdadeiros *"cabides de emprego"*. Desprovidos do mínimo de pragmatismo, obstaculizam o rápido cumprimento da liberdade do recluso, por exemplo. Exigências sem qualquer fundamento emperram todo o processo de libertação do preso, não raro aguardando a elaboração de um exame criminológico que, a rigor, deveria estar sendo elaborado o *day by day*[480]. Portanto, ficamos com a proposição do deputado federal Luiz Mainardi, que coloca o exame criminológico somente quando necessário. E, ainda assim, deverá ocorrer antes de vencer o prazo de encarceramento. Vale dizer: no momento em que o recluso completar o tempo para a progressão[481], esse exame, se for absolutamente necessário, já deverá estar à disposição da autoridade judiciária. Portanto, juntado ao Relatório do diretor do presídio e encaminhado ao Poder Judiciário, e este abrindo vistas ao Ministério Público[482], respeitando-se os pra-

---

[480] Esse exame criminológico deveria ser produto não da entrevista predeterminada entre o psicólogo e o preso, mas o resumo de variadas entrevistas entre ele, o recluso, e a "Comissão Técnica", composta, segundo disseram-me, de três profissionais: um assistente social, um psicólogo e um psiquiatra.

[481] "Progressão" aqui, em sentido literal. Seja para o câmbio de regime carcerário, seja para a concessão de liberdade antecipada.

[482] Em casos tais, o Ministério Público deverá falar rigorosamente dentro do prazo. Para que excessos não ocorram, que se aplique a mesma regra contida no Decreto nº 552, que regula a obrigatoriedade de manifestação do Ministério Público, que tem prazo de 48 horas, sob pena de o *wight* ser decidido sem a manifestação do *Parket*.

zos rigorosamente, sob pena de decadência[483]. Reitere-se: não se pretende defender a tese de exclusão pura e simples do exame criminológico, mas que a requisição seja fundamentada, e não feita aprioristicamente, como foi o caso referido.

Da mesma forma, quando os autos forem remetidos ao Ministério Público, este deverá analisá-los detidamente para requerer, ou requisitar, tudo quanto entenda necessário. Entretanto, deverá fazê-lo de uma só vez, sob pena de decadência do direito de peticionar[484]. Não se concebe que, estando alguém preso, possa a autoridade praticar o perverso expediente da *empurrologia*, tão usual em certos segmentos da Administração Pública, e tão indecoroso e imoral como o hábito de realizar ilicitudes como fazem os meliantes de matizes diversos. Tanto um quanto o outro praticam atos imorais, embora o primeiro não seja rigorosamente ilegal, mas absolutamente imoral e aético. Essa prática deve ser sanada com a criação de norma jurídica reguladora.

Cumpre ter coragem de correr o risco de se tornar antipático, mas que se diga o que se julga necessário dizer. O aqui exposto não é obra de ficção, tampouco crise de alarmismo ou apologia ao anarquismo, a ponto de se propor a extinção do Estado[485]. Neste, como um todo, há um inchaço brutal. No sistema penitenciário em particular, o que denominamos COESPE, a situação toma proporções calamitosas. *Ad argumentandum tantum*: para cada 2,13 (dois vírgula treze) presos, 1 (um) funcionário[486]!

---

[483] Do direito vivo. No processo de execução nº 342.388, o Conselho Penitenciário se manifestou favoravelmente no dia 30/01/96. O Ministério Público solicitou a juntada dos antecedentes criminais, em 12/02/96. Voltando os autos, o órgão do Ministério Público, em evidente exercício de *"empurrologia"*, solicita o exame criminológico, em 18/4/96, o que somente veio a ser encaminhado aos autos em 13/9/96! Ora, é questão de bom senso: ao Ministério Público é autorizado requisitar o que bem entender, mas que o faça de uma só vez. O rapaz continua preso até hoje (30/09/96), em que pese ter sido agraciado com o indulto natalino de 1995, cujo Decreto Presidencial foi assinado em setembro daquele ano! Assim não há reinserção possível.

[484] Na execução em questão, os autos foram ao Ministério Público no dia 12/2/96, que requereu informações sobre um processo em tramitação. Os autos voltam conclusos ao órgão em 10/4/96. Somente no dia 18/4/96, oito dias após, se manifesta, aí sim, requerendo o exame criminológico. Isto valeu ao condenado nada menos que cinco meses de prisão injusta, posto que violentado o seu direito à liberdade.

[485] Tal como Thomas HOBBES, também nós aceitamos o Estado, ainda que um mal necessário, como o que aí está. Pecado capital, entretanto, será calar em hora crucial para este segmento da sociedade.

[486] Nestes números não estão contabilizados os policiais militares que ficam nas guaritas ou nas amuradas, cuja quantidade não foi possível apurar, já que se trata, segundo a P.M., de segredo militar.

Em um dos maiores e o mais importante dos estabelecimentos deste sistema, disseram-nos não haver meios para informar quantos condenados estavam prestes a ser liberados[487]. Isto deixa à mostra o empirismo em que se constitui o sistema oficial. Também não há controle sobre quantos e quais reclusos contaminados pelo vírus H.I.V., sabendo-se apenas os que já estão no *"Corredor da Morte"* [488]. Apuramos apenas o *quantum* de criaturas humanas nesse estado ali depositadas.

Se ali o quadro é absolutamente caótico, pasmem, ele piora violentamente quando se pesquisa nos Distritos Policiais, onde toda a *contabilidade* se resume em uma folha de papel denominada *"grade"*. O resto, resolvem da melhor maneira possível. Controla esse quadro caótico, o *carcereiro de* plantão, substituído a cada 12 (doze) horas. As autoridades policiais não estão de forma alguma satisfeitas com essa terrível incumbência, mas têm de cumpri-la. Disso resulta a maioria das desavenças ocorridas entre os advogados militantes na área e as respectivas autoridades que, não estando preparadas para o regular exercício da carceragem, proíbem visitas e contatos pessoais e reservados com os presos[489-A][489-B]. Entre outros motivos, pode-se afirmar que a autoridade não quer e não pode dar mais conhecimento ao advogado sobre a situação sub-humana do preso do que aquele que vasa pela imprensa. Somente agora as coisas começam a clarear, tendo em vista a participação de algumas ONGs que cuidam dos Direitos Humanos, motivados pelo tema anual da Igreja Católica para 1997.

Enquanto isso, uma infinidade de órgãos oficiais se acotovelam sobre processos de liberdade antecipada, ou não, passando de um colegiado[490], nem sempre muito burocratizado, para outros não menos

---

[487] A indagação era genérica. Quantos e não de qual ou tal classificação: liberdade definitiva, antecipada, etc..

[488] Foi precisamente a expressão usada por um funcionário de baixíssima ou nenhuma representatividade perante a administração, mas que, insofismavelmente, demonstra a terminologia empregada *intra-muros*.

[489-A] Embora não seja este o escopo deste trabalho, informar nunca é demais. Em 1995, quando assumimos a Presidência da Comissão de Direitos e Prerrogativas da OAB/SP, encontramos um número altíssimo de embates. Já no primeiro ano diminuímos por metade as ocorrências, fechando o ano com o número ponderado de 4,25 casos/mês. Mediante um trabalho de diálogo aberto, franco, honesto e sincero, nos primeiros oito meses de 1996, tínhamos alcançado uma baixa substancial: 1,35 casos/mês. Relevante salientar que, três quartos das representações versam sobre essa violação: obstacularizar de todas as formas o contato do advogado com o preso.

[489-B] "Liberdade para todos os condenados".

[490] Menção que se faz ao Conselho Penitenciário, que é burocratizado e, como regra, administrado por neófitos.

complicados[491]. Somente após chegar o pedido às mãos de quem, realmente, tem poder de decisão: o Judiciário. Mas aqui, ainda um outro entrave: vistas ao Ministério Público para opinar, o qual, como regra geral, não cumpre o prazo processual a que tem direito e obrigação. Sobre isto já discorremos.

Por que não extinguir o Conselho Penitenciário, deixando a análise do processo liberatório ao Ministério Público que, por injunção legal, é o fiscal da lei? Seria uma forma de desburocratizar, agilizando o processo. Este não é um ponto de vista isolado, mas também de alguns membros daquele órgão, conforme já dito em outra parte. Com as escusas acaso cabíveis, esse órgão não tem razão de ser, e sequer cumpre corretamente suas obrigações[492]. Que a responsabilidade fique a cargo somente do Poder Judiciário, que para isso precisaria ser melhor aparelhado em todos os sentidos[493]. Isso, fatalmente, agilizaria as decisões, resultando melhoria na qualidade do serviço público que dali se espera.

Não iremos emitir juízo axiológico sobre o desempenho da FUNAP, já que ali ao menos um audiência nos foi concedida, conforme já mencionado. É lamentável que um órgão de tal relevância esteja entregue a pessoas tão despreparadas, que sequer devolvem telefonemas, para dizer que não irão atender. Uma coisa é fatal: somente se esconde aquele que tem culpa no cartório, talvez a da prepotência, ou que nada faz e, por isso mesmo, se omite. Ainda uma vez, quiçá, um *cabide de empregos*? Disseram-nos na Penitenciária do Estado: *"os advogados da FUNAP estão sempre por aqui"*. Faz-se, assim, justiça sobre o pesquisado. Da mesma forma, há que repetir o que dizem os verdadeiros destinatários — os presos: *"não fazem nada"*.

Começamos este trabalho citando Friedrich Nietszche, que disse ter encontrado mais perigos entre os homens do que entre os animais. Dura verdade de uma realidade perversa. Mesmo sabendo que o autor tedesco estava certo não esmorecemos. Fomos em frente, procurando

---

[491] Aqui, as denominadas "Comissões Técnicas" que avaliam o preso no presídio onde se encontre.

[492] Ao visitar dois presídios, um na Capital e outro no Interior do Estado de São Paulo, indagamos de alguns presos se havia regulares audiências com os membros do Conselho Penitenciário. Um preso da Capital disse-nos que: *"há muito tempo estiveram aqui. Almoçaram e foram embora"*. No Interior, nem uma só informação sobre essas visitas.

[493] Especializando-o ao material humano e, necessariamente, obrigando-o a regime de "dedicação exclusiva", ou se quisermos: *full time*. Que, embora assim seja no seu aspecto formal, não o é materialmente.

oferecer subsídios para a solução do angustiante problema. Na maioria das vezes, sentimo-nos tal como Jesus, o Nazareno, sabendo estar *"pregando no deserto"*. Mas, não faz mal:

Enquanto existir, por efeito das leis e dos costumes, uma organização social, que produza infernos artificiais no seio da civilisação, e desvirtue com uma fatalidade humana o destino, que é inteiramente divinal; enquanto os três problemas do seculo — a degradação do homem pelo proletariado — a perdição da mulher pela fome — a atrofia da crença pelas trevas — não forem resolvidos; enquanto, em certas regiões for coisa possível a asfixia social; ou, noutros termos, e sob aspecto mais amplo — enquanto houver na terra ignorancia e miseria, não serão os livros como este, de certo, inuteis. Hauteville House, 1862"[494] (reproduzido tal como o original).

---

[494] Prefácio de *"Os Miseráveis"*, de Victor HUGO. H. Antunes & Cia. Livraria Editora, Rio de Janeiro. Obra editada no ano de 1923 pela Livraria Renascença, Lisboa, Portugal.

5. LEGISLAÇÃO ALIENÍGENA

5.1. Explicação Necessária; 5.2. Nicarágua; 5.3. Peru; 5.3.1. Diferenças Terminológicas; 5.4. Portugal; 5.5. Itália; 5.6. Espanha; 5.7. França; 5.8. Per Concludere.

5.1. Explicação Necessária

Preliminarmente, é bom advertir aos que nos brindarem com sua leitura que não esperem deste espaço todas as informações sobre assunto de tamanha envergadura. Far-se-á apenas uma amostragem, visando estimular o leitor a novas incursões nas pesquisas aqui iniciadas. A rigor, vamos trabalhar em cima de alguns diplomas que, a nosso juízo, merecem reflexão sobre certas normas jurídicas nestes inseridas. Por certo não haveria espaço suficiente para reprisar a lei na sua inteireza. Faremos, por isso mesmo, um apanhado daquilo que, a nosso modesto juízo, for essencial para uma melhor análise do problema penitenciário em cada país e quais as soluções encontradas e adotadas como as mais apropriadas. Não se descartando, nesta oportunidade, o fato de que cada região ostenta peculiaridades e tem sua realidade própria, o que implica em adaptações adequadas para aquela determinada aglomeração social.

Por outro lado, para não tornar estafante a leitura, reproduziremos os textos já traduzidos, transcrevendo no rodapé o conteúdo original. Dessa forma, procuraremos tornar a leitura acessível, e ao mesmo tempo mais amena, a tantos quantos tenham interesse em pesquisar, evitando-se, destarte, o uso sistemático do dicionário alienígena, o que tornaria enfadonho o trabalho, além de complicada assimilação. Prestados estes esclarecimentos, vamos ao cerne da questão.

5.2. Nicarágua

Na Nicarágua, com o sucesso da Revolução Sandinista, por iniciativa do então Ministro do Interior *Tomas Borge Martinez*, foi elaborado um trabalho com o título de *"Documento Base Para la Reeducación*

Penal"[495]. Esse documento, desde logo, no artigo primeiro, esclarece qual é o órgão competente para a administração e agilização do Sistema Penitenciário[496]. Ademais, no artigo seguinte, o segundo, definem-se os objetivos da prisão, no pertinente ao destinatário final do sistema penitenciário:

"a) oferecer aos réus um tratamento reeducativo que possibilite sua reinserção na nova sociedade.

b) Proporcionar à população penal possibilidades de superação cultural e técnica, através de programas educativos e de formação geral.

c) Incorporar ao trabalho produtivo para benefício do réu, seus familiares e a sociedade em geral a quem voluntariamente assim solicitar.

d) Facilitar a continuidade das relações familiares, a fim de preservar a comunicação e integração de pais, cônjuges e filhos.

e) Cuidar para que os réus encarcerados e condenados tenham acesso oportuno aos tribunais jurisdicionais e possam exercer plenamente o direito à defesa.

f) Garantir a satisfação das necessidades humanas básicas".[497]

Vale a pena reprisar o artigo quarto, que regulamenta o uso da força de repressão dentro dos presídios: *"Art.4: Fica terminantemente proibida toda classe de tortura, violência ou mau trato físico ou psíquico contra os sancionados e encarcerados. Somente se fará uso da força física quando esta seja imprescindível para conter e controlar manifestações de violência de parte dos internos. O uso das armas de fogo ficará limitado exclusivamente a casos de evasões ou de legítima defe-*

---

[495] Enquanto conjunto de normas jurídicas, recebeu o n° 069/86, e derrogou a de n° 014/83.

[496] Como é o caso de outros advogados e cidadãos portadores de ensino do grau superior, como de resto outros tantos que recebem legalmente o direito à prisão especial em "salas do Estado Maior" de guarnições militares, mas que não existem ou ali não são recebidos "por falta de vagas". Não se trata de protecionismo mas de reclassificação e individualização da pena.

[497] "(a) Brindar a los reos un tratamiento reeducativo que posibilite su reinserción en la nueva sociedad. (b) Proporcionar a la población penal posibilidades de superación cultural y técnica, a través de programas educativos y de formación general. (c) Incorporar al trabajo productivo para beneficio del reo, sus familiares y la sociedad en general a quienes voluntariamente así lo solicitaren. (d) Facilitar la continuidad de las relaciones familiares, a fin de preservar la comunicación y integración de padres, esposos y hijos. (e) Velar porque los reos y sancionados tengan acceso oportuno a los tribunales jurisdicionales y puedan ejercer a plenitud el derecho a la defensa. (f) Garantizar la satisfación de las necesidades humanas básicas".

sa"[498]. Em que pesem os mecanismos da norma jurídica, que ostenta gritante linguagem de *textura aberta*, não nos é permitido negar a preocupação existente por parte do Estado em relação à incolumidade física do preso.

De muita valia para o escopo a que se propõe a legislação revolucionária nicaragüense é o que descreve o artigo 5º, que se reproduz: *"Para os efeitos de colocação dos reclusos, os direitos dos mesmos e a aplicação da política penitenciária, serão preparados centros ou lugares de reclusão onde os internos do Sistema Penitenciário cumprirão sua condenação (sic) ou estarão à ordem das autoridades judiciais enquanto seja tramitado seu processo*[499].

Esses lugares a serem preparados estarão classificados da seguinte forma: (a) Centros Penitenciários de Segurança; (b) Centros Penitenciários de Mínima Segurança; (c) Centros Penitenciários "sin Previsiones de Seguridad"; (d) Lugares de Residencia de los Reos, bajo el control y vigilancia policial"[500]. Desnecessário observar tratar-se de normas jurídicas bem mais avançadas que as nossas, principalmente as alíneas (c) e (d). Sobre esta última já tecemos comentários em outra parte.

O artigo 11 vem complementar o de número 5, já que este classifica as modalidades de prisões existentes e o outro diz algo ontologicamente indispensável para a elaboração e execução de uma política presidial que pretenda alcançar seu objetivo: a Reinserção Social do condenado. Com efeito, ao adotar o sistema progressivo, o nicaragüense mostrou-se superior a nós, já que se trata de algo mais elástico que o nosso.

São cinco hipóteses de "progressão", a saber: *"O sistema progressivo no tratamento al recluso, pretende otimizar os resultados do*

---

[498] "Art. 4: Queda terminantemente prohibido toda clase de tortura, violencia o maltrato físico o síquico(sic) contra los sancionados y encausados(sic). Solamente se hará uso de la fuerza física cuando ésta sea imprescindible para contener y controlar manifestaciones de violencia de parte de los internos. El uso de las armas de fuego quedará limitado exclusivamente a casos de evasiones o de legitima defensa".

[499] "Art. 5: Para los efectos de ubicación de los reclusos los derechos de los mismos y la aplicación de la política penitenciaria, se habilitarán centros o lugares de reclusión donde los internos del Sistema Penitenciario cumplirán su condena o estarán a la orden de las autoridades judiciales mientras sea tramitada su causa".

[500] Esta a redação do artigo sexto: "Art. 6: Los lugares de reclusión serán clasificados de la forma seguiente: a) Centros Penitenciarios de Seguridad; b) Centros Penitenciarios de Mínima Seguridad; c) Centros Penitenciarios sin Previsiones de Seguridad; d) Lugares de Residencia de los Reos, bajo el control y vigilancia policial".

trabalho reeducativo e garantir assim sua rápida reintegração às tarefas da sociedade. Para esses fins se estabelecem cinco modalidades ou regimes diferentes através dos quais progredirão os internos até obter sua liberdade. Estes são: (a) Regime de Adaptação; (b) Regime de Trabalho; (c) Regime Semi-aberto; (d) Regime de Convivência Familiar[501]. Os artigos seguintes definem regras de funcionamento, ao mesmo tempo que elegem quais os presos que serão encaminhados a cada forma de prisão e progressão. De qualquer forma, fica muito clara a preocupação do Estado em reinserir em lugarde punir pela via da sentença condenatória.

Vista a questão pelo menos em nível formal[502], a *laborterapia* é de transcendental importância para a reinserção do condenado na filosofia de trabalho adotada pelo sistema nicaragüense. Para tal efeito, veja-se a redação do artigo 39: *"Entendendo o trabalho produtivo como elemento principal do processo de reeducação dos internos, estes poderão incorporporar-se voluntariamente a um regime de trabalho remunerado com as exceções contempladas neste documento"*[503].

Duas afirmações chamam a atenção: transmitir-lhe o hábito de trabalhar tem por escopo primordial a *reeducação* do meliante, ou mesmo evitar que o homem perca o costume, acaso seja delinqüente eventual. O trabalho não é um dever do preso, mas uma *opção*, feita voluntariamente, o que descaracteriza as conseqüências do trabalho forçado, o que não se aceita lá tanto quanto aqui. Não será forçando de qualquer forma o cidadão delinqüente que se irá alcançar sucesso na empreitada de reinseri-lo no contexto social. É imperioso ter-se em mente que se está tratando com um indivíduo, pelo menos em tese, rebelde, tanto que realizou al-

---

[501] "Art. 11: El sistema progresivo en el tratamiento al recluso, pretende optimizar los resultados del trabajo *reeducativo* y garantizar así su rápido reintegro a las tareas de la sociedad. Para estos fines se establecen cinco modalidades de régimenes diferentes a través de los cuales progresarán los internos hasta obtener su libertad. Estos son: (a) Régimen de Adaptación; (b) Régimen Laboral; (c) Régimen Semi-abierto; (e) Régimen de Convivencia Familiar" (grifo nosso).

[502] Coloca-se o problema nestes termos levando-se em consideração os múltiplos problemas internos da Nicarágua, onde grande parte dos seus 2,8 milhões de habitantes vive em condição de economia informal. Não se trata de desmerecer ou de praticar menoscabo, mas de relatar com coragem e sinceridade o que se viu, ouviu e vivenciou.

[503] "Arto. 39: Entendiendo el trabajo productivo como elemento principal del proceso de *reeducación* de los internos, esos podrán incorporarse *voluntariamente* a un régimen de trabajo remunerado con las excepciones contempladas en este documento".

gum tipo penal[504]. Assim sendo, forçá-lo não há de ser, seguramente, o melhor caminho, disso dão contas especialistas como Espinoza, Caffarena, Arnanz, Garcia Valdez, entre outros. A conscientização será, por certo, o melhor caminho a seguir. Vale a pena refletir axiologicamente sobre os termos empregados, pois deles se poderá tirar conclusões importantes para o futuro relacionamento entre o ex-convicto e a sociedade.

No artigo 44, o destino dos benefícios pecuniários auferidos pelo trabalho: *"A remuneração obtida pelos internos trabalhadores, será distribuída da seguinte forma: (a) Um percentual não superior a 50% (cinqüenta por cento) de seus ganhos será proporcionado diretamente ao interno em forma de crédito, para a aquisição de bens ou serviços prestados dentro do centro penitenciário; (b) A percentagem restante será depositada em uma conta de poupança no banco, em nome do interno e seus beneficiários, para o uso que ele e/ou sua família considerem conveniente"*[505]. Neste particular, melhor a lei cubana, que divide o bolo em três partes, reservando parte do resultado para a eventual indenização da vítima.

À guisa de informação, o Código Penal da Nicarágua[506] aplica as seguintes modalidades de pena: "Artigo 53. — São penas principais: 1. — Presídio; 2. — Prisión; 3.- Arresto*; 4. — Confinamento; 5. — Inabilitação absoluta; 6. — Inabilitação especial; 7. — Multa**[507]. As duas primeiras, diz o artigo 54, são penas correcionais, e as inabilitações são penas acessórias, conforme o art. 55.

---

[504] Doutrina de *Binding*, para quem o delinqüente não infringe a norma jurídica, mas tãosomente a realiza, cumprindo rigorosamente o que descreve o preceito.

[505] "Arto. 44: La remuneración obtenida por los internos trabajadores, se distribuirá de la siguiente forma: (a) Un percentaje no superior al 50 por ciento de sus ingresos se les proporcionará directamente al interno en forma de crédito, para la aquisición de bienes o servicios prestados dentro del centro penitenciario; (b) El percentaje restante será depositado en una cuenta de ahorro en el banco, a nombre del interno y sus beneficiários, para el uso que el interno y/o su familia estimen conveniente".

[506] Nicarágua, para não fugir à regra da doente América Central, é um país recheado de problemas sociais. A elaboração do diploma substantivo penal foi obra de um conjunto de juristas nicaragüenses e catalães, em 1988. A edição ora mencionada do diploma substantivo penal se deu graças à solidariedade da *Associó Catalana de Profesionales per la Cooperació amb Nicaragua"*. Nosso exemplar foi "regalo" do estimado "compañero" Renén Rivera, a quem rendemos homenagens e, ao mesmo tempo, agradecimentos pela prestimosa colaboração quando do lá estivemos pesquisando.

[507] Os asteriscos fazem menção a leis esparsas: * art. 14, da Lei 559/80 e Decreto 372/80.

5.3. Peru

A lei peruana pertinente ao tema não é das mais perfeitas do ponto de vista técnico de confecção no seu aspecto formal[508], já que não respeita requisitos comezinhos de elaboração formal legislativa. Com efeito, o *"Título Preliminar"*, que deveria ser a Introdução, vem nominando: *"artigos"*, porém em *romanos*. Em contrapartida, na Exposição de Motivos, onde não deveriam existir "artigos", existem dois deles apresentados corretamente como se tal fossem. Enumeram-se dez "artigos" dessa forma, o que não é, a nosso juízo, correto. Somente a partir do Título I é que entram os numerais. Sirva esta observação de guia ao leitor, evitando-se, dessa forma, possíveis confusões.

Por outro lado, reprisa *in totum* trechos, artigos inteiros, da legislação espanhola, sem ao menos mencionar-se a fonte, o que não é de muito boa prática. Claro que, na Espanha, há muito mais espaço para a construção de melhor sistema normativo, e que não há pecado algum em seguir as pegadas daqueles legisladores. Entretanto, em homenagem à seriedade que se impõe a qualquer trabalho literário, dever-se-ia reverenciar aqueles que, com muito esforço, por certo, elaboraram tão excelente trabalho, colaborando definitivamente para o desenvolvimento de um sistema penitenciário que venha minimizar, senão que resolver, as agruras traduzidas pelo problema tido por aporético.

5.3.1. Diferenças Terminológicas

Desde há muito temos procurado demonstrar quão ruinoso é o emprego equivocado de certos termos, mormente quando se transmitem informações de conteúdo epistemológico. Ao leigo, salvo raras e honrosas exceções, tudo é permitido sem maiores considerações, o mesmo entretanto não pode ocorrer com aquele que pretende ensinar, doutrinar.

---

[508] Há imperiosa necessidade de que a norma jurídica, quando de sua elaboração, respeite regras de hierarquia dos temas inseridos. Lamentavelmente, o Decreto Ley nº 330 (Codigo de Ejecución Penal), no seu Título Preliminar, enumera os sub-temas não como deveria fazer convencionalmente, mas de maneira defeituosa, ao mencionar "articulo I, articulo II, articulo III, etc., até alcançar o de número X". Despiciendo dizer que, na estrutura hierárquica de elaboração da norma jurídica penal, inicia-se com o "caput", este em numeral, acaso haja mais o que acrescentar; em seguida vem o "parágrafo", que será identificado por *romanos*; e, se for o caso, as alíneas, estas identificadas por letras do alfabeto. Não foi o que ocorreu *in casu*.

É imperioso destarte que demonstremos, ainda que somente agora o façamos, as diferenças existentes entre os vocábulos *Regime e Tratamento Penitenciário*[509].

Logo nos "artigos" III, IV e V, encontramos o seguinte: *"Artigo III — O tratamento penitenciário se realiza mediante o sistema progressivo. Artigo IV — O regime penitenciário se desenvolve respeitando a dignidade do interno e seus direitos não afetados pela condenação. Fica proibida toda sorte de discriminação racial, social, política, religiosa, econômica, cultural ou de qualquer outra índole. Artigo V — O Sistema Penitenciário promove a participação ativa da comunidade nas ações de prevenção do delito, tratamento do delinqüente e na assistência pós-carcerária"*[510]. Daí resulta o que se escreve a seguir sobre a terminologia empregada.

A idéia de esclarecer voltou-nos à cabeça ao relermos o autor peruano *Spinoza*[511], que demonstra ser tal prática ordinária entre renomados autores, citando um sem número de autores, obras e passagens, os quais jamais se preocuparam com o problema, como quase acaba ocorrendo também conosco nesta oportunidade. Não se trata, é bom que se diga, de *preciosismo*, apenas de melhor informar para, quem sabe, melhor formar[512].

Por *Sistema Penitenciário*, entende-se a organização administrativa na sua totalidade, adotada por determinado país, visando a agilização do funcionamento global desse setor da Administração Pública. Assim, temos, por exemplo, o "sistema" americano, ou o inglês, ou brasileiro, e assim por diante.

---

[509] O Decreto Legislativo nº 330, na sua introdução, traz a seguinte redação: *"El Congreso Nacional de la República de conformidad con lo previsto en el articulo 188º de la Constituición Política del Estado, por Leyes Nos. 23860 y 24068, ha delegado en el Poder Ejecutivo la faculdad de dictar mediante Decreto Legislativo el Código de Ejecución Penal:"*. Desse documento foram signatários Fernando Belaunde TERRY, então Presidente Constitucional da República e Alberto Musso VENTO, Ministro da Justiça.

[510] *"Articulo III — El tratamiento penitenciario se realiza mediante el sistema progresivo. - Articulo IV - El régimen penitenciario se desarrolla respectando la dignidad del interno y sus derechos no afectados por la condena. Está prohibido toda clase de descriminación racial, social, política, económica, cultural o de cualquier otra indole. Articulo V. - El Sistema Penitenciario promuove la participación activa de la comunidad en las acciones de prevención del delito, tratamiento del delinquente y en la asistencia post-penitenciaria".*

[511] SPINOZA, Alejandro Solis, obra citada, página 149 e seguintes.

[512] É do professor André Franco MONTORO tal assertiva, que diz estar bem formado quem estiver bem informado.

O que se denomina *Regime Penitenciário* versa sobre a forma de cumprimento da pena que se impõe ao apenado. Assim, entre nós, temos o *regime Fechado, o Semi-aberto* e o *Aberto*. No Peru tratam-no da seguinte forma: (A) *Cerrado*, que engloba o *celular, o auburniano* e o *progressivo*. (B) *Abierto*, enfeixando as formas diversas de *prisões abertas*. (C) *Semi-Detención*, que é representado pela *reclusão noturna* e *reclusão de fim-de-semana*. E, finalmente o *Libre* que consiste na *probation* e na *condena condicional*[513].

Por *Tratamento Penitenciário* entenda-se a *individualização da pena*, prevista em nossa legislação mas que, lamentavelmente, não é cumprida, ou executada. Jogam a todos na *vala comum*, sem qualquer resquício de preocupação quanto à eficácia da pena. O Tratamento Penitenciário no Peru se resolve pelo *trabalho* do preso, pela *educação*, pela *psicoterapia*[514], pela assistência médica, etc.

De observar que cada expressão surte uma reflexão axiológica diversa entre si. A primeira delas representa a filosofia adotada. A segunda nos induz à Política Criminal adotada no espaço próprio dos vários institutos afins. A última visa, entre outras coisas, preparar coerente e conscientemente o cidadão delinqüente para o seu futuro reingresso no contexto social do qual foi, temporariamente, alijado.

Logo no artigo 1º do Título I, a afirmação de que o preso preserva todos os direitos de cidadania que ostenta quando em liberdade, fazendo ressalva daqueles excluídos por lei. Mas, o que efetivamente interessa é o contido no artigo 2º, cujo texto reproduzimos: *"Artigo 2º. — O interno processado pode exercitar seus direitos civis, políticos, sociais, econômicos e culturais, incluindo o direito de sufrágio, no que seja compatível com o objeto de sua detenção e seu estado. Será facilitado ao interno o exercício de seus direitos*[515]. Como se vê, é confusa a redação.

---

[513] SPINOZA, página 150, usa as expressões : *"probation"* e *"C. condicional"*. A primeira tudo bem, para nós é a suspensão condicional da penal; já a segunda, com a abreviação, pensamos seja "condena", o que equivalerá para nós, se correta a interpretação, ao livramento condicional.

[514] Sobre o tratamento psicoterápico, já fizemos menção ao que se pratica em Israel, e que tem como uma das grandes autoridades, não somente ali como no mundo, o professor Dan Phillip.

[515] *"Articulo 2º. - El interno procesado puede ejercitar sus derechos civiles, políticos, sociales, económicos y culturales, **incluyendo el derecho de sufragio**(grifos nossos), en lo que fuere compatible con el objeto de su detención y su estado. Se facilitará al interno el ejercicio de sus derechos".*

Entretanto, o que se pode aproveitar é a questão do direito de voto que detém o recluso. Outra coisa é a faculdade de que desfruta o preso sobre seus direitos. Com efeito, o verbo *poder*, explicitado no artigo 2°,., deixa clara essa disposição. Eis por que o Estado *facilitará*, sendo a primeira norma jurídica de índole facultativa, a segunda fica comprometida com o livre arbítrio do destinatário.

Ainda outras três normas jurídicas merecem realce nesta oportunidade em que se trata da dignidade do preso, já que a lei como um todo não oferece muito, são as contidas respectivamente no artigo II do Título Preliminar e no 10° e 18° do Título I. Com efeito, ambos demonstram preocupação e respeito para com o preso. Por isso, e só por isso, traduzem-se os textos legais uma só vez: *"Artigo II. — A execução penal isenta a tortura, maus tratos e qualquer ato que atente contra a dignidade do interno". "Artigo 10°. — A administração penitenciária velará pela vida e integridade física e mental do interno" "Artigo 18°. O interno tem direito de vestir suas próprias roupas, sempre que sejam adequadas, ou preferir as que lhe fornece o estabelecimento, as quais deverão ser desprovidas de qualquer elemento que possa afetar sua dignidade. — Quando o interno precisar sair do estabelecimento penitenciário, usará coisas de vestir que não destaquem sua condição como tal"*[516]. Também o artigo 30 proíbe, no presídio, o tratamento cruel ou desumano: *"Artigo 30. — Está proibido como sanção disciplinar todo tratamento cruel, desumano ou degradante"*[517].

A primeira das normas jurídicas reprisadas não precisaria ser posta em nível de direito positivo, já que a tortura é execrada em toda sociedade medianamente civilizada. Desde as *Ordálias,* vêm os escritores sobre o Direito Penal criticando e forma contundente o uso da tortura pelo Estado. Não raro, como é o nosso caso, tal prática acaba por se constituir em *injusto punível,* com previsão até mesmo constitucional. A segunda, o artigo 10, nem poderia ser diferente, já que o cidadão está

---

[516] *"Articulo II. - La ejecución penal esta exenta de tortura, maltrato y de cualquier acto o precedimiento que atente contra la dignidad del interno". "Articulo 10. La Administración penitenciaria velará por la vida y integridad fisica y mental del interno". "Articulo 18º. El interno tiene derecho de vestir sus propias prendas, siempre que sean adecuadas, u preferir las que facilite el establecimiento, las que deberán estar desprovidas de todo elemento que pueda afectar su dignidad. - Cuando el interno deba salir del establecimiento penitenciario, usará prendas de vestir que no destaquen su condición de tal".*

[517] *"Articulo 30º. - Está prohibido como sanción disciplinaria todo trato cruel, inhumano o degradante".*

custodiado pelo Estado, devendo este responder civil e criminalmente por tudo quanto possa acontecer com o recluso.

Finalmente, a questão da exibição ao público daquele que se encontra preso. É absolutamente tradicional entre nós, e não somente aqui, que o preso vá ao tribunal uniformizado e algemado, independentemente do delito ou de sua condição processual. Não raro, um delinqüente eventual, primaríssimo, é levado ao Fórum para o fim só de assinar o termo de liberdade. Ora, se está formalmente liberto, por que passar por mais essa desnecessária e humilhante situação? Aliás, tais expedientes de matiz burocrático poderiam ser resolvidos, ou realizados, no recinto do presídio, com o que se conseguiria economia de tempo e dinheiro, além do material humano para o transporte interno e externo do "preso", o que, segundo os funcionários do ramo, constitui sempre grandes responsabilidades e elevadíssimos riscos!.

Voltemos às críticas anteriores sobre o inchaço pelo qual passa o sistema. Sobre o uso das algemas, há bom tempo o professor e atual desembargador dr. Sérgio Pitombo publicou um artigo para o Jornal do Advogado. De regra, maioria das vezes, o uso das algemas não passa de exibição da prepotência do Estado, que tem na pena, em particular, e no processo criminal com prisão cautelar fixada, no geral, o motivo de punir. Colocar o preso com o rosto contra a parede, como vem acontecendo, então nem comentar. É uma indignidade tal maneira de conduzir as pessoas reclusas. Já se disse: quando o Estado não nutre resquício algum de respeito pelo cidadão delinqüente, de regra nem sequer com sentença firme, perde a condição moral ontológica para dele exigir qualquer recíproca em relação à sociedade, a quem, ele, o Estado, deveria proteger.

O artigo 21 fala do estímulo do Estado ao interno no sentido de praticar várias atividades, entre elas as educativas e culturais. Seria muito bom mesmo que se praticasse a doutrina de Enrique Arnanz, sobre a qual já se dissertou. A par do apego ao trabalho, se o homem recuperar ou adquirir esses hábitos, é certo que a reinserção terá um caminho bem mais curto, como de resto mais eficiente.

Para concluir, temos no artigo 69 as regras de *progressão* e *regressão*, no tratamento penitenciário do interno. Conforme seja sua conduta, será sua evolução ou estagnação. Os artigos 71 a 80, tratam da questão do trabalho do preso. O trabalho é um direito e o preso a ele não está obrigado[518]. Tal como aqui, também no Peru o trabalho do preso deve ser remunerado, conforme o artigo 74. Também ali a existência daquilo que, aqui, denominamos "remição". Trata-se do artigo 75: *"Artigo 75º. — O interno processado pode escolher o regime de trabalho, correspondendo-lhe o benefício da redenção da pena no caso de ser condenado "*[519]. Pelo menos nesta oportunidade, nessa lei, não encontramos as vantagens de trabalhar, tal como o nosso congênere de número 126.

Conforme entre nós prega reiteradamente o professor Paulo José da Costa Júnior, no Peru as atividades culturais são estimuladas para efeito da remição. Assim, a artesania, o labor intelectual e artístico são reconhecidos como atividades socialmente úteis e, portanto, premiadas para os fins de liberação antecipada. Despiciendo dizer que atividades tais mexem com a sensibilidade do condenado, podendo fazer com que ele exercite um novo raciocínio axiológico sobre a vida em sociedade. Não se trata, repetimos, de impor nada, mas de estimular a tudo quanto possa ser útil para o reingresso no contexto da sociedade, de regra recheado de complicadores que envolvem o dia-a-dia de todos os participantes do quadro social.

5.4. Portugal

Tanto quanto a legislação espanhola de que iremos tratar logo mais, a lusitana é profundamente detalhista, causando inveja mesmo ao mais ferrenho dos kelsenianos. Portanto, far-se-á apenas uma pálida amostragem daquilo que, a nosso juízo, é relevante para esclarecer o leitor. Por certo haveremos de cometer omissões, mas procuraremos trazer à baila sempre o ontológico.

O diploma que regulamenta o Sistema Penitenciário de Portugal é o Decreto-Lei nº 265/79, que entrou em vigor em 1º de janeiro de 1980. Entretanto, logo no mesmo ano, em 22 de março de 1980, foi assinado um outro Decreto-lei, o de nº 49/80, recebendo a denominação de *"Nova Lei Prisional"* trazendo algumas alterações, as quais, já inseridas no texto de que dispusemos, não serão motivo de comentários apartados.

---

[518] Assim definem os artigos 71 e 76. O primeiro diz ser "direito"; o de número 76, diz não ser o trabalho obrigado.

[519] "Articulo 75º. - El interno procesado puede acogerse al régimen de trabajo, correspondandole el beneficio de la redencion de la pena en el caso de ser condenado.

Na parte pertinente aos *"Princípios Gerais"*, logo em seu artigo 2º a lei diz a que vem: *"Artigo 2º — 1. A execução das medidas privativas de liberdade deve orientar-se de forma a reintegrar o recluso na sociedade, preparando-o para, no futuro, conduzir a sua vida de modo socialmente responsável, sem que pratique crimes. — 2. A execução das medidas privativas de liberdade serve também à defesa da sociedade, prevenindo a prática de outros factos criminosos"*. O exposto demonstra tratar-se claramente da adoção dos princípios da Escola Positiva.

No artigo 3º, algumas observações dignas de realce. A orientação envereda pela trilha do respeito aos direitos não suprimidos pela condenação[520]. Ademais, exercendo a função de *norma explicativa*, diz: *"2. Tanto quanto possível, aproximar-se-á a execução das condições da vida livre, evitando-se as conseqüências nocivas da privação de liberdade"*. A nosso modesto juízo, nada mais prejudicial no sistema fechado do que o distanciamento, quando não o próprio desligamento, do condenado com o mundo exterior. Sempre que possível, como reiteradamente diz a lei lusitana, deve-se manter o recluso em contato com o universo liberto, o que é sempre benéfico para o trabalho de *reinserção social*.

No mesmo espaço, o do artigo terceiro, duas outras orientações importantes. A primeira versa sobre o estímulo que se deve esperar da execução da pena para proporcionar ao condenado a *reinserção social*. Para tanto, dizem os especialistas portugueses, deve-se elaborar o *plano individual* de tratamento, bem ainda cobrar a participação efetiva da sociedade na realização desse mister[521], o que não tem sido fácil em parte alguma, já que existe violento preconceito sobre o assunto. Aliás, é precisamente o que estão fazendo as nossas APACs: compromete a sociedade nessa árdua missão. Por tudo quanto nos foi possível averiguar, adquirimos a firme convicção de que: sem a colaboração efetiva e afetiva de todos os segmentos da sociedade, jamais alcançaremos o nosso escopo. Alavanca-se tal postura no que vêm fazendo as ONGs por aí afora. Onde se colocam a trabalhar conjuntamente, o câmbio para melhor é gritante.

---

[520] Estranhamente, visto que a lei é, tecnicamente, muito bem elaborada, o artigo 4º, no tópico 1, repete a exigência. A razão de ser dessa redundância não é explicada pelos doutrinadores. Nunca é salutar para uma boa lei o vício da repetição do tema já regulamentado.

[521] É o que temos no número 4 do artigo 3º: *"A execução deve, tanto quanto possível, estimular a participação do recluso na sua **reinserção social**, especialmente na elaboração do seu plano individual, e a **colaboração da sociedade** na realização desses fins"*.

Outra observação não descartável é a imparcialidade no tratamento penitenciário: "*5. — A execução deve sempre ser levada a cabo com absoluta imparcialidade, sem discriminações fundadas, nomeadamente, na ascendência, sexo, raça, língua, território de origem, religião, convicções políticas ou ideológicas, instrução, situação econômica ou condição social*". Há que partir do pressuposto de estar-se a trabalhar com pessoas que sempre se julgaram, ou foram mesmo, rejeitadas pela sociedade, quer em nível familiar, quer em nível global. Então, qualquer discriminação os torna rebeldes ou arredios, já que desconfiados o são compulsoriamente. Compreendê-los, ouvi-los e orientá-los será, por certo, o bom caminho.

Percebe-se pelo que dizem os artigos 8º e 9º o cuidado do Estado em observar o comportamento do preso, quer sobre sua personalidade, quer sobre o meio social do qual é oriundo, sua capacitação econômica e o ambiente familiar. É bem por isso que Portugal ostenta uma posição ultravanguardeira ante o problema penitenciário mundial. Com seu I.R.S. *Instituto de Reinserção Social* funcionando a pleno vapor, conforme já dissemos[522]. Não seria necessário consignar que a fragilidade dos laços familiares agilizam e fortalecem os da criminalidade.

Desde sempre, uma vez recolhido o condenado, ele passa a ser preparado para a *libertação*. Vale dizer: a prisão funciona como meio de condicionamento para a reinserção e não como veículo de retribuição punitiva como aqui ocorre. No particular, Portugal tem, salvo engano, em sua lei pertinente pelo menos cinco artigos regulamentando tudo, inclusive as oportunidades em que, durante o cumprimento da pena, o preso tem permissão para deixar o presídio[523]. Essas saídas ocorrem após o cumprimento de seis meses. Podem durar até dezesseis dias, conforme prescreve o número 1 do artigo 59. E mais: se primário o delinqüente, será necessário aguardar apenas dois meses. Além disso, existem as saídas especiais, todas regulamentadas no artigo 62.

Causou-nos agradável surpresa a lei portuguesa se preocupar com o professor universitário, enquanto exercendo sua profissão. Com efeito, podemos nós, professores de Direito Penal, visitar, a todo o tempo e

---

[522] Em Lisboa, Portugal, recebemos tratamento digno de realce. Nada nos faltou para pesquisar, da mesma forma que nada nos foi negado ou sonegado. E mais. Ali têm respostas corretas para todas as indagações. Aqui, já dissemos, poucos quiseram colaborar e, ainda assim, havia absoluta desinformação sobre quase tudo.

[523] O artigo 15º diz dessa decantada "preparação para a liberdade". Depois, o artigo 16º, que diz do momento físico da liberdade. Em seguida os artigos 54º, 59º e 62-B, todos versando sobre saídas temporárias durante o cumprimento da pena, mas com fito à liberdade futura.

sem restrições, os estabelecimentos penais[524]. Eis a redação da norma jurídica lusitana para, quem sabe, ser respeitada pelas autoridades pátrias: *"Artigo 39 — Podem visitar os estabelecimentos: a)....b) Os docentes de Direito Penal das Faculdades de Direito;..."*. Sempre que podemos, ministramos a aula referente ao "Sistema Penitenciário" dentro de presídios, para que a discência possa, por si mesma, assimilar quanta desgraça humana por ali existe.

O Título VI da lei sobre a qual se discorre trata do trabalho do preso, tendo por denominação: *"Trabalho, Formação e Aperfeiçoamento Profissionais"*[525]. Como se vê, a lei cobre, ou procura cobrir, todas as hipóteses, como bem interessa a uma legislação desse jaez. A realçar o fato de que o trabalho não é obrigatório, já que não existe ali a imposição da pena de "trabalhos forçados"[526]. Já se discutiu o tema desde antanho. Entre nós, há até mesmo inconstitucionalidade em exigir-se que alguém faça ou exerça qualquer labor no qual não está interessado. Não se trata de aptidão ou não, mas de vontade mesmo.

Antes de encerrar, cumpre apresentar o texto da lei substantiva que cuida da execução da pena de prisão em Portugal[527], *in verbis*: *"Artigo 43 — Execução da pena de prisão. 1. — A execução da pena de prisão, servindo a defesa da sociedade e prevenindo a prática de crimes, deve orientar-se no sentido da reintegração social do recluso, preparando-o para conduzir a sua vida de modo socialmente responsável, sem cometer crimes. 2. — A execução da pena de prisão é regulada em legislação própria, na qual são fixados os deveres e os direitos dos reclusos"*. Dessa forma, fica respaldado tudo quanto contido acima.

Finalmente, este tópico só não se torna desnecessário porque nunca é demais reverenciar o *BOM*. Portugal tem, sem favor algum, um dos melhores sistemas penitenciários do mundo. Eis aí um exemplo a seguir,

---

[524] Não que aqui não seja possível, mas trata-se de permissão especial, o que se consegue com relativa facilidade quando se tem acesso aos detentores do Poder. Nesse particular não temos nada a criticar, pelo menos até aqui. Apenas uma observação: enquanto no Brasil se trata de gentileza, lá é lei.

[525] Com efeito o Título discutido vai do artigo 63 ao 82.

[526] Conforme ensina o professor Dirceu de MELLO, tal obrigatoriedade a qualquer forma de trabalho se constitui em "trabalho forçado". Esta faço minha posição, já que *trabalho livre*, a meu juízo, é aquele que se quer realizar e, na contramão, *trabalho forçado* é aquele que nos obrigam a realizar.

[527] É o que contém no artigo 43 do diploma atual, revisto por força do Decreto-lei nº 48/95, de 15 de março de 1995. Elcla Editora, O'Porto, Portugal, 1995.

se é que desejamos mesmo um dia sair da dialética e partir para o pragmatismo tão esperado. Sair do discurso e partir para realizações possíveis e exeqüíveis, bastando, para tanto, apenas pouca, pouquíssima, vontade política.

5.5. Itália

Na Itália há toda uma legislação suplementar ao Código de Processo Penal. Sob a pragmática rubrica: *"II. Esecuzione Penale e Instituti Penitenziari"*[528], e respaldado, entre outra tantas, pela Lei n° 6, de 12 de fevereiro de 1975, tem início o que realmente nos interessa. É necessário esclarecer que, quase como regra geral, para cada Título há uma lei específica, o que nos forçará a citá-las sistematicamente.

Assim sendo, pouco acima do Título I, temos o "II", versando sobre *"Normas sobre ordenamento penitenciário e sobre a execução das medidas privativas e limitativas de liberdade (1),* Lei de 26 de julho de 1975, n° 354.[529] O número 1 fala do *tratamento e reeducação,* demonstrando a preocupação do Estado no sentido de que o tratamento penitenciário deve acontecer calcado nos princípios de humanidade, assegurando-se o respeito à dignidade da pessoa. Ademais disso, deve ser imprimido sob o signo da mais absoluta imparcialidade, sem discriminação de ordem de nacionalidade, raça, condições econômicas e sociais, opiniões políticas e crenças religiosas[530]. A lei trata de definir muito bem o parâmetro que se pretende imprimir nas relações entre o sistema e o cidadão delinqüente: *"absoluta imparcialidade".*

Tratar igualmente a todos os reclusos é, quiçá, a mais importante das atitudes comportamentais que se deve exigir do material humano administrativo. A discricionariedade gera, como regra primária, a corrupção, que gera o mal-estar interno, que por sua vez gera, ao cabo,

---

[528] *"II. Esecuzione Penale e Instituti Penitenziari". "II. 1. Legge de 12 de febraio 1975, n. 6 - Norme in tema di liberazione condicionale".* Traduzindo: "II. Execução Penal e Institutos Penitenciários. - Lei de 12 de fevereiro de 1975 n° 6. Normas sobre o tema da Liberação Condicional".

[529] "I Legge 26 juglio 1975, n° 354 - Norme sull'ordinamento penitenziario e sulla esecuzione delle misure privative e limitative di libertà (1)." A referência (1) informa ter sido a lei publicada em 9 de agosto de 1975, pela LEX, n° 212, I, 1366, publicação UTET, 1985.

[530] "1. Trattamento e reeducazzione. - Il trattamento penitenziario deve essere conforme ad umanità e deve assicurare il rispetto della dignità della persona. Il trattamento è improntato ad assoluta imparzialità, senza discriminazioni in ordine a nacionalità, raza, condizioni economiche e socialiali, a opinioni politiche e a credenze religioze".

as convulsões, as rebeliões, os motins, as fugas, as evasões, a insegurança generalizada, com a qual, malgrado tudo, estamos habituados a conviver. Não é bom exemplo qualquer forma de privilégio à custa da corrupção ou do tráfico de influência.

Preocuparam-se os legisladores itálicos com as restrições que se possam adotar. Com efeito, dizem não ser permitido adotar qualquer restrição não justificável, com exigências previstas e, no caso dos apenados, não. E, ainda assim, desde que como meio indispensável aos fins judiciários[531].

Em outra oportunidade, aflora da norma jurídica a preocupação dos fins da prisão, motivo pelo qual se cuida acuradamente da *individualização da pena*. Falando das relações que devem existir entre o interno e o mundo exterior, visando sua *reinserção social*[532]. Como se vê, trata-se de cuidar mais da reintrodução do criminoso ao convívio social, e menos de condenar para punir. E, nessa linha de raciocínio, outras normas jurídicas direcionadas ao mesmo fim. Entre tantas, pode-se fazer menção à paridade de tratamento que recebe o interno, condenado, naquilo que seja genérico a toda pessoa[532]

A legislação italiana é, como sói acontecer, muito rica em detalhes. Elegeram-se alguns tópicos que servem para ilustrar quão elevado o trabalho que ali se desenvolve, a exemplo da Espanha, da qual se falará logo mais e de Portugal, sobre que já se tratou. Poder-se-ia dizer: mas também o Brasil tem uma excelente lei de execução penal. É verdade. Entretanto, a diferença fundamental está em que, naqueles países tratam de aplicar a lei tal como pensada e proposta, materializando a inteligência do legislador e a vontade do Estado, o que não ocorre entre nós. Nunca é demais repetir: sem vontade política não há norma jurídica eficaz.

---

[531] "Non possono essere adottate restrizioni non giustificabile con esigenze predette o, nei confronti degli imputati, non indispensabili a fini giudiziari.

[532] "Nei confronto dei condennati e degli interni deve essere attuato un trattamento *rieducativo* che tenda, anche attraverso i contatti con l'ambiente esterno, al *reinserimento sociale* degli stessi. Il trattamento è attuato secondo un criterio di *individualizzacione* in rapporto alle specifiche condizioni dei soggeti".. Traduzindo: "No tocante aos condenados e internos deve ser ministrado um tratamenteo de reeducação que tenda, inclusive por meio de contatos com o ambiente exteno, à sua reinserção social. O tratamento é levado a efeito conforme um critério de individualização relacionado às específicas condições do sujeito".

[533] Por óbvio, o tratamento penitenciário, no pertinente à *individualização da pena*, acaba por criar situações e relacionamentos diferenciados. Mas, convenhamos, aqui essa diferenciação é tão-somente epistemológica, e não de matiz protecionista como tivemos oportunidade de analisar no sistema pátrio.

5.6. Espanha

Pouquíssimos países no mundo se preocupam tanto com o problema penitenciário quanto a Espanha[534]. Disso resulta, como já se constatou no desenvolver deste trabalho, uma gama imensa de excelentes trabalhos literários, contendo monografias de vários matizes. Bons, muito bons pesquisadores discorreram sobre uma difusão de temas penitenciários. Daí, muito certamente, a profusa legislação posta à disposição[535], conforme se demonstrará, palidamente, na seqüência deste espaço, até porque seria humanamente impossível agir de outra forma, sob pena de ser necessário escrever um tratado. Procuraremos, como foi advertido no início deste capítulo, ser pragmáticos, exibindo apenas o que seja minimamente suficiente para aclarar as mentes e facilitar o raciocínio daqueles que, exercitando o Poder, têm como minimizar, se quiserem, a caótica situação pela qual passa o Sistema Presidial como um todo, e o que é pior e lamentável: vivenciando uma expectativa bem ao estilo do ditado italiano: *"giorni senza domani"*[536].

Sem muita preocupação de comparar ou colocar cronologicamente as normas jurídicas sobre as quais se fará referência, vamos principiar pela *"Ley Organica 1/1979"*[537]. Logo no início, no "Título Preliminar" lê-se: *"Artigo 1º. As instituições penitenciárias reguladas na presente Lei têm como fim primordial a reeducação e a reinserção social dos sentenciados a penas e medidas penais privativas de liberdade, assim como a retenção e custódia dos detidos, presos ou apenados. — Igual-*

---

[534] Até onde sabemos, Portugal é o que mais se assemelha ao trabalho realizado na Espanha em matéria de legislação, cobrindo praticamente todas as hipóteses imagináveis. Aliás, forma parte a construção doutrinária deste, que é enorme, no mais aquele fica *pari passu*.

[535] Pelo menos 16 diplomas legais fazem menção direta, quando não tratam especificamente, ao problema do Sistema Penitenciário — o que neste trabalho trato pessoalmente como: *presidial* —. Com efeito, CE = Constituición Espanhola; CP = Código Penal; CPDH = Convenio para Protección de Derechos Humanos; DIGP = Dirección General de Instituiciones Penitenciarias; DUDH = Declaración Universal de Derechos Humanos; ET = Estatuto de los Trabajadores; LECr = Ley de Enjuiciamiento Criminal; LOGP = Ley Orgánica General Penitenciaria; LPRS = Ley de Peligrosidad y Rehabilitación Social; PIDCP = Pacto Internacional de Derechos Civiles y Políticos; RM = Reglas Mínimas para el Tratamiento de los Reclusos; RMCE = Conjunto de Reglas Mínimas para el Tratamiento de los Reclusos; RP = Reglamento Penitenciario; RPRS = Reglamento para la Aplicación da la Ley de Peligrosidad y Rehabilitación Social; RSP = Reglamento de los Servicios de Prisiones.

[536] É da tradição no seio da família italiana tal locução "dias sem amanhã", quando lhe foge a expectativa e a perspectiva de um futuro melhor.

[537] A lei foi publicada em 26 de setembro, publicada no BOE nº 239, de 5 de outubro de 1979.

mente têm a seu cargo um trabalho assistencial e de ajuda para internos e liberados(1)"[538]. De ver tratar-se desde logo da reeducação e, na seqüência, da reinserção social, tema sobre o qual nos ocupamos sistematicamente neste trabalho.

O artigo 3º cuida daquilo que, atualmente, mais preocupa a sociedade brasileira: tratar de ver garantida a integridade física das pessoas. Aqui, daqueles cidadãos que estão gozando de liberdade plena, sem qualquer comprometimento com a Polícia ou com a Justiça. Lá, também daqueles que estão sob a custódia do Estado. Esta a diferença fundamental existente entre uma verdadeira democracia e uma outra comprometida com a falácia e o sofisma, mendaz no seu ser ontológico.[539]

Como conseqüência natural do contido no *caput* do retro mencionado artigo, tem-se que: "1. *Os internos poderão exercitar os direitos civis, políticos, sociais, econômicos e culturais, sem exceção do direito de sufrágio*[540], *salvo se forem incompatíveis com o objeto de sua detenção ou o cumprimento da condenação(4). 2. Serão adotadas as medidas necessárias para que os internos e seus familiares conservem seus direitos às prestações da Seguridade Social, adquiridos antes do ingresso na prisão(5). 3. Em nenhum caso se impedirá que os internos continuem os procedimentos que tiverem pendentes no momento de seu ingresso na prisão e possam entabular novas ações. — 4. A Administração penitenciária velará pela vida, integridade e saúde do interno(6). — 5. O interno tem o direito a ser tratado pelo seu próprio nome(7)"*. Dispensamo-nos de repetir o texto aqui traduzido, já que por demais claro quanto ao seu conteúdo[541].

---

[538] *"Articulo 1º. Las Instituciones penitenciarias reguladas en la presente Ley tienen como fin primordial la reeducación y la reinserción social de los sentenciados a penas y medidas penales privativas de libertad, así como la retención y custodia de detenidos, presos y penados. - Igualmente tienen a su cargo una labor asistencial y de ayuda para internos y liberados(1).* A chamada de rodapé faz menção aos artigos 25.2 da C.E., 10.3 do PIDCP e 3º do RP, parágrafo 4º.

[539] Eis o texto no original: *"La actividad penitenciaria se ejercerá respetando, en todo caso, la personalidad humana de los recluidos y los derechos e intereses jurídicos de los mismos no afectados por la condena, sin establecerse diferencia alguna por razón de raza, opiniones políticas, creencias religiosas, condición social o cualesquiera otras circunstancias de análoga naturaleza(3)."*

[540] Esta a nossa posição, defendida no espaço apropriado.

[541] Cópia fiel do que contém a página 34, da 5ª edição da "Legislación Penitenciaria", publicação da Editorial CIVITAS S.A., Madrid, 1993, edição preparada pelo professor *Francisco Bueno ARÚS*.

No artigo sexto, curto e grosso: *"Ningún interno será sometido a malos tratos de palabra u obra"*. Traduzindo: "nenhum interno será submetido a mau tratos por palavras ou atos". Lendo-se esse *dever-ser* prescritivo[542], fica-se a meditar sobre os xadrezes dos Distritos Policiais, feitos depósitos de presos, ou mesmo nos horrores ocorridos naquele tétrico dia do início de outubro de 1992. Fica-nos a sensação terrível de questionar: que país é este? Ou, que país é aquele!

O artigo 7º cuida de definir as modalidades de estabelecimentos penitenciários: *(a) Estabelecimentos preventivos; (b) Estabelecimentos de cumprimento de penas; (c) Estabelecimentos especiais.* Os primeiros são destinados à retenção e custódia dos que aguardam sentença firme[543]. Autoriza-se excepcionalmente o cumprimento de penas não superiores a seis meses[544].

Os denominados *"Establecimientos de Cumplimiento de Penas"* são os destinados à execução das penas, existindo distintamente aqueles instalados para homens e os preparados para mulheres. A lei diz da existência de dois tipos: *"regimen ordinario y abierto"*. Ademais, separam os criminosos jovens dos adultos. Como regra geral, em estabelecimentos separados, excepcionalmente em departamentos separados[545].

Finalmente, os *"Establecimientos especiales"* que o artigo 11 assim os descreve: *"Art. 11. Os estabelecimentos especiais são aqueles em que prevalece o caráter assistencial e serão dos seguintes tipos: a) Centros hospitalares; b) Centros psiquiátricos e c) Centros de reabilitação social, para a execução de medidas penais de conformidade com a legislação vigente sobre a matéria"*[546].

Os artigos seguintes versam sobre a colocação territorial desses estabelecimentos e como deverão estar equipados para proporcionar

---

[542] Nos precisos termos de *Hans KELSEN*.

[543] "Sentencia firme" para os de língua espanhola, equivale ao nosso *trânsito em julgado*.

[544] Redação do artigo 8º.

[545] Redação do artigo 9º, dividido em dois números. No conteúdo, despido do espírito bakuniano, mas com o de realçar a intenção epistemológica que se dispensa, na Espanha, à questão da Reinserção Social, veja-se o cuidado que se tem com o jovem delinqüente, apartando-o do meio adulto, visando destarte sua invariável contaminação criminógena acaso mantenha contato com o delinqüente habitual ou mesmo por tendência, como prelecionou FERRI.

[546] *In literis*: "*Art. 11. Los establecimientos especiales son aquellos en los que prevalece el carácter asistencial y serán de los siguientes tipos: a) Centros hospitalarios; b) Centros psiquiatricos; c) Centros de rehabilitación social, para la ejecución de medidas penales de conformidad con la legislación vigente en esta materia*".

"servicios idóneos" aos destinatários[547], na íntegra e traduzido, já que vale a pena gastar o espaço: *"Os estabelecimentos penitenciários deverão contar no conjunto de suas dependências com serviços idôneos de dormitórios individuais, enfermarias, escolas, biblioteca, instalações desportivas e recreativas, oficinas, pátios, salão de barbeiro, cozinha, refeitório, parlatórios individualizados, departamento de informações para o exterior, salas anexas de relações familiares (*encontros íntimos, — conclusão nossa*) e, no geral, tudo aquilo que permita desenvolver entre eles uma vida de coletividade organizada e uma adequada classificação dos internos, em relação aos fins que a cada caso se atribui"*.

Desnecessário seria chamar a atenção sobre a preocupação dispensada pelo Estado em oferecer esse mínimo necessário, procurando destarte obter o máximo possível de benefício para a sociedade, esta sim destinatária final de todas as vantagens que possam advir de um criterioso, salutar e eficiente sistema penitenciário. Excesso de "carinho com os direitos humanos", como dizem alguns maledicentes desinformados? Não. Inteligência e bom senso em prol do bem comum.

Nos artigos 18 e 20, recomendações não usuais em nossa legislação. Com efeito, tratam-se das ocasiões em que o interno sai do presídio para realizar atos oficiais ou não(audiências, por exemplo). Entre nós, o Estado, que deveria estar preocupado com a reinserção do homem delinqüente no contexto social, o leva com uniforme próprio, identificando-o como *recluso*. A lei espanhola diz textualmente que o Estado ao efetuar tal serviço deve respeitar a dignidade e os direitos dos internos[548]. Aqui surge o complicador: sem suas vestimentas pessoais, o detido, não raro ainda sem sentença firme, com trânsito em julgado, é exibido ao público com a vestimenta convencional: *uniforme de preso*. Não acreditamos que tais exibições possam auxiliar em alguma coisa os escopos principais da prisão: *reeducação, ressocialização* e *reinserção social*.

Desde logo vimos discutindo a problemática do respeito recíproco. Lamentavelmente, não vemos onde o uniforme e o *uso da algema*,

---

[547] Eis a redação original do artigo 13: *"Los establecimientos penitenciarios deberán contar en el conjunto de sus dependencias con* servicios idóneos *de dormitorios individuales, enfermerías, escuelas, biblioteca, instalaciones deportivas y recreativas, talleres(*oficinas*), patios, peluquería, cocina, comedor, locutorios individualizados, departamento de información al exterior, salas anejas de relaciones familiares y, en general, todos aquellos que permitan desarrollar en ellos una vida de coletividad organizada y una adecuada clasificación de los internos, en relación con los fines que en cada caso les están atribuidos"*.

[548] Íntegra do artigo 18. : *"Los traslados de los detenidos, presos y penados se efectuarán de forma que se respeten la dignidad y los derechos de los internos y la seguridad de la conducción"*.

esta quase sempre desnecessária, possam pretender do preso tratamento diverso daquele que lhe é dado: desrespeitoso. Quando se estuda o comportamento social, assevera-se que o Estado deve manter-se estritamente comprometido com a Ética. A partir daí, então pode-se exigir obediência às normas de conduta, todas umbilicalmente ligadas ao sistema normativo, que deve ser construído também sob o prisma ético. Deploravelmente, não é o que temos visto.

Ainda sobre o exposto acima, vê-se no número 2 do artigo 20: *"Nas situações de saídas ao exterior — fora das dependências da prisão — deverão vestir roupas que não denotem sua condição de recolhidos. Se necessitarem de roupas adequadas, se lhes procurarão as necessárias(40) "*[549]. Entre nós existe tal possibilidade para os que estejam recolhidos na Casa de Detenção, indiferentemente se presos cautelarmente ou se já condenados. Nos DPs, feitos *depósitos de presos*, estes vão ao Fórum tal como se encontram na ocasião da diligência. De regra, sem roupas adequadas e, pasmem, até mesmo sem condições mínimas de higiene. Para os internos nas Penitenciárias o uniforme é obrigatório. O grande argumento é sempre o risco de fuga. Contam-se nos dedos os episódios de fugas nos tribunais. E, quando há a hipótese, há também uma infra-estrutura adrede montada aqui fora. Portanto, não será a vestimenta que irá evitar uma fuga organizada, todos sabemos, embora fazendo questão de calar, omitir, por mero comodismo.

O artigo 21 determina que todo o interno disponha de roupa necessária para sua cama e de móvel necessário para guardar seus pertences. Na Penitenciária do Estado, como de resto em outras, exemplifique-se com a de Araraquara, isto ocorre normalmente entre nós. Mas, quando o cidadão delinqüente, habitual, contumaz ou eventual, se encontra recolhido em locais adaptados, como os DPs, é pelo menos utópico pensar poder cumprir tal exigência legal. Se nem mesmo o espaço físico mínimo necessário para dormir lhe é concedido[550], o que dizer de cama, roupa de cama, guarda-roupas, sala de banho, etc.? Não se pretende outra coisa que não seja chamar a atenção das *autoridades públicas* para a gravidade dos problemas existentes entre nós, e que, em outros países, já foram resolvidos.

---

[549] "Art. 20 ..... 2. *Em los supuestos de salida al exterior deberán vestir ropas que no denoten su condición de recluidos. Si carecieran de las adecuadas, se les procurará las necesarias(40).* A nota indicada faz menção a várias normas jurídicas regulamentadoras.

[550] Em outro local já se discutiu o problema do espaço físico. Nas penitenciárias como a Estadual, a de Araraquara, etc., tal norma jurídica pode ser obedecida e, até onde se sabe, isto ocorre. Mas nos DPs., onde os recolhidos fazem rodízio para dormir em virtude da falta de espaço físico, não é preciso comentar sobre a inexistência de "mueble adecuado".

É imperioso que os governos adotem o critério técnico e epistemológico, além do idealista, para a nomeação de dirigentes para a administração do Sistema Presidial, que não pode e não deve seguir fracionado como atualmente, onde a COESPE cuida de uma parcela de apenas 40% (quarenta por cento) da população carcerária, ficando o resto à mercê de sua própria sorte. Bom exemplo nos vem de São José dos Campos, onde a administração presidial exercitada por *autoridade privada*[551] se constitui em sucesso que chama a atenção de várias partes do mundo. Temos certeza de que essas pessoas não deixariam de atender ao chamamento do Estado, desde que lhes fosse dada a oportunidade real de elaborar um plano de ação inteligente e ágil e de executar um trabalho sério.

Em Espanha, o que aqui denominamos *Juízo das Execuções Criminais*, chamam de "*Del Juez de Vigilancia*"[552]. Ali estão todas as atribuições do magistrado lotado naquele Juízo. Entre outras coisas, a salvaguarda dos direitos do recluso e a punição de funcionários por eventuais abusos. No artigo 77, uma norma jurídica deveras interessante. Trata-se de o Juiz de Vigilância poder tratar diretamente com a "Dirección General de Instituiciones Penitenciarias", para formular propostas que entenda de utilidade para o desenvolvimento do sistema. Em síntese, é uma forma clara de desburocratização, dirigindo-se um membro de um Poder diretamente ao outro, cortando caminho. Com isso ganham todos: o Estado, a sociedade e os beneficiários primários: os reclusos.

Um segundo diploma merece atenção por trazer consigo algumas coisas interessantes. Trata-se do "*Decreto Real 1201/1981, de 8 de mayo*", através do qual se aprova o "*Regulamento Penitenciário*", ora em vigência plena. Este documento foi publicado no B.O.E. número 182, de 31 de julho[553]. Logo na introdução, deixa-se claro a que veio tal decreto: cumprir o que determinou a Ley Orgánica 1/1979. O decreto foi proposto pelo Ministro da Justiça, com a aprovação do Conselho de Ministros, em 8 de maio de 1981.

Do artigo primeiro até o terceiro vê-se a reafirmação do que foi deliberado na Lei Orgânica 1/1979. Repetindo *ipsis literis* o que nesta contém, a primeira norma jurídica que chama a atenção é o preceito do

---

[551] Referimo-nos ao trabalho sempre louvável do dr. Mario OTTOBONI à frente da APAC, sobre a qual muito já se disse neste trabalho.

[552] Artigo 76 e seguintes da "Ley Orgánica", já mencionada. O assunto abarca todo o Título V.

[553] BOE = Boletin Oficial Español.

artigo quarto: *"Art. 4º. Princípio inspirador do cumprimento das penas e medidas de segurança de privação de liberdade será a consideração de que o interno é sujeito de direito e não se acha excluído da sociedade, senão que continua fazendo parte da mesma"*[554]. Teleologicamente, pensando e agindo sob o norte de tal axioma, é possível crer numa saída digna para a encruzilhada em que se encontra a sociedade na área da Ciência Penal, no particular das penas aflitivas da liberdade. É absolutamente necessário que todos abramos nossas cabeças e nossos corações, liberando nossos sentimentos humanitários, visando a solucionar o crucial problema. Afinal, o condenado é, além de um doente social, também um *desgraçado social*. E ninguém se torna desgraçado por sua livre e consciente escolha. É preciso que o delinquente passe a acreditar na real possibilidade de reinserção, que acredite em nós[555]. Somente assim ele poderá vir a colaborar. Enquanto se sentir um *"excluído"*, se tiver força interior, fatalmente enveredar-se-á pela senda da criminalidade.

No artigo quinto todas as garantias de direitos já anteriormente discutidos. Não à *quaestio* (tortura) em qualquer das suas modalidades: física, moral, psicológica. O uso do nome, coisa que sempre envaidece a maioria das pessoas. Não há valor superior ao ser humano do que a vinculação com a sua ancestralidade. Quem perde esse sentimento, desvincula-se de grande parte de si mesmo. Tanto é assim que a Constituição de Portugal diz ser obrigação do Estado garantir ao cidadão o seu *"bom nome"*[556]. Fora isso, também a liberdade de convicções ideológicas e religiosas são respeitadas.

No artigo seguinte, o sexto, garante-se o direito de queixa aos superiores em relação ao tratamento que vem sendo dispensado. O direito de representação é hipótese claramente descrita na lei. Uma vez formulada a representação, o recluso será informado corretamente da tramitação do seu pleito. Ademais, deve ele estar sempre sendo informado dos seus direitos. Enfim, todo esse aparato não visa "paparicar" o condenado, como costumam dizer alguns maledicentes ou mal informa-

---

[554] "Art. 4º *Principio inspirador del cumprimiento de las penas y medidas de seguridad de privación de libertad será la consideración de que el interno es sujeto de derecho y no se halla excluido de la sociedad, sino que continúa formando parte de la misma(10)"*. A chamada faz menção a outras normas pertinentes.

[555] Locução tomada emprestada de *Mikail GORBACHEV*, o que se faz pela segunda vez, posto que a usamos na "Reabilitação Criminal", tendo em vista a força interior. Obra: *"Perestroika"*, página 30.

[556] Artigo 26 da Constituição de Portugal.

dos, mas prepará-lo para o seu reingresso no contexto social. Fincar-lhe na cabeça que há um espaço respeitoso à sua espera, onde não haverá preconceitos, e que não se lhe fará favor algum proporcionando-lhe o que lhe é devido por direito natural e positivo, por que não dizer?

5.7. França

Como tudo neste trabalho está voltado para a conceituação formal e substancial do instituto da *Reinserção Social* do cidadão delinqüente, não poderíamos deixar passar sem algum comentário sobre o tema no que concerne ao sistema normativo francês. E assim será, ainda *en passant*. O pragmatismo e o ontológico serão utilizados de ordinário, em substituição à dialética, pois é notório que toda a educação *humanista* que praticamos, ou simplesmente pregamos, vem da França. Neste momento o pragmatismo e a ontologia serão empregados, ocupando os espaços da doutrina, nesta oportunidade, e somente nesta, despicienda.

Com efeito, encontramos no artigo 720 do Código de Processo Penal, uma proposição que dá conta da filosofia ali praticada em homenagem ao escopo da reintrodução do delinqüente no convívio social: "*Art. 720. As atividades do trabalho e de formação profissional são levadas em conta para a apreciação de créditos de reinserção e de boa conduta dos condenados*"[557]. Ainda uma vez, cruzamos com a a afirmação da exigência do trabalho para a avaliação de *reinserção*. Um pouco mais até: também a formação profissional do condenado será útil para que seja reinserido no contexto social com a brevidade possível.

Observe-se, ademais, que as relações de trabalho não serão objeto de contrato laboral. Assim, o trabalho surge da espontaneidade do interessado, nunca da exigência do Estado, pois que, se assim fosse, tornar-se-ia *trabalho forçado*[558], sobre o que já se discutiu em outra parte, com respaldo etiológico no que prega o professor Dirceu de Mello. Acomodando-se por certo às regras do trabalho externo do preso, o que facilita — *peut-être* — sobremaneira a contratação dessa mão-de-obra, sobre o que já se discorreu longamente. Além do mais, a Lei n° 75.624, de 11 de

---

[557] "*Les activités de travail et de formation professionnelle sont prises en compte pour l'appréciation des gages de réinserction et de bonne conduite des condemnés*" (Lei n° 87-432, de 22 de junho de 1987).

[558] "*Les relations de travail des personnes incarcerérées ne font pas l'objet d'un contrat de travail* (Lei n° 909-9, de 2 de janeiro de 1990). *Il peut être dérogé à cette règle pour les activités exercées à l'extérieur des établissements pénitentiaires*".

julho de 1975, indica que a regulamentação da distribuição do produto obtido pelo trabalho será objeto de decreto, desde que este seja "detido", não condenado: *"As regras relativas à repartição dos produtos do trabalho dos detidos são fixadas por decreto"*[559].

Uma coisa que chamou a atenção foi um tópico incrustado no artigo 729 do Código de Processo Penal que diz textualmente: *"Os condenados que estejam cumprindo uma ou mais de uma pena privativa de liberdade poderão se beneficiar de liberdade condicional se apresentarem indícios sérios de readaptação social"*[560]. O aqui preceituado está contido em dois diplomas, até onde nos foi possível entender: Lei nº 70.643, de 17 de julho de 1970 e Lei nº 72.1226, de 29 de dezembro de 1972, com prevalência desta última. Cabe nesta oportunidade a emissão de um juízo axiológico sobre os fins da pena. Na França, como se vê, a pena pretende ser apenas o quanto chegue para a emenda do infrator. Uma vez readaptado socialmente, não há razão plausível para mantê-lo encarcerado. Nada de pena punitiva pela punição em si mesma. Na boa doutrina vinda da Alemanha através de Claus Roxin, encontramos a mesma orientação[561]. Entre nós, a pregação vem sendo feita por Paulo José da Costa Júnior.

5.8. Per Concludere

Conforme o previsto e anunciado, procuramos demonstrar palidamente o que existe de bom lá fora. Não poderemos, como já dito no início deste trabalho, deixar à deriva uma dura realidade: a pluralidade de "brasis". Mas, ainda que assim seja, é absolutamente possível ao menos sonhar. Afinal, tal como aquele notável advogado e pregador religioso Martin Luther King[562], também *"I Have a Dream"*: prestar minha mo-

---

[559] *"Les règles relatives à la répartition de produits du travail des détenus sont fixés par décret"*.

[560] *"Les condamnés ayant à subir une ou plusiers peines privatives de liberté peuvent bénéficier d'une libération condicionnelle s'ils presentent de gages sérieux de réadaptation sociale"*.

[561] "Culpabilidad y Prevención en Derecho Penal", Editorial Reus, Madrid, Espanha, 1981.

[562] Martin Luther KING, advogado e líder religioso negro dos Estados Unidos. Em mobilização de pessoal que contou com 250.000 pessoas, realizada na cidade Washington, Capital americana, o discurso do grande líder negro teve como mote: *"I Have a Dream"* (Eu Tenho um Sonho). Nessa, como em tantas outras ocasiões, ele exteriorizou sua pacífica mas enérgica repulsa ao racismo insensato contra os negros. Luther King morreu. Foi morto por uma irresponsável bala disparada por insano e insensato fanático. Mas, tal como Mohandas Karamchand Ghandi, o "MAHATMA" (Grande Alma), suas idéias e ideais permaneceram vivos nos corações e na lembrança de todos os homens livres e de bons costumes. Matam-se os homens, não suas idéias.

desta colaboração ao País, berço dos meus filhos e dos meus netos, enquanto posso. Todavia, se nada acontecer, quero ver-me reconhecido como um Homem livre e de bons costumes. Assim, viverei com certa serenidade, somente reservada aos que, de boa intenção, tentaram.

Em momento algum tive receio de "não agradar" falando o que falo, como falo e onde falo. Assumindo o que escrevo. É certo, também, que jamais pretendi agredir os que pensam diferentemente de mim. Quem sabe um dia possamos sentar e conversar como bons cidadãos, sem ideologias, sem hipocrisias, sem egocentrismos, e sem a pretensão de ser mais do que se é.

6. CONCLUSÃO

Na vã e ilusória expectativa de termos chegado ao final deste trabalho, é forçoso convir não estar ele *terminado*. Um sem-número de observações e considerações passaram ao largo e muito possivelmente cairão no ostracismo. Entretanto, curvamo-nos ao rigorosismo técnico para colocarmos algumas situações, pelo menos aquelas que vierem à mente, novas ou não, que devem ser ventiladas em homenagem ao dever científico de procurar soluções para os problemas tidos por aporéticos e que, por isso mesmo, obrigam a um exercício de raciocínio bem mais acurado, sem entretanto deixar de lado o ontológico deste apanhado.

1) Como primeira constatação, cumpre salientar o precaríssimo estado em que se encontra o Sistema Presidial do Brasil. Faltam vagas nos presídios, falta material humano especializado para a administração do sistema, falta vontade política, principalmente.

2) A questão da explosão populacional carcerária vem sendo tratada de maneira desumana, sem qualquer resquício epistemológico. Pensa-se na desativação do mais cruel dos presídios do mundo: a Casa de Detenção de São Paulo, que abriga entre 7.500 e 8.200 presos, muito embora não sejam esses os números liberados para a grande mídia, sem qualquer classificação para os fins legais da individualização da pena. Entretanto, e apesar disso, desativar esse mostrengo como? Onde colocar esse contingente humano, que ali vive em condição sub-humana?

3) Partindo dessa constatação, pensamos que seria melhor construir presídios adequados para cada característica criminal, tendo-se por parâmetro a periculosidade do agente. Essas primeiras edificações serviriam para o esvaziamento dos Distritos Policiais, atualmente abrigando entre 2.500 e 3.200 reclusos de todos os matizes, uma vez considerada também a situação em que se encontram os DPs, da interlândia paulista, que abriga um vasto contingente, pouco inferior ao da Capital, onde, sem dúvida, o problema escapa ao controle e adentra às raias do caos.

4) Superada essa fase, teríamos dois benefícios visíveis: a Polícia Civil voltaria para as ruas e deixaria de exercer indevidamente a função

carcerária que vem exercendo[563]. Aí sim, haveria real probabilidade de diminuição da criminalidade que assola todos os recantos do Estado. Não haverá de ser com o endurecimento das penas que se irá combater essa criminalidade recrudescida, crescente e cada vez mais violenta.

5) Destarte, resolvido o primeiro impasse, que se cuidasse da desativação do complexo Carandiru, começando, quem sabe, pela Casa de Detenção. Mas, é bom que se diga, somente essa locomoção implicaria a construção de pelo menos 30 (trinta) novos presídios com capacidade para 300 (trezentos) presos cada um. É claro que nesse cálculo há uma pretensa reserva técnica de aproximadamente 20% (vinte por cento), evitando-se, dessa forma, um novo colapso em futuro muito próximo.

6) Desses novos presídios que fossem paulatinamente construídos, ao menos um ficaria para cumprir o que determinam o artigo 3º da Lei 7.960, de 21 de dezembro de 1989, combinado com o parágrafo 2º da Lei 8.072, de 25 de junho de 1990. Se fosse o caso, poder-se-ia aproveitar algumas das dependências para o cumprimento das chamadas "Prisões Especiais"[564].

7) Deveria ser imposto ao magistrado que prolatasse uma sentença condenatória, ou mesmo cautelar, que indicasse desde logo onde e como seria aplicada, na prática, a decisão. Se impossível de ser cumprida a deliberação tal como determinada, então que se alterasse a decisão para melhor, *in bonam parte*, nunca com essa perversa *reformatio in pejus*, a que temos assistido diuturnamente.

8) O Estado deveria exercitar uma política de persuasão junto ao Poder Judiciário, no sentido de serem mais bem aproveitadas as hipóteses alternativas das penas: as privativas de liberdade por restrição de direitos ou multas, tudo conforme quer a lei. Isto, infelizmente, não vem sendo coerentemente aplicado. Aí está uma das maneiras de desviar do cárcere, sem desvirtuar a característica de prevenção da pena, pessoas para as quais a sanção não tem qualquer eficácia, já que portadores de pouquíssima ou nenhuma periculosidade.

---

[563] Certa feita conversei com um Delegado Titular de um DP onde recolhiam apenas os "157", que na gíria quer dizer assaltante. Tinha ele sob sua guarda e responsabilidade nada menos de 128 presos. Disse-me: *"A equipe de que disponho é a mesma. Prefiro não correr riscos. Deixo-os aqui tomando conta dos presos"*. Isto ocorreu tempos atrás, no Sexto DP.

[564] Como é o caso dos advogados e outros cidadãos portadores de grau superior, como de resto outras tantas que recebem legalmente o direito à prisão especial em "salas do Estado Maior" de guarnições militares, mas que não existem, ou ali não são recebidos por "falta de vagas". Não se trata de protecionismo, mas de reclassificação e individualização da pena.

9) A prisão fechada deveria ser utilizada somente para os casos de comprovada necessidade, e nunca como *meio* pelo qual o Estado presta satisfação à opinião pública, de regra manipulada por uma imprensa sensacionalista e aética[565]. Essa mesma opinião pública, de ordinário, não passa de mero *clamor popular*, condicionado por esse estilo de jornalismo pouco ou nada ético.

10) A ninguém deveria acontecer a barbárie de permanecer preso por mais tempo do que determinou a sentença judicial, ou mesmo a lei que determinou sua liberação antecipada, como é o caso dos *Indultos de Natal*. Se tal viesse a ocorrer, então seria responsabilizado o funcionário direto pela liberação obstaculizada, e tantos outros quantos tenham colaborado no descumprimento da lei.

11) O trabalho para o preso deveria ser posto à disposição tão logo ingressasse no presídio, fosse ele de que classificação fosse, e tivesse concluído os necessários exames de aptidão. Se assim não ocorresse, contar-se-ia o tempo da remição tal como se ele, presidiário a qualquer título, estivesse trabalhando, nos termos do artigo 126 da LEP. O benefício legal mencionado seria aplicado *ex oficio* se a deficiência fosse do Estado, como ocorre nos DPs.

12) Todo o trabalho deveria produzir a satisfação de auferição de algum benefício pecuniário, para que o preso trabalhador percebesse ser possível ganhar a vida com o trabalho honrado, e honrado é todo trabalho, não importando sua natureza ou capacitação. Se transmitirmos esse sentimento ao condenado, estaremos dando importante passo adiante.

13) Instituições como as APACs e os patronatos devem ser implantadas e mesmo estimulada sua criação entre a atividade particular (privada), visando a esvaziar os presídios quando possível e, sistematicamente da reinserção social do condenado.

14) Deve-se pensar firmemente na atividade terceirizada que vem absorvida pelo Poder Público, aproveitando-se o mais possível a mão-de-obra carcerária. Os mecanismos de defesa aos empregadores já foram expostos, bem ainda a política de estímulo.

---

[565] Digo aética porque extrapola de ordinário no seu mister sagrado de bem informar. São vergonhosas para não dizer criminosas, essas *"reportagens"* realizadas ao estilo *"Aqui Agora"*, *"Cidade Alerta"* ou *"Na rota do Crime"*. Amiúde, exibem pessoas sendo "vistoriadas" pela Polícia Militar realizando *blitz*, que nada tem a ver com o crime, mas ainda assim e apesar de tudo, passam por toda essa humilhação, pela simples razão de serem pobres, andando a pé e mal vestidos.

15) É aconselhável a extinção de alguns órgãos de pouca ou nenhuma valia para a prática da libertação do condenado, já que altamente burocratizantes, além de repetitivos nas suas respectivas atribuições, quando não de duvidosa utilidade para o fim a que se propõem.

16) É imperioso rever o quadro funcional do Sistema Penitenciário, tanto no seu gigantismo já discutido anteriormente, quanto no pertinente ao embasamento profissional. Na realidade, o que se tem visto não recomenda sua manutenção, merecendo, destarte, urgentíssima revisão.

17) Se o Estado não parar para pensar sobre esse quadro lancinante dentro do contexto social, deverá então se preparar para grandes escaramuças[566]. Como exemplos podemos adotar a situação do Rio de Janeiro, onde acontece uma "guerra civil" não declarada. Onde, a esta altura, a população se sente melhor tratando com o meliante do que com o Estado[567]. Que fique claro também: a classe política, aquele segmento que realmente exercita o Poder, deverá ser responsabilizada por tamanho desmando e insensibilidade no trato da coisa pública.

18) Há ao redor do planeta Terra variados sistemas que, se não são perfeitos, são ao menos satisfatórios para o quadro penitenciário da atualidade. Cite-se, para exemplo, os da Espanha e Portugal, que poderiam ser imitados no que fosse pertinente às nossas condições sociais.

---

[566] Precisamente no momento em que redigíamos esta parte, mais um dado estatístico: em São Paulo ocorrem em média 4,5 rebeliões por dia, em sua maioria absoluta nos Distritos Policiais.

[567] Exemplo vivo disso foi o caso envolvendo um artista famoso que queria, e gravou, numa favela: fez-se um acordo com os bandidos, desprezando-se a intervenção da autoridade policial.

BIBLIOGRAFIA

A

AGUIAR, Roberto A.R. de. "Direito, Poder e Opressão", Editora Alfa-Omega, 1984.

ALMEIDA, Maria Rosa Crucho de. "Amostra sobre uma amostra de indivíduos em liberdade condicional". GEPMI, Lisboa, 1990.

ALTAVILLA, Enrico. "O delinqüente e a lei penal". Coimbra Editora, Portugal, 1964.

ANCEL, Marc. "A nova defesa social". Forense, Rio, 1979.

ANDER-EGG, Ezequiel. "Desarrollo de la comunidad", Ed. El Ateneo, México, 1990.

ANDREUCCI, Ricardo Antunes e outros. "Estudos jurídicos em homenagem a Manoel P. Pimentel", Revista dos Tribunais, São Paulo, 1992. "Coação irresistível por violência", José Bushatsky, Editor, 1974.

ANTON ONEGA, José. "Derecho Penal", Ekal, Madrid, España, 1986.

ARAGÃO, Antonio Moniz Sodré de. "As três escolas penais", Freitas Bastos, RJ, 1977.

ARAÚJO, Américo Ribeiro de. "Ciência Penitenciária Positiva", Livraria Editora de Leite Ribeiro & Maurílio, Rio de Janeiro, 1918.

ARAÚJO JÚNIOR, João Marcelo de, e outros. "Privatização das Prisões", Revista dos Tribunais. São Paulo, 1995.

ARENDT, Hannah. "La Condición Humana", Ediciones Paidós, Barcelona, 1993.

ARNANZ, Enrique Villalta. "Cultura y Prisión", Editorial Popular S.A., Madrid, 1988.

ASHENHUST, Paul H.. "La Policia y la Sociedad", Editorial Limusa, México, 1988.

ASÚA, Luis Jiménez de. "Psicoanálisis Criminal", Editorial Losada S.A., Buenos Aires, 1947.

B

BACIGALUPO, Enrique. "Manual de Derecho Penal", Editorial Temis, Bogotá, 1989.

BAKUNIN, Michael. "Textos Escolhidos", L&PM, Editores, Porto Alegre, 1983.

BARBERO, Horácio Roldán. "Historia de la Prisión en Espanha", PPU, Barcelona, 1988.

BARBOSA, Licínio Leal. "Direito Penal e Direito de Execução Penal", Zamenhof Editores, Brasília, 1993.

BATARRITA, Adela Asúa. "La Reincidencia", Edição Universidad de Deusto, Bilbao, 1982.

BATISTA, Nilo. "Introdução Crítica ao Direito Penal Brasileiro", Editora Revan, Rio, 1990.

BECCARIA, Cesare. "De los Delitos y de las Penas", Ediciones Jurídicas Europa-Americana, Buenos Aires, 1974.

BEIRAS, Iñaki Rivera. "Carcel y Derechos Humanos", J.M. Bosch, Editor S.A., 1992.

BENITEZ, José Manuel Gomez. "Teoria Jurídica del Delito", Editorial Civitas, Madrid, 1988.

BERISTAIN, Antonio e outros. "Capellanias Penitenciarias", Instituto Vasco de Criminologia e Kriminologiaren Euskal Institutoa, 1993. "Nueva Criminologia desde el Derecho Penal y la Vitimologia". Tirant lo Blanch, Valencia, 1994.

BERLINCK, Manoel Costa. "Concepções Populares de Marginalidade: Uma Nota de Pesquisa", EAESP/FGV, São Paulo.

BETTIOL, Giuseppe. "Temas Fundamentais de Direito Penal", Instituto Metropolitano de Criminologia Faculdades Metropolitanas Unidas, 1988. "Direito Penal". Trad. Alberto Silva Franco e Paulo José da Costa Júnior, RT, 1966. "Sulla rieducazione del condennato", Dott. A. Giuffré, Editore Milano, 1958.

BICUDO, Helio Pereira. "O Esquadrão da Morte", Ed. Pontifícia Comissão de Justiça e Paz, 1976.

BITENCOURT, Cezar Ribeiro. "Falência da Pena de Prisão", Revista dos Tribunais, São Paulo, 1993.

BITTENCOURT, Edgard de Moura. "Crime", Editora Universidade de Direito, 1973.

BOCCIA, Tadeo Rodriguez. "Código Penal (Paraguay) Actualizado. Concordado y Comentado", Editora El Constitucionalista, 3ª Ed., Assunción, 1994.

BOSQUE, Juan Almeida. "Presídio". Editorial de Ciencias Sociales, La Habana, 1987.

BRITTO, Lemos. "Os Systemas Penitenciários do Brasil", Imprensa Nacional, Rio de Janeiro, 1924.

BRUNO, Anibal. "Direito Penal", Tomo III, Forense, Rio de Janeiro, 1967.

C

CABALLERO, Jorge Frias. "Temas de Derecho Penal", La Ley Editora e Impresora, Argentina, 1970.

CABRERA, Raúl Peña. "Tratado de Derecho Penal", Editorial Sagitário, Lima, Peru, 1987.

CAFFARENA, Borja Mapelli. "Principios Fundamentales del Sistema Penitenciario Español", Bosch, Casa Editorial S.A., 1983.

CAMARGO ARANHA, Adalberto J.Q.T. de. "Direito Penal", 23ª Ed., Saraiva, São Paulo.

CARNELUTTI, Francesco. "Teoria Geral do Direito", Armênio Amado Editor, Coimbra, Portugal, 1942. "Teoria General del Delito", Edit. Rev. Derecho Privado, Madrid, 1941.

CARRARA, Francesco. "Programa de Direito Criminal", Saraiva, 1957.

CARVALHO, Américo A. Taipa de. "Condicionalidade Sócio-Cultural do Direito Penal", Armênio Amado Editor, Coimbra, 1985.

CASTIGLIONE, Teodolindo. "Estabelecimentos Penais Abertos e outros Trabalhos", Saraiva, 1959.

CASTRO, Celso A. Pinheiro de. "Sociologia do Direito", Atlas, 1995.

CAVALCANTI Netto, João Uchôa. "Direito, um Mito", Editora Rio, Rio de Janeiro, 1977.

CELIS, Octavio A. Bejarono. "Existencia de la Pena de Muerte en el Peru", Venezuela, 1952.

CERNICCHIARO, Luiz Vicente. "Dicionario de Direito Penal", José Bushatscky, Editor, 1974.

CLÈRE, Marcel le. "Breve História da Polícia", Gris Impressores, Lisboa, 1965.

CÓDIGOS PENAIS; jornais e revistas desde 1986, com predominância para "O ESTADO DE SÃO PAULO" e "FOLHA DE SÃO PAULO", conforme pesquisas realizadas nos arquivos respectivos.

COLOMA, Aurelia María Romero. "La víctima frente al sistema jurídico-penal". Serlipost Ediciones Jurídicas, Barcelona, España, 1994.

CONDE, Francisco Muñoz. "Derecho Penal", Parte General, Tirant lo Blanch, Barcelona, 1993.

CORREIA, A. Malça. "Tratamento Penitenciario", Ed. do Centro do Livro Brasileiro, Lisboa, 1981.

CORREIA, Eduardo. "Direito Criminal", Livraria Almedina, Coimbra, 1971; "Para uns a nova Justiça Penal", Livraria Almedina, Coimbra, 1983 (Correia e outros autores portugueses).

COSTA, Álvaro Mayrink da. "Direito Penal", Editora Forense, 1991.

COSTA JR., Paulo José da. "Comentários ao Código Penal", Ed. Saraiva; "Curso de Direito Penal", Ed. Saraiva, São Paulo; "Direito Penal Objetivo", Ed. Forense Universitária.

CUEVA, Lorenzo Morillas. "Teoria de las Consecuencias Jurídicas del Delito", Editorial Tecnos, Barcelona, 1991.

D

D'ANTONIO, Daniel Hugo. "El menor ante el delito", Astrea, Buenos Aires, 1978.

DAVID, Pedro R. "El mundo del delinquente", Astrea, Buenos Aires, 1976.

DÍAZ, Gerardo Landrove. "Victimologia", Tirant lo Blanch, Valencia, 1990.

DELGADO, Francisco Ferreira. "Teoria General del Delito", Editorial Temis, Bogotá, 1988.

DEVESA, José Maria Rodriguez. "Derecho Penal/Español", Carasa, Madrid, 1979.

DOHNA, Alexander Graf Zu. "La estructura de la teoria del delito", Abeledo Perrot, Buenos Aires, 1958.

DONNICI, Virgílio. "Polícia: guardiã da sociedade ou parceira do crime?", F.U., Rio de Janeiro, 1990. "Criminalidade e Estado de Direito", VII Conferência Nacional da OAB, Rio de Janeiro, 1978.

DOTTI, René Ariel. "A Reforma Penal e Penitenciária", Livraria Ghignome Editora, Curitiba.

DORADO MONTERO, Pedro Garcia de. "Bases para un nuevo derecho penal", Depalma, Argentina, 1973.

DUEÑAS, Arán y Malacée. "Alternativas a la Prisión", PPU, Barcelona, 1986.

E

ESCAMILLA, Margarita Martinez. "El desistimiento en Derecho Penal", Centro de Estudios Judiciales, Ministerio de Justicia, Universidad Complutense, Madrid, 1994.

ESPINAR, José Miguel Zugaldía. "Fundamentos de Derecho Penal", Tirant lo Blanch, Valencia, 1993.

ESPINOZA, Alejandro Solis. "Ciencia Penitenciaria", Editorial y Imprenta Desa S.A., Peru, 1986.

EVANGELISTA, Maria Dora R. "Prisão Aberta: volta à sociedade", Cortez Editora, São Paulo, 1983.

F

FABREGAT, Claudio Esteva. "Cultura, Sociedad y Personalidad", Editorial Anthropos, 1993.

FELDMAN, M. Philip. "Comportamento Criminoso", Zahar Editores, Rio, 1979.

FERNANDES, Newton e Valter. "Criminologia Integrada", Revista dos Tribunais, São Paulo, 1995.

FERREIRA, Manuel Cavaleiro de. "Direito Penal Português", Verbo Editora, 1982.

FERRIANI, Lino. "Criminosos astutos e afortunados", Liv. Clássica Edit. Lisboa, 1914.

FERRI, Enrico. "Principii di Diritto Criminale", Turim, 1928.

FONSECA, Jairo Gonçalves e outros. "Execuções Sumárias de Menores em São Paulo", editado pela OAB/SP, 1991/1992.

FOUCAULT, Michel. "Vigiar e Punir", Editora Vozes, São Paulo, 11ª Ed., 1977.

FRAGOSO, Heleno Claudio. "Lições de Direito Penal", Forense, Vol. I.

FRANCO, Alberto Silva. "Temas de Direito Penal", Saraiva, 1986.

FUÑES, Mariano Ruiz. "A crise nas prisões", Saraiva, São Paulo, 1953.

FURTADO, Celso. "O mito do desenvolvimento econômico", Editora Terra e Paz, Rio, 1974.

G

GARCIA, Manuel Calvo. "Teoria del Derecho", Editorial Tecnos, España, 1992.

GARRAUD, R. "Traité Theórique et Pratique du Droit Pénal Français", Recuel Sirey, Paris, 1913.

GENOVES, Vicente Garrido e ILLESCAS, Santiago Redondo. "La intervención educativa en el medio penitenciario", Editorial Diagrama, Madrid, 1992.

GIDDENS, Anthony. "Sociologia", Alianza Editorial, Madrid, España, 1993.

GINER, Salvador. "Sociologia", Editorial Nexos, Barcelona, Espanha, 1993.

GOMES FILHO, Antonio Magalhães. "Presunção de Inocência e Prisão Cautelar", Saraiva, 1991.

GOMEZ, Alfonso Serrano. "Prevención del delito y tratamiento del delincuente" (V Congreso de las Naciones Unidas), Artes Gráficas, Madrid, 1976.

GOULART, Enny. "A Individualização da Pena no Direito Brasileiro", tese, 1970. "Penalogia I", Editora Brasileira de Direito Ltda., São Paulo, 1975.

GOULART, José Eduardo. "Princípios Informadores do Direito da Execução Penal", Revista dos Tribunais, São Paulo, 1994.

GRAMATICA, Filippo. "Principios de Defensa Social", Editorial Montecorvo S.A., España, 1974.

GRANATO, Fernando. "Sociedade de Ladrões", Editora Página Aberta, São Paulo, 1994.

GRAU, Eros Roberto. "Direito, Conceitos e Normas Jurídicas", RT, 1988.

GUARDIA, Arsenio Oré. "Códio Procesal Penal: Comentado, Concordado i Sumillado", Editorial Alternativas, Lima, 1993.

GUIMARÃES, João de Freitas. "Vocabulário Etimológico do Direito", Editora UNICEB, Santos, 1991.

GUSMÁN, Luis Garrido. "Compendio de Ciencia Penitenciaria", Universidad de Valencia, 1976.

H

HALL, Jerome. "Delicto, Derecho y Sociedad", Depalma, Buenos Aires, 1974.

HASSEMER, Winfried. "Fundamentos del Derecho Penal", Bosch, Casa Editorial, Barcelona, 1984. "Introdución a la Criminologia y al Derecho Penal" (em parceria com Muñoz Conde), Tirant lo Blanch, 1989.

HUGO, Victor. "Os Miseráveis", Livraria Renascença, Lisboa, 1923.

J

JAPIASSU, Hilton. "Introdución ao Pensamento Epistemológico", Livr. Francisco Alves Editora, Rio de Janeiro, 1977.

JESCHECK, Hans-Heinrich. "Tratado de Derecho Penal", Bosch, Casa Editorial, Barcelona, 1981.

JORGE, Wiliam Wanderley. "Curso de Direito Penal", Vol. I, Forense, Rio de Janeiro, 1986.

K

KAFKA, Franz. "A Colônia Penal", Nova Época Editorial Ltda., São Paulo, 1948.

KAISER, Günter. "Introdución a la Criminologia", Editorial Dykison, Madrid, 1988.

KARAYEV, T.E. "La Reincidencia en el Delito", Ediciones Juridicas, La Habana, 1988.

KELSEN, Hans. "Teoria Pura do Direito", Armênio Amado, Editor, Coimbra, Portugal, 1978.

KENNEY, John P. e PURSUIT, Dan G.. "Justicia para el Comportamiento Juvenil Delictuoso", Limusa, México, 1981.

KUNDERA, Milan. "A insustentável leveza do ser", Editora Nova Fronteira, Rio de Janeiro, 1985.

L

LAVENÈRE, Marcelo e AZEVEDO MARQUES, João Benedito de. "História de um Massacre", Cortez Editora e OAB/SP, 1993.

LEMGRUBER, Julita. "Cemitério dos Vivos: Análise Sociológica de uma Prisão de Mulheres", Ed. Achiamé, Rio de Janeiro, 1983.

LISZT, Franz Von. "Tratado de Derecho Penal", Reus S.A., Madrid.

LOPEZ-REY, Manuel. "Crime", Editora Artenova S.A., Rio de Janeiro, 1973.

LUCAS, Antonio. "Razon y Sociedad", Iberico Europea de Ediciones S.A., Madrid, 1992.

LUMIA, Giuseppe. "Principios de Teoria e Ideologia del Derecho", Editorial Debate, 1973.

LUNA, Everardo da Cunha. "Capítulos de Direito Penal", Saraiva, 1985.

M

MACHADO NETO, A.L. "Sociologia Jurídica", Editora Saraiva, 1987.

MAC IVER, Luiz Cousiño. "Derecho Penal Chileno", Editorial Jurídica de Chile, 1975.

MACHADO, Dyonelio. "Uma Definição Biológica do Crime", Editora Bels, 1975.

MAGALHÃES, Luiz. "A medida da Pena", Edição própria, 1946.

MAGGIORE, Giuseppe. "Derecho Penal", Temis, Bogotá, 1985.

MAGUID, Joel. "El kibutz, nuestra forma de vida", Publicação da Federación de Movimientos Kibutzianos/Documentación e Información. Tel-Aviv, 1981.

MARQUES, José Frederico. "Curso de Direito Penal", Saraiva, São Paulo, 1953, Vol. III.

MARSANGY, Bonneville. "De la liberatión préparatoire des condemnés ammendés", publicação de 1846.

MEDICA, Vincenzo La. "O Direito de Defesa", Armênio Amado, Editor, Coimbra, 1942.

MELOSSI, Dario e Pavarin Massimo. "Carcere e Fabbrica", Società Editrice Il Mulino, Bologna, 1977.

MEZGER, Edmund. "Tratado de Derecho Penal", Tomo II, Edit. Rev. de Derecho Privado, Madrid, 1947.

MIOTTO, Arminda Bergamini. "Temas Penitenciários", Revista dos Tribunais, São Paulo, 1992.

MIRABETE, Julio Fabrini. "Execução Penal", 5ª Ed., Atlas, São Paulo, 1994.

MOLINA, Antonio García-Pablos de. "Criminologia", Tirant lo Blanch, Barcelona, 2ª Ed., 1992, com tradução para o português, publicada pela RT mediante tradução do magistrado Dr. Luiz Flavio Borges.

MOMMSEN, Theodor. "Derecho Penal Romano", Editorial Temis, Bogotá, 1976.

MORENO, Ciriaco Izquierdo. "Jovenes en la carcel: realidad y reinserción social", Ediciones Mensajero, Bilbao, Espanha, 1991.

N

NAVARRETE, Miguel Polaino. "Derecho Penal", Bosch, Barcelona, 1990.

NIETSZCHE, Friedrich Wilhelm. "Assim Falava Zaratustra", Edições de Ouro, Rio de Janeiro, 1969. "Assim Falou Zarathustra", Círculo do Livro, São Paulo.

NORONHA, Edgar de Magalhães. "Direito Penal", 17ª Ed., Saraiva, São Paulo. "Criminologias: Panorama Contemporâneo", Eddili, Lima, Peru, 1984.

NOVAES, José Mauro Rodrigues. Sentença no processo-crime nº 685/93, na 15ª Vara Criminal da Capital.

O

OLIVARES, Gonzalo Quintero. "Introdución al Derecho Penal", Barcanova, Barcelona, 1981. "Derecho Penal", Marcial Pons. Ediciones Jurídicas, Madrid, 1992.

ORTEGA, José Llorga. "Carceles, Presidios y Casas de Corrección en la Valencia del Siglo XIX", Editado por Tirant lo Blanch, Barcelona, España.

OSCARIZ, Enrique Tapia. "Las Cortes de Castilla: 1188 a 1833", Editorial de Derecho Privado, Madrid, 1964.

OSORNO, Borja. "Derecho Procesal Penal", Editorial Cajica S.A., Puebla, México, 1977. "Estudios de Derecho Procesal Penal", Editorial Alternativas, Lima, 1993.

OTTOBONI, Mário. "Ninguém é irrecuperável", Editora Cidade Nova, 1997.

P

PADILLA, Julio Gómez. "Fundamentos Socioeconomicos del Derecho — Legalidad Social del Derecho". Frente Nacional de Abogados Democraticos, Ciudad de México. 1990.

PALLOS, Fernando Díaz. "Teoria General de la Imputabilidad", Bosch, Casa Editorial, Barcelona, 1965.

PARK, Robert. "Human Migration and the Marginal Man", AJS, 1928.

PEREIRA, José. "Violência, uma análise do *homo brutalis*", Editora Alfa-Omega, 1975.

PEREIRA, Luiz. "Populações Marginais", Editora Duas Cidades, 1975.

PHILLIPS, Bernard. "Sociologia — del concepto a la pratica", Mc Graw Hill, 1990.

PIERANGELLI, José Henrique. "Os Códigos Penais do Brasil", Editora Jalovi, Bauru, 1980.

PINHO, Ruy Rebelo. "História do Direito Penal Brasileiro" (Período Colonial). Ed. USP, São Paulo, 1973.

PIREZ, Renén Queiróz. "Introdución a la Teoria del Derecho Penal", Editorial de Ciencias Sociales de la Habana, La Habana, 1987.

POZO, José Hurtado. "Manual de Derecho Penal", Eddili, Lima, Peru, 1987.

PRADO, Luiz Regis. "Pena de Multa". Sugestões Literárias, 1980.

PUIG, Santiago Mir. "Derecho Penal", 3ª Ed., PPU, Barcelona, España, 1990; "Problemas Jurídico Penales del Sida", J.M. Bosch, Editor S.A., Universidad de Barcelona, 1993; "El Derecho Penal en el Estado Social y Democrático de Derecho", Editora Ariel S.A., Barcelona, 1994; "Función de la Pena y Teoria del Delito en el Estado Social y Democratico de Derecho", Bosch, 1982.

Q

QUIJANO, Anibal Obregon. "Notas sobre o Conceito de Marginalidade Social".

QUIROGA, Jacobo López Barja de. "Teoria de la Pena", AKAL/IURE, Madrid, 1991.

QUIROS, Bernaldo Constancio de. "Lecciones de Derecho Penitenciario", Imprenta Universitaria, Ciudad del México, 1953.

R

RADBRUCH, Gustavo e GWINNER, Enrique. "Historia de la Criminalidad: Ensayo de una Criminologia Historica", Bosch, Casa Editorial, Barcelona, España, 1955.

RAMALHO, R. José. "O Mundo do Crime: A Ordem pelo Avesso", Editora Graal, Rio, 1979.

RAMIREZ, Juan Bustos. "Manual de Derecho Penal", Parte General, PPU, Barcelona, España, 1994. "Introdución al Derecho Penal", Editorial Temis, Bogotá, 1986.

REDONDO, Santiago. "Evaluar e Intervenir en las Prisiones", PPU, Barcelona, 1993.

RITZER, George. "Teoria Sociológica Contemporânea", Mc Graw-Hill, Interamericana de España, 1993.

ROCHA Filho, Euzébio. "Economia Política", edição própria, São Paulo, 1970.

ROCHA, Manuel Antonio Lopes. "A Reinserção Social do Delinqüente", publicação I.R.S., Lisboa, Portugal, 1983.

ROCHA, Ubirajara. "A Face Trágica das Prisões", publicação Serviço Gráfico da Secretaria de Segurança Pública de São Paulo, 1968.

ROCHER, Guy. "Introdución a la Sociologia General", Editorial Herder, Barcelona, España, 1990.

RODA, Juan Córdoba. "El Conocimiento de la Antijuridicidad en la Teoria del Delito", Bosch, Casa Editorial, Barcelona, España, 1962. "Culpabilidad y Pena", Bosch, Casa Editorial S.A., Barcelona, España, 1977.

ROSAL, M. Cobo del. "Derecho Penal", Tirant lo Blanch, Valencia, 1991.

ROSS, Alf. "Sobre el Derecho y la Justicia", Editorial Universitaria de Buenos Aires, 1977.

ROXIN, Claus. "Culpabilidad y Prevención en Derecho Penal", Editorial Reus, Madrid, 1981; "Problemas Básicos del Derecho Penal", Reus, Madrid, 1976; "Problemas Fundamentais de Direito Penal", Coleção Vega Universidade, Lisboa, 1993; "Teoria del Tipo Penal", Depalma, Buenos Aires, 1979; "Introdución al Derecho Penal y al Derecho Penal Procesal", Ariel Derecho, Barcelona, 1989 (obra em parceria com ARZT, GUNTHER e TIEDEMAN).

S

SALDARRIAGA, Victor R. Prado. "Politica Criminal Peruana", Cultural Cuzco, Lima, Peru, 1985.

SALGADO, J.A. Cesar. "O Sistema Penitenciário da Inglaterra, no Depoimento de Oscar Wilde", 1961.

SANCHEZ, Juan José Diez. "El Derecho Penal Internacional", Colex, Madrid, 1990.

SANTOS, Juarez Cirino dos. "A Criminologia da Repressão", Forense, 1979.

SARAIVA, Raida. "Poder, Violência e Criminalidade", Forense, Rio de Janeiro, 1989.

SAUER, Guillermo. "Derecho Penal", Bosch, Casa Editorial, Barcelona, España, 1956.

SCARANCE, Antonio Fernandes. "Prejudicialidade", R.T., 1988; "Execução Penal", Editora Max Limonad, 1987, (Scarance e outros); "Nulidades no Processo Penal", Malheiros Editores, 1992 (com Ada Pellegrini e A.Mag. Gomes Filho); "O Papel da Vítima no Processo Ciminal", Malheiros Editores, 1995; "Incidente Processual", R.T., 1991.

SCHENEIDER, Leda. "Marginalidade e Delinqüência Juvenil", 1987.

SICHES, Luis Recaséns. "Tratado de Sociologia", Editora Globo, Porto Alegre, 1965.

SOIBELMAN, Leib. "Dicionário do Advogado", Editora Rio, 2ª Ed., 1979.

SOLER, Sebastian. "Derecho Penal Argentino", TEA, Buenos Aires, 1951.

SOUZA, Percival de. "A prisão: história dos homens que vivem no maior presídio do mundo", Alfa- Omega, São Paulo.

STONEQUIST, Everett. "The Marginal Man: a study in personality and culture conflit", Charles Scribners Sons, New York, 1937.

STRATENWERTH, Günter. "Derecho Penal: el hecho punible", EDERSA, Madrid, 1982.

T

TAYLOR, Ian. "Criminologia Crítica".

TERRAGNI, Marco Antonio. "Muerte-Prisión y otras sanciones penales", Zeus Editora, Argentina, 1990.

TIEDEMANN, Klaus. "Poder Económico y Delito", Editorial Ariel, Barcelona, 1985. "Leciones de Derecho Penal Económico", PPU, Barcelona, 1993.

TUCCI, José Rogério Cruz e. "Contribuição ao Estudo Histórico do Direito Processual Penal", Forense.

TUCCI, Rogério Lauria. "Persecução Penal, Prisão e Liberdade", Saraiva, 1980.

U

ULIANOV, Vladmir Ilitch; "LENIN". "Obras Escolhidas", Vol. I, Editora Alfa-Omega, São Paulo.

V

VALDÉS, Carlos Garcia. "Derecho Penitenciario: escritos 1982/1989", Centro de Publicaciones de Ministerio de Justicia de España, 1989; Estudios de derecho penitenciario", Editorial Tecnos, Madrid, 1982.

VALLE, Carlos Pérez del. "Conciencia y Derecho Penal", Comares Editorial, Granada, 1994.

VÁRIOS AUTORES ESPANHÓIS. "Alternativas al Sistema Carcelario", Editora Ramon Areces S.A., Madrid, 1992. "Revista de Estudios Penitenciarios", Centro de Publicaciones de Ministerio de Justicia, Madrid, 1989.

VILAR, Silvia Barona. "Prisión Provisional y Medidas Alternativas", Bosch, Barcelona, 1988.

VILLAREAL, René. "A contra-revolução monetarista", Editora Record, Rio de Janeiro, 1984.

W

WEBER, Max. "Ensaios de Sociologia", Zahar Editores, Rio, 1979.

WELZEL, RADBRUCH e SCHMIDT. "Derecho Injusto y Derecho Nulo", Aguilar S.A., Madrid, 1977.

WESSELS, Johannes. "Direito Penal", Sérgio Antonio Fabris Editor, Porto Alegre, 1976.

Z

ZAFARONI, Eugenio Raul. "Manual de Derecho Penal", Ediciones Juridicas, Peru, 1986.

O AUTOR

Romeu Falconi, como autor, foi lançado pela Ícone Editora, no final de 1994 (dezembro), com uma obra: "Lineamentos de Direito Penal", atualmente na segunda edição. É bom dizer: o autor não sabia já tê-la escrito. Não fosse a visão do Editor, Luiz Carlos Fanelli, e este livro não teria saído, visto que o autor não acreditava tivesse já pronto um livro ao invés de "alguns cadernos de Direito Penal", denominação dele próprio. Como resultado, o livro se constituiu em sucesso absoluto, tendo sido elogiado pelo rigorosíssimo professor Walter Ceneviva, na sua coluna no jornal "Folha de São Paulo", dizendo da linguagem clara e objetiva do trabalho, feita para profissionais, que servia muito também para estudantes, pela postura pedagógica adotada.

Logo em seguida, abril/maio de 1995, surge uma obra inédita e única em nível de América Latina: "Reabilitação Criminal", que de imediato se tornou leitura obrigatória; entre outros motivos, o de ser a única escrita na Língua portuguesa. Com efeito, apenas seis autores escreveram sobre o tema: Ernest Delaquis, escreveu quatro obras entre 1904 e 1910. Na Espanha, três autores: César Camargo Hérnandez, Vicente Avalone e Manoel Grosso Galvan, este último mais preocupado com a "prevenção e o controle social". Nosso autor, a exemplo dos outros mencionados, se dedicou ao instituto exclusivamente, desde sua origem até a sua aplicabilidade objetiva ante o sistema Judiciário. Tecendo críticas, principalmente ao sistema de registros criminais: "Antecedentes Criminais". Esta obra se encontra praticamente esgotada, prestes, portanto, à segunda edição.

Aliás, também aqui o pioneirismo do autor, já que outros pouco ou nada falam sobre tão tormentoso tema, que em pouco ajuda o Estado no combate à criminalidade, mas atrapalham e muito a reinserção do cidadão delinqüente. Afinal, de que adianta conhecer, ficar sabendo, depois do fato consumado, tratar-se tal ou qual delinqüente de pessoa com vida pregressa? É muito mais uma questão de alimentar o preconceito, e muito menos de se pretender solucionar o problema da criminalidade; esta sim, precisa ser combatida, mas antes do fato injusto. Nossos doutrinadores têm medo de se exporem a eventuais investidas de uma minúscula casta retrógrada e reacionária dos pensadores da Ciência Jurídica Penal.

Com todas essas idéias na cabeça, Romeu Falconi passou a pesquisar, desde 1986, o sistema de criminalidade brasileira. Partindo das suas origens, descortinou toda uma realidade social perversa, em que os seres humanos, embora iguais por nascimento, filhos de um mesmo Deus, não recebem o direito de viver nas mesmas condições mínimas, visto termos, segundo o autor, uma *"sociedade dual, onde quem pode, pode tudo, e quem não pode, não pode nada"*. Separou com maestria invulgar os componentes dessa sociedade, mostrando os seus *habitats* naturais. Apartou e explicou a diferença fundamental entre o "marginal e o "delinqüente", o mesmo fazendo entre estes e o "indigente". Enfim, trouxe à tona toda a doença social em que se constitui a criminalidade.

Desmascarou o Estado ao desnudar o "Sistema Presidial" e suas mazelas. Seu despreparo, que produz como remédio salvador a sua truculência virulenta, única maneira, para os detentores do Poder, de manter o *status quo*, corrupto e corrompido, tal como disse Michel Foucault no seu magistral "Vigiar e Punir", para quem existe uma súcia perversa entre a "repressores" e os "reprimidos", um fornecendo ao outro alimento para sua sobrevivência. Trata-se de um processo mórbido de auto-alimentação. As estatísticas apresentadas deixam claro o quadro caótico em que se constitui o "Sistema". As fontes de pesquisa-informação foram o próprio Estado e a Imprensa, cujos dados publicados jamais foram desmentidos, ou mesmo parcialmente contestados.

Da mesma forma que criticou altivamente o Estado e seus órgãos viciados, apresentou alternativas plausíveis, trazendo à colação uma excelente coletânea de doutrina de todos os "mundos", desde o primeiro até o último, se é que isso existe: o planeta Terra dimensionado em "mundos" divididos, outra manifestação inequívoca de discriminação entre pessoas, países e nações. Arregimentou uma biblioteca de quase duas centenas de autores da melhor cepa, tanto nacionais como estrangeiros.

Demonstrou com muita clareza o que precisa ser mudado, bem ainda como fazê-lo. Para tanto, foi pesquisar no Exterior, trazendo leis alienígenas para comparação com o que aqui já existe. *"Nosso sistema normativo pertinente, em si mesmo, não é mau, apenas não cumprido ou mesmo descumprido, praticando-se criminosas omissões, prevaricações e condescendências de todos os matizes"*, diz o autor. Propôs a "privatização" dos presídios, mas nunca e de forma alguma pela via do empresariado, a quem não se pode confiar tal tarefa, já que não deve produzir benefícios pecuniários, mas sociais. Faz declarada opção pelas ONGs, tais como as APACs. Em síntese, uma privatização *sui generis*, em nível de parceria entre a sociedade civil e o Estado, já que aquela pode ser a única disposta a praticar filantropia, coisa descartada pelo empresariado, salvo se houver retorno direto de alguma forma na prática filosófica da Reinserção Social: o retorno se reverterá à sociedade, nunca aos cofres da "empresa". Afinal, a empresa tem por escopo ontológico o lucro. Lucro pessoal, por suposto.

Durante o tempo em que trabalhou nas pesquisas que resultaram em tese de doutoramento e, agora, em livro, contou diuturnamente com o apoio incondicional de seu orientador o professor PAULO JOSÉ DA COSTA JÚNIOR. Da mesma forma, sempre que necessitou, procurou abrigo na sapiência de seus antigos professores de Pós-Graduação, desembargador DIRCEU DE MELLO e o Procurador da Justiça HERMÍNIO ALBERTO MARQUES PORTO, com quem trabalhou no curso de pós-graduação, o mesmo ocorrendo entre outros tantos, amigos leais e sinceros, como os professores ROGÉRIO LAURIA TUCCI, que disse ser este um trabalho de "Ciência Penal", ANTONIO SCARANCE FERNANDES, que sempre procurou mostrar o caminho a seguir e ANTONIO MARTIN, um comercialista (!), grande estimulador da grande proeza em que estava metido o autor: chegar ao doutoramento.

É marca indelével na personalidade do autor a sensibilidade para com os problemas sociais e a fidelidade para com seus ideais, não fazendo qualquer forma de concessão sobre esses valores eidéticos. Romeu Falconi deixou sempre muito claro o seu distanciamento do tradicionalismo, preferindo abrir um caminho novo. Não teve medo, quando examinado pela Banca instalada pela Pontifícia Universidade Católica de São Paulo, que lhe concedeu o título de Doutor em Direito da Relações Sociais, de colocar suas idéias e convicções ideológicas, demonstrando sua profunda preocupação como o "Homem" enquanto ser social, o que lhe granjeou considerações elogiosas de parte do professor CELSO PACHECO FIORILLO, também membro da Banca Examinadora, sobre o trabalho desenvolvido. Sua coragem impressionou a todos, e sua sinceridade os cativou. Não se atemorizou com a hipótese de ver reprovada sua tese por suas idéias e seus ideais. Confiou na isenção de seus examinadores e tornou a acertar. Falando precisamente o que e como pensa, delineou os enfoques mundiais vistos da sua ótica. Disso resultou nota altíssima para o trabalho apresentado.

Enfim, e por tudo isso, esta é uma obra que, a par de ser útil ao profissional do Direito como um todo, principalmente ao ramo Penal, precisa e deve ser lida pelos responsáveis pela dinâmica da sociedade em que vivemos: os detentores do Poder, para que se conscientizem do quadro real do Sistema Presidial. O autor coloca uma sensata e impressionante ponderação: *"ou cuidamos do crucial problema, agora, ou assumimos a responsabilidade histórica do que está no por vir recentíssimo"*. O retrospecto histórico demonstra que nenhuma revolução nasceu em um só dia. Vão sendo fomentadas e sedimentadas na medida em que crescem a insensibilidade e a prepotência desses mesmos detentores do Poder, que se julgam donos dele, assenhoreando-se de tudo em benéfico próprio, tal como ocorre entre nós em todos os segmentos da sociedade (pública) neste momento crucial da vida nacional.

OUTRA OBRAS:

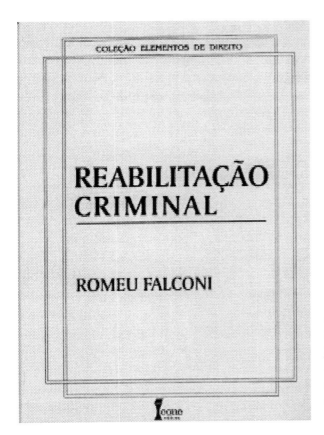

A *obra revela cuidadosa e detalhada pesquisa dos assuntos atinentes ao instituto de reabilitação criminal.*

Com relevo para os aspectos históricos e de direito comparado, acrescidos de críticas petinentes ao tratamento jurídico da matéria, no sistema brasileiro. Aborda, por fim, a questão dos antecedentes criminais, tecendo considerações várias a respeito do assunto na sistemática jurídica brasileira.

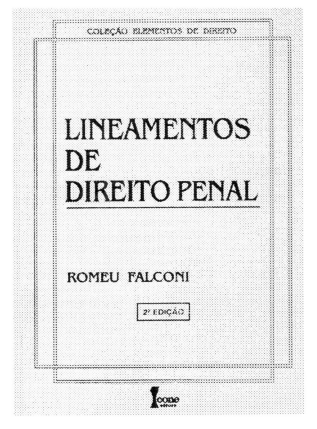

Principais temas:

O direito penal;
A história do direito penal; O direito penal da antigüidade; A lógica jurídica penal; As fontes do direito penal;
As escolas penais; As ciências auxiliares; A norma jurídica penal;
O princípio da reserva legal; A aplicação da lei penal;
Teoria geral do crime; Situações especiais na teoria do crime;
O erro no direito penal; As excludentes e dirimentes;
A imputabilidade penal; Concurso de pessoas no direito penal;
Teoria da pena; Circunstâncias; Reincidência;
Concurso de crimes; Concurso aparente de normas penais;
Instituto de política criminal; Conseqüências da condenação;
Medidas de segurança; Ação penal;
Extinção da punibilidade – parte geral;
Extinção da punibilidade – parte geral;
Os antecedentes criminais; Despenalização.

Impressão e Acabamento
Bartira
G r á f i c a
(011) 458-0255